메멘토 모리

Memento Mori

메멘토 모리

1960

1930

BAROQUE

스타일과 아이템
그리고
트렌드에
가려진

✳

패션의
역사

RENAISSANCE

GOTHIC

2000

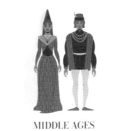

MIDDLE AGES

앨리슨 매슈스 데이비드
지음

이상미
옮김

탐나는책

이 책을 나의 부모님 아놀드 매슈스와 줄리아 매슈스에게 ·
사랑을 담아 헌정한다.
두 분은 내게 창의성과 규범을 모두 가르쳐주셨다.
또한 인내심과 함께 따스한 격려를 아끼지 않은 나의 남편 장 마크 다비드,
그리고 우리의 아이들 사샤와 라파엘 다비드에게도 이 책을 바친다.
언제나 현실로 존재했던 패션의 희생양들,
마땅히 존중받아야 할 소중한 이분들에게도 이 책을 바친다.

차례

들어가며

패션이 초래한 죽음, 진실 혹은 거짓

패션이 초래한 죽음,
진실 혹은 거짓

  1996년 8월 14일, 다트머스 칼리지Dartmouth College 화학과 교수인 48세의 카렌 웨터햄Karen Wetterham은 유독성 금속에 노출되는 사례 연구를 위해 통상적인 실험을 하던 중 끼고 있던 장갑에 디메틸 수은 몇 방울을 떨어뜨렸다. 그리고 그로부터 채 일 년이 지나지 않은 시점에 그녀는 돌연 사망에 이르렀다. 당시 착용했던 라텍스 장갑을 사고 즉시 벗지 않았던 것이 화근이었다. 치명적인 독성을 지닌 수은이 장갑을 뚫고 스며들어 15초 이내에 그의 혈류에 녹아들어 간 것이다. 웨터햄 박사는 처음에는 아무런 증상을 느끼지 못하다가 사고 발생 6개월이 지나서야 말하기와 걷기, 청력 및 시력 등에 문제가 생겼음을 인지했다. 수은 중독에 대한 집중적인 치료가 이루어졌지만, 결국 5개월간 뇌사 상태에 빠져 있다가 1997년 7월 8일에 사망했다.

  그녀의 뇌에서는 광범위한 손상이 발견되었고, 체내 수은 농도를 확인하기 위해 시행한 체모 검사에서는 정상치의 4,200배나 높은 수준의 수은이 검출되었다. 유독성과 관련한 최대 기준치의 22배에 달하는 수치였다. 식물인간 상태에 빠지기 전, 그녀는 자신의 사례를 의학계와 과학계에 '추후 수은 중독 사례의 인지, 처방 및 재발 방지'를 위한 사례로 활용해 달라는 의사를 표시했다. 카렌 웨터햄을 비극적인 죽음으로 몰고 간 결정적인 요인인, 유독성 유기 수은을 막지 못한 보호 장갑에 대한 문제의식을 제기한 것이다.

이 사례는 실험실이라는 일상적이지 않은 공간에서 일어난 단순 사고로 치부될 수도 있다. 그러나 사실 정도의 차이는 있겠지만 우리는 스스로를 보호하기 위한 목적으로 옷을 입고 생활한다. 옷은 여러 가지 위험 요인으로부터 신체를 보호하고, 쾌적함을 제공하며, 단정한 느낌을 유지해 준다. 아기 때 덮는 담요부터 죽고 나서 매장될 때 입는 수의에 이르기까지, 우리는 평생 옷과 함께한다. 19세기의 한 프랑스 작가가 묘사했듯, 옷은 마치 집과 같아서 인류가 '외부 세계의 유해한 영향'으로부터 스스로를 보호하기 위한 모든 소재로 구성되어 있다. 그러나 우리가 앞으로 살펴볼 내용은 이러한 주요 임무에 보기 좋게 실패하여 착용한 사람을 오히려 죽음에 이르게 만든 옷에 관한 이야기이다. 개중에는 스타일에 대한 극단적인 집착이 초래한 실패도 있지만, 양말이나 셔츠, 스커트, 파자마 등 평범한 아이템이 사람을 해친 사례도 많다.

이 책에는 특히 19세기부터 20세기 초반에 걸쳐 영국과 프랑스, 북아메리카에서 발생한 사례가 집중적으로 나오는데, 인체의 자연스러운 실루엣을 기계적으로 변형시킨 패션이 유행한 시기와 일치한다. 당시에 옷 좀 입을 줄 안다고 자신하던 우아한 이들은 건강보다는 외모를 우선시하였다. 위태롭게 하이힐을 신은 여자들은 넓은 후프 스커트를 펄럭이며 휘청댔고, 꽉 끼는 부츠를 신은 남자들은 무거운 펠트 모자를 쓴 채 빳빳하게 풀을 먹인 칼라에 목이 조였다. 현대인이라면 도저히 참기 힘들 옷이었다. 시대의 사회경제적 압박의 산물인 이 '고상한 패션'은 제작자와 착용자 모두에게 고통과 병마, 그리고 물리적 통증을 인내할 것을 요구했다. 그들은 모두 노예, 희생양, 순교자와도 같았다.

1827년 이탈리아의 낭만파 시인 지아코모 레오파르디Giacomo Leopardi가 쓴 〈패션과 죽음의 대화Dialogue between Fashion and Death〉에는 의인화된 패션이 등장한다. 그는 패션을 죽음의 자매라고 주장했다. 글 속에서 패션은 여러 치명적인 놀이를 즐겼다면서 다음과 같이 자랑스럽게 이야기한다. "꽉 조이는 신발로 사람들을 불구로 만들고, 코르셋으로 옥죄어 숨을 제대로 쉬지 못하게 만들어 눈이 튀어나올 정도였다. …… 나는 고상한 상류층 남성들이 매일 수천 가지의 불편을 감내하며 고통과 아픔을 참도록 설득하고 강요했다. 심지어 몇몇은 나로 인한 영광스러운 죽음마저 받아들였다."

19세기 초까지는 남녀 모두 불편한 패션의 희생양이었다. 왁스로 만든 두 개의 '메멘토 모리' 군상은 마치 섬뜩한 북엔드처럼, 보는 사람들로 하여금 패션과 인간 삶 사이에 놓인 덧없음과 유약함을 떠올리게 한다(그림 1). 1830년대부터는 성별 간의 차이가 두드러지게 나타나기 시작하였다. 남성은 기능성이 강조된 검은색 슈트를 입어 서구가 이룬 민주주의와 합리성, 기술적 발전을 상징적으로 드러내게 되었다. 이는 〈편리해진 삶Living Made Easy〉(그림 2)이라는 제목이 붙은 캐리커처에서 잘 드러난다. 그림 속에서 모자는 착용한 사람에게 안경과 시

그림1 반은 해골이고 반은 패셔너블한 남녀인, 메멘토 모리Memento Mori(죽음을 기억하라는 뜻의 라틴어로, 덧없는 삶이나 바로크 시대 이후 죽음을 상기시키는 그림 형식을 일컫는 말이 되었다 - 역주) 군상. 약 1805-1810년, 왁스, 천, 월리스 컬렉션Wallace Collection, 런던. 저작권은 크리에이티브 커먼스 Creative Commons에 속함. CC BY 4.0 (http://creativecommons.org/licenses/by/4.0/).

가, 향수, 돋보기, 나팔 모양의 보청기 등을 제공하고 있다. 이러한 아이템은 착용한 이의 시야를 넓히고, 청력을 높이며, 상쾌한 향기 속에서 시가를 피게 하여 삶에 활력을 준다. 이 모든 것이 최소한의 장치로 효율적으로 제공된다. 우스꽝스럽게 묘사되던 이러한 장치는 한 세기가 지난 오늘날에 와서는 구글 글래스Google Glass처럼 테크놀로지가 기반이 된 액세서리로 완성되었다. 카메라와 인터넷 등 우리가 필요

그림2 T. 맥린T. McLean, 회전하는 모자Revolving Hat, 1830년. 웰컴 라이브러리Wellcome Library, 런던. 저작권은 크리에이티브 커먼스에 속함. CC BY 4.0 (http://creativecommons.org/licenses/by/4.0/).

로 하는 모든 현대적인 기능이 하나의 요소에 집약된 것이다.

남성과 달리 여성은 하찮고 비이성적이며 거추장스러운 패션을 강요받았다. 패션은 여성의 신체를 옥죄어 공적 영역뿐 아니라 가정 내의 사소한 움직임까지 방해하였으며 나아가 건강을 해치게 하였다. 현대의 여성복은 실용성이 강조되면서 과거에 비하면 편해졌다고 평가되지만 성별에 따른 고정관념은 여전히 남아 있다.

패션의 희생양들, 현재와 과거

일본의 사진작가 쿄이치 쓰즈키Kyoichi Tsuzuki는 1999년부터 2006년까지 〈해피 빅팀스Happy Victims〉라는 사진 연작을 발표했다(그림3).

그림3 쿄이치 츠즈키Kyoichi Tsuzuki, 안나 수이Anna Sui, 2000년, 〈해피 빅팀스Happy Victims〉.
룩셈부르크 현대미술관MUDAM Luxembourg 소유.

각각의 사진은 특정 패션 브랜드를 맹목적으로 수집하는 이들의 '거
주지'를 묘사했는데, 에르메스Hermès에 중독된 이의 우아하고 절제된
옷장에서부터 일본 사이버펑크 브랜드 푀투스Fötus 팬이 만든 형광색
이 분출하는 공간에 이르기까지 다양한 이미지를 아우른다.

그중 패션의 희생양을 적나라하게 보여주는 한 사진에 이목이 집
중된다. 너무 작아 폐쇄공포증을 유발하는 방에 안나 수이Anna Sui의
의류와 신발, 화장품, 향수 컬렉션이 진열되어 있다. 인조 모피와 크
로셰, 레이스가 뒤섞인 보헤미안 스타일의 공간에 아름답게 화장한

얼굴로 눈을 감고 누워 있는 한 여인이 보인다. 과도한 쇼핑을 즐긴 뒤 씨씨씨 ㅣ유 편지도 모르고, 어쩌면 저신이 구입한 깁미퓨힌 홈드 속에서 죽음에 이르렀을지도 모르겠다.

이 사진은 브랜드에 대한 맹목적인 추종을 비판한 것으로 해석할 수도 있지만, 사실 작가는 일본인 특유의 패션 라이브 팬에 온전히 매혹된 것으로 보인다. 그들은 결코 부자가 아니다. 하지만 좁아터진 방에 살면서도 돈을 아껴 옷을 사고, 정작 그 옷을 입고 갈 멋진 곳은 없는 아이러니한 삶을 산다. 한편 작가는 패션에 대한 소비를 놓고 우열을 가르는 판단을 하지 않는다. 문화적으로 보다 가치가 있다고 여겨지는 책이나 레코드판을 (나는 여기에 빈티지 의류도 추가하고 싶다) 수집하는 이들은 옷을 추종하는 이들이 받는 경멸의 눈초리를 받지 않는다는 것이다.

쓰즈키는 소비자가 희생양이 된 사진을 찍었지만, 존 테니얼은 일러스트레이션 〈거울 속의 유령〉에서 화려하게 치장한 여성이 자신에게 옷과 장신구를 만들어주던 재봉사가 죽어 있는 으스스한 광경을 거울을 통해 바라보는 장면을 묘사하였다(그림 4). 이 그림은 실화를 바탕으로 한 것인데, 왕실의 드레스메이커인 마담 엘리스Madame Elise에게 고용되어 일하던 20살의 재봉사 메리 앤 워클리Mary Ann Walkley가 26시간 반을 쉬지 않고 일한 끝에 과로사한 사건을 조명한 것이다. 워클리는 1863년 덴마크에서 영국으로 와 웨일스 공비Princess of Walse가 될 공녀가 입을 가운을 만들던 중이었다. 이 사건은 카를 마르크스가 그의 유명한 저서 《자본론Capital》에서 언급할 정도였다. 마르크스는 당시 언론이 그녀의 죽음을 흔해빠진 이야기로 치부하며 "수의를 입고 무덤에 묻힌 백인 노예, 긴 시간 조용히 그리워만 하다 죽었다"

그림4 존 테니얼John Tenniel, 〈겁에 질린 숙녀, 또는 거울 속의 유령The Haunted Lady, or "The Ghost" in the Looking-Glass〉, 〈펀치Punch〉, 1863년 7월 4일. 토론토 공공도서관Toronto Library 소유.

라고 비아냥대던 행태를 비판하였다.

빅토리아 시대에는 패션의 잔혹한 면모를 직접적으로 비판하곤 하였다. 그러나 이후 1990년대까지 대다수의 마케팅 캠페인은 이와 반대로 죽음과 파괴, 트라우마를 미화하였다. 패션업계의 세련된 마케팅은 우리의 시야를 좁혀왔다. 이제 사회적, 심리적인 희생양을 양산하는 패션의 이면을 다시금 들출 차례이다.

우리 사회는 물건을 너무 많이 사는 쇼핑 중독자나 당황스럽게 옷을 입는 십대, 패션쇼와 잡지를 가득 채우고 있는 마른 백인 여성이라는 이상형 때문에 자기애를 잃은 젊은 여성들을 경멸한다. 명백한 패션의 민낯이지만, 치밀하게 계산된 화려한 치장은 우리가 그 얄팍한

속성을 비판할 때조차도 유혹의 손길을 거두지 않는다. 패션의 희생양을 묘사 그네디 생식하사녀 후이 중국의 악류인 섬속 산을 비서+ 문화권의 신체 변형 관습이나 현대의 치아 교정 혹은 성형수술 문화를 떠올리곤 한다. 그러나 이보다 훨씬 해악이 크지만 상당 기간 공공연히 드러나지 않았던 일상 속에 패션의 희생양은 널려 있다.

패션은 옷을 입거나 만드는 사람 모두에게 물리적인 해악을 끼쳐왔다. 대지와 공기, 물 그리고 자연의 모든 동식물은 모두 패션에 대한 욕망 때문에 오랫동안 피해를 입어왔다. 모두 시대가 가한 압박이 원인이었다. 이 책은 역사 속에서 발견되는 문제를 찾아 지속 가능한 건강한 패션을 지향하는 현대에 필요한 사례로 제공하고자 한다.

2013년, 패션 대기업의 하청 업체인 방글라데시의 라나 플라자 Rana Plaza가 붕괴하여 1,000여 명이 사망하는 참사가 발생하였다. 의류 공장이 밀집해 있는 개발도상국에서는 하루가 멀다 하고 인권 유린 관련 뉴스가 들려오기에 새삼스러운 일이 아니었다. 화려한 패션 산업의 이면에 도사린 어두운 그늘인 것이다. 19세기 유럽의 파리, 런던, 맨체스터 등 대도시에서는 패션 산업이 번창하였고, 당시 의사들은 가정과 병원, 도시의 사업장에서 그 악영향을 수시로 목격하였다. 그들이 관찰한 내용은 처참하기 이를 데 없었다. 패션은 남성과 여성, 젊은이와 노인, 생산자와 소비자, 부자와 걸인을 가리지 않고 모두의 건강을 해치고 있었다. 의류 산업에서 발현된 기술 혁신 때문이었다. 대부분 남성이었던 화학자와 엔지니어 그리고 기업가들은 지속적으로 새로운 소재를 개발하여 시장에 내놓았다. 패션업계에 있어 과학 기술은 이제 없어서는 안 될 요소였다. 덕분에 본래 상류층의 전유물이었던 옷과 장신구를 대중이 소비할 수 있게 되었지만, 예상치 못한 방식으로 건강을 해치게 만드는 위험이 초래되었다. 적지 않은 이들이 이 치명적인 사치품의 발달을 규탄하였는데, 그들이 비난한 대상은 이를 만드는 남성 경제 주체가 아니라 겉으로 보기에 비이성적으로 보이는 여성 소비자들의 새로운 옷에 대한 욕망이었다.

그림5 극단적으로 발볼이 좁고, 좌우 구분이 없는 곧게 뻗은 빅토리아 시대의 신발, 1840년대 후반, 자크Jaques 사, 프랑스, ⓒ2015년 토론토 바타 신발 박물관 소유(사진: 타냐 히긴스Tanya Higgins와 피오나 룻카Fiona Rutka).

　　의학 전문가 역시 구조적인 문제로 초래된 건강 문제를 다루면서 여성을 비난하는 문화적 편견을 부추겼다. 19세기의 언론은 '패셔너블한 자살' 혹은 '작업장에서의 죽음'이라 제목의 기사를 양산해 패션이 여성에게 끼치는 해악을 지속적으로 알렸다. 중산층을 상대로 한 논객들은 사람의 건강을 해치는 복장에 관심이 많았다. 코르셋으로 허리를 너무 꽉 조이던 나머지 장기가 파손되거나 심하게는 사망에 이른 사고가 잇달았기 때문이다.

　　그중 다소 과장된 측면이 있지만, 오늘날과는 전혀 달랐던 패션 문화의 사례를 하나 소개하고자 한다. 바로 신발이다. 1850년 이전에는 사람의 발에 나타나는 좌우 대칭 구조를 고려하지 않은 직선적 형태의 신발이 일반적이었다(그림 5). 왼쪽과 오른쪽의 구분이 없는 신발은 하나의 구두골로 한 켤레의 신발을 만들 수 있었기 때문에 비용을

그림6 꽉 조이는 코르셋과 버슬, 하이힐을 착용해 몸이 뒤틀린 듯한 그레시안 벤드 자세, 펀치, 1869년. 토론토 공립 도서관 제공.

절감하게 된 신발 제작자들이야 환영했겠지만, 그렇게 나온 신발이 편했을 리 없다.

19세기 들어서는 믿기지 않을 정도로 볼이 좁은 남성화나 여성화가 등장했는데, 놀랍게도 실제로 신었던 신발이라고 한다. 세련된 느낌을 주는 작고 이상적인 발 모양을 만들기 위해 일부 여성들은 마치 발에 코르셋을 착용하듯 실이나 밴드로 발가락을 동여맨 뒤 신발에 발을 구겨 넣었다고 한다. 불편한 신발을 신고 생활하다 보면 신체의 다른 부분에도 영향이 안 갈 수가 없다. 1860년대에는 허리에 기형이 초래되어 구부정해진 여성의 자세를 '그레시안 벤드Grecian Bend(그리스식 굽어짐)'라고 부르며 풍자하였다. 높은 굽의 신발을 신고 가슴을 앞으로 내밀며 버슬이 달린 엉덩이를 뒤로 쭉 뺀 상태로 위태롭게 중심을 잡고 선 여성의 모습이다(그림 6). 빅토리아 시대의 여성들이 모두 이렇게 극단적으로 입은 것은 아니었지만, 이런 의상을 입은 여성들은 여지없이 조롱의 대상이 되었다.

빅토리아 시대의 의복에는 물리적인 구속뿐만 아니라 더욱 치명적인 위험이 도사리고 있었다. 옷을 통해 전염병이 전파되기도 하였고, 유독한 화학 성분이 함유되거나 쉽게 불이 붙는 재질의 옷감은 그 지체로 두렵고 치명직인 위험이었나. 낭시의 신분과 의학 저널은 더러운 빨랫감이 치명적인 질병을 퍼트릴 수 있다고 경고는 했지만, 혼이 쏙 빠질 만큼 멋진 녹색 드레스를 만들기 위해 독극물인 비소가 쓰인다는 사실은 간과하였다. 꽉 죄는 상의에 몸이 옥죄이는 것은 애교에 불과하였다. 풍성한 실루엣을 만들기 위해 치마 속에 입었던 가연성 소재로 만들어진 크리놀린crinoline은 그 자체로 입은 사람을 산 채로 태우기도 했다. 이러한 사고들을 단순히 과거의 일로 치부하면 안 된다. 현대의 패션에도 남아 있는 위험성이 여전히 크기 때문이다.

치명적인 신발과 스카프, 그리고 스커트

지금부터 소개할 세 가지 사례는 남성보다 더 큰 위험을 초래할 수 있는 보다 화려한 여성 패션에 관한 경고이다. 이는 명백히 사회적 성별 차이에 따른 결과이고, 여성의 스타일이 시대 변화에 맞추어 바뀌지 못했을 뿐 아니라 때로는 의도적으로 위험을 불러일으키기도 했다는 사실을 증명한다.

역사적으로 남성용 의복과 신발 디자인은 남성들의 힘을 공고히 하는 기능을 하였으며, 공공 분야의 하나로 간주되어 착용자의 이동성과 안전을 보장했다. 반면 여성의 신발은 기능보다는 아름다움에 방점을 두었다. 스타일리시한 플랫폼 슈즈나 높은 굽의 스틸레토 힐은 오랫동안 낙상 등 여러 가지 사고를 초래하였다.

1993년 모델 나오미 캠벨Naomi Campbell이 런웨이에서 크게 넘어지면서 쿠튀르couture(맞춤복) 역사상 가장 유명한 실수의 순간으로 박제되었다. 캠벨은 비비안 웨스트우드VIVIANNE WESTWOOD의 파란색 크고 커다일 무늬 플랫폼 슈즈를 신고 위태롭게 걷고 있었다. 전문적인 워킹 훈련을 받은 모델이 넘어질 정도인데 일반인이 신으면 얼마나 위험할지 충분히 상상할 수 있다. 굽이 높은 신발을 신어서 벌어지는 대부분의 낙상 사고는 보통 팔다리의 염좌, 골절, 타박상 등으로 이어지지만, 드물게 사망 사고가 일어나기도 한다. 1999년, 한 일본인 보육 노동자가 코르크 소재로 된 굽 높은 신발을 신고 있다가 넘어진 지 몇 시간 만에 두개골 균열로 사망한 사례가 보고되었다.

높은 굽의 플랫폼 슈즈가 유행하던 1970년대와 1990년대에는 신발로 인한 자동차 사고가 줄을 이었다(그림 7). 당시 연구 중 하나는 실험실의 자동차 시뮬레이터로 비상시 브레이크 조작 정도를 알아보는 것이었는데, 실험 참여의 조건으로 "플랫폼 슈즈 소유자이면서 최소 두 달 이상 해당 신발을 신고 운전한 경험이 있을 것"을 내걸었다. 참여자들은 플랫폼 슈즈를 신고 40분간 운전을 한 다음 평범한 신발을 신고 운전을 했다. 실험 결과 플랫폼 슈즈는 브레이크를 밟기까지 걸리는 반응 속도를 느리게 만들었으며, 특히 고속도로에서 시속 100km 정도로 달리다가 완전히 정차하기까지 평범한 신발을 신었을 때보다 3m 정도의 거리를 더 필요로 한 것으로 밝혀졌다.

1990년대 중반에는 영국의 팝 그룹 스파이스 걸스의 진저 스파이스가 신고 등장해서 유명해진 15cm 굽의 검정색과 빨간색으로 장식된 버펄로 부츠가 유행했다. 당시 경찰은 이 신발을 음주운전이나 운전 중 통화와 마찬가지로 운전에 위협을 주는 요소로 간주했다. 1999년에는 도쿄에 사는 25세의 여성이 친구와 함께 차를 타고 쇼핑을 갔

그림7-1 1970년대 시퀸sequin으로 장식한 이브닝 플랫폼 샌들, 1974~1979년, 이탈리아 로리스 아자로Loris Azzaro. ⓒ2015년 토론토 바타 신발 박물관(사진: 데이빗 스티븐슨David Stevenson과 에바 차쿠크Eva Tkaczuk).

그림7-2 영국의 팝 그룹 스파이스 걸스Spice Girls의 멤버인 진저 스파이스Ginger Spice가 착용한 버펄로 플랫폼 부츠, 1997년. ⓒ2015년 토론토 바타 신발 박물관(사진: 섀넌 린드Shannon Linde와 헤일리 밀즈Hayley Mills).

다가 집으로 돌아오던 중, 신고 있던 20cm 높이의 부츠 때문에 브레이크를 밟지 못해 사고가 나기도 했다. 차는 그대로 콘크리트 기둥에 돌진했고 조수석에 있던 친구는 즉사했다. 일본의 전통 신발인 게다 샌들이나 슬리퍼는 당시에 이미 법적으로 운전 시 착용이 금지되어 있었는데, 경찰은 두꺼운 플랫폼 부츠, 일명 '아쓰조코ぁつぞこ(통굽)' 역시 금지 목록에 올려야 한다고 촉구했다. 이 사례에서 알 수 있듯, 패션은 현대의 도시 생활에 맞지 않을 때가 꽤 있다. 패션을 추구하다가 자신을 포함해 주위 사람들을 사고의 위험에 빠뜨린 이들을 비난해야

할까, 아니면 위험한 유행 자체, 혹은 이를 만들어낸 경제 주체들을 비난해야 할까? 선택의 기로기 이닐 수 없다.

1970년대에는 1920년대 패션이 다시 유행한 것들이 많았다. 그 중에는 영국의 텔레비전 드라마 〈닥터 후Doctor Who〉 시리즈에서 톰 베이커Tom Baker가 멋지게 착용했던, 독특한 니트 소재로 된 길이가 긴 스카프가 있다. 타임 로드Time Lord(극 중 주인공인 외계 종족 '닥터 후'의 종족명으로 불사의 존재며 시공간을 초월한 우주를 여행하는 능력이 있다 - 역주) 캐릭터가 멀리 떨어진 은하계에서 착용했을 때는 괜찮았던 스카프이지만, 필멸의 존재에 지나지 않는 인간이 따라 하는 것은 무리였다. 1971년, 20대 초반의 한 젊은 미국 여성이 스키 리프트를 타려다 그다음으로 오는 의자에 스카프가 엮여서 의자에서 끌려 나오게 되는 사고를 당했다. 〈미국 의학 저널The Journal of American Medicine〉은 이와 같은 사고를 '롱 스카프 신드롬Long Scarf Syndrome'이라고 부르며, 이 불운한 사고를 애도하였다. 좀 더 운이 좋은 몇몇 사례도 있다. 같은 해에 한 10살 소녀는 리프트 견인줄에 스카프가 끼었고, 한 11세 소년은 스노모빌 엔진에 스카프가 얽혔다. 오토바이 아래쪽을 보려고 고개를 숙였던 십대가 모터에 스카프가 걸리기도 했다. 이들은 모두 얼굴에 생긴 수많은 열상과 타박상으로 고통을 겪었지만 목숨만은 건졌다. 의사들은 이러한 사고의 45퍼센트가 사망으로 이어졌음을 밝히며, 새로운 "유행과 패션이 예측 불가능한 내재적 위험을 초래한다"라고 결론을 내렸다.

어린이의 경우 이와 같은 사고에 더욱 취약하다. 겨울 코트의 토글(toggle, 코트에 사용되는 짧은 막대 모양 단추, 일명 떡볶이 코트 단추 - 역주)이 놀이터 기구 사이에 낀다든가 스웨터에 달린 단추가 영유아용 안전그물에 끼는 등의 사고가 대표적이다. 그런 상태에서 아이가 미끄러지듯 바닥에 앉기라도 하면 아이의 목이 졸리며 바로 산소 공급이 끊긴다. 1982년 유아의 사망 사고에 대한 한 연구에 따르면, 전체 223건 중 19건이 의류가 원인이 된 사고였으며 20건은 침구류에 목이 졸린 경우였다. 이와 같은 조사 결과가 발표된 이후, 추운 기후대에 위치한 국가의 학교와 보육 시설에서는 어린이의 스카프 착용을 금지하거나 단순한 형태의 넥 워머neck warmer만 착용할 것을 권장하는 정책을 도입했다. 한 사례로, 캐나다의 브리티시컬럼비아주 보건부에서는 최근 보육 전문가들에게 어린이들이 스카프, 넥타이, 길이 조절용 끈이 달린 옷을 입지 않도록 할 것을 권고한 바 있다.

2004년, 배우 시에나 밀러Sienna Miller는 보호boho라고도 불리는 보헤미안 시크Bohemian Chic 룩을 다시 유행시켰다. 이 스타일에는 일명 집시 스커트라고 불리는 페전트 스커트peasant skirt가 포함되는데, 핵심 요소는 가벼운 면 소재로 된 몇 단이나 되는 주름 장식이 발목까지 치렁치렁하게 늘어지는 것이었다. 그러나 이 아름다운 스커트는 한편으론 입는 이로 하여금 심각한 화재 위험에 노출되게 만들었다.

2005년 가을, 영국의 노샘프턴셔 무역표준협회Northamptonshire Trading Standards Association는 9세 소녀가 심각한 화상을 입은 사례를 근거로 하여 집시 스커트가 큰 위험을 초래할 수 있다는 경고문을 발표했다. 같은 해 영국의 머시 병원Mersey Hospital에서는 '불타는 집시 스커트가 초래한 부상'이라는 제목의 논문을 발표하였다. 해당 병원에서는 2005년 한 해 동안 집시 스커트가 원인이 된 화상 사례 여섯 건 중 두 건에서 이들이 통화를 하느라 불이 붙은 사실을 인지하지 못했다고 밝혔다. 다른 사례에서는 바닥에 놓아둔 장식용 초로 인하여 스

커트에 불이 붙었는데 이를 의식하지 못하고 춤을 췄다는 보고도 있
다. 이를 즉시 사고 벗시 불을 바로 꺼지는 이무도 없었다. 그런데도 불
이 난 사실을 알아차리지 못한 것이다. 집시 스커트는 과거의 드레스
처럼 극단적으로 풍성한 옷이 아니다. 그 옛날 나무나 석탄, 초를 사
용해 조명과 난방을 하던 공간에서 펄럭이는 구식 드레스를 입은 여
성들은 얼마나 치명적인 상황에 노출되어 있었던 것인지 상상조차 하
기 어렵다.

오늘날에도 사고가 발생하면 바로 경찰과 응급의학과 의사들이
뛰어들어 위험으로부터 대중을 보호한다. 정부 기관에서는 사고를 일
으킬 만한 의류를 규제하거나 금지하는 조치를 미연에 내린다. 일례
로 유럽 비식품 관련 신속 경보 시스템European Commission's Rapid Alert
System for Non-Food Dangerous Products, RAPEX에서는 의류, 화장품, 문신용
잉크 등의 제품 중 문제의 소지가 있는 것들을 가려내어 경고하고, 심
각한 조짐이 보이는 것들은 유통을 전면 금지시킨다. 그 결과 2013년
에는 끈이 달린 여자아이용 비키니 수영복과 후드 티셔츠 등 200여
종에서 교살 또는 부상 위험을 감지하여 생산 및 유통을 금지하였다.

역사적으로 사고를 대하는 태도는 극단적으로 달랐다. 19세기 이
전에는 패션을 도덕성을 대변하는 영역으로만 바라볼 뿐이었다. 과장
된 실루엣의 헤어스타일과 옷은 소수의 엘리트 계층만을 위한 것이었
고, 대중은 이를 동경하면서 기껏해야 회화하며 자신의 처지에 대한
위안거리로 삼았다. 18세기의 인쇄물에는 머리장식 화재L'incendie des
coeffures 또는 헤드드레스headdress 화재를 풍자하는 그림이 종종 실리
곤 했다(그림 8). 이 그림은 큰 유리창이 있어 부유하고 패셔너블한 고
객들이 앉아 있는 모습을 행인들이 구경할 수 있었던 파리의 카페 루

그림8 가발 화재 또는 〈머리장식 화재〉, 종이에 에칭과 판화, 약 1770년경. 온타리오 아트 갤러리Art Gallery of Ontario, 1982년 트리에르-포도Trier-Fodor 파운데이션 기증, 82/259, 2014년 AGO.

아얄 달렉상드르Café Royal D'Alexandre에서 한 쌍의 남녀가 휴식을 취하기 위해 자리에 앉는 모습을 담고 있다.

남성이 상대방 여성에게 정중하게 좌석을 권하는 동안, 샹들리에의 촛불이 옮겨 붙어 여성의 가발에 불이 붙었다. 겁에 질린 카페 직원들이 불을 끄기 위해 사다리를 놓고 재빨리 올라가고 있다. 그림에는 공감되지 않는다는 듯 "왜 물을 뿌리지? 나라면 이 기회에 바보 같은 헤어스타일이 타도록 놔둘 것이다"라고 쓰여 있다. 실제로 가발이 상들리에의 불이 옮겨 붙을 만큼 높지는 않았겠지만, 가발을 보송보송하고 희게 만들기 위해 뿌려댄 전분 가루는 불이 붙기만 하면 삽시간에 가발을 재 가루로 만들 수 있었을 것이다. 이 인쇄물은 상상화에 불과하지만, 이후 수십 년 동안 여성의 드레스는 실제로 치명적인 화재를 일으켰다. 크리놀린으로 풍성하게 부풀린 스커트에 불이 붙어 비명횡사한 가엾은 여인들은 수를 셀 수 없을 정도로 많았다.

완벽하게 차려입다: 지옥에서 병원까지

> "예전에도 그랬고 지금도 마찬가지로, 이는 지옥에나 가야 할 패션이다."
>
> – A. W. 에스콰이어A. W. Esquire, 《후프 페티코트에 대한 지대한 혐오감The Enormous Abomination of the Hoop Petticoat》, 1745년, 27p

중세 기독교 사회에서 교회는 신도들에게 그들이 입는 옷에 대한 도덕률을 마련해 두었다. 중세 말기가 되어 패션에도 근대적이라고 간주할 만한 요소가 보이기 시작하자 옷은 더욱 위험하고 도덕적으로 유해한 존재가 되었다. 지나치게 호화로운 옷을 입는 것은 죄악시되었고, 차분한 분위기의 옷을 입어야 '흠잡을 데 없이impeccably' 차려입은 것으로 여겨졌는데 이 단어는 죄가 없다는 뜻의 라틴어에서 유래한 것이었다. 패션은 음탕한 행동을 부추기고 자만과 허영, 저속한 욕망만을 불러일으키는 존재였다.

그림9 은사를 수놓은 풍성한 만투아 궁정 드레스court mantua는 버드나무 가지나 고래 뼈로 만든 파니에pannier로 지탱한다. 약 1740-1745년, ⓒ빅토리아 앤드 앨버트 미술관, 런던.

신체의 형태를 왜곡하는 옷에 대해서는 특히 독설이 난무했다. 1745년, 한 무명의 영국 작가가 파니에(그림 9)라고 알려진 고리 모양의 페티코트에 대해 분노를 쏟아냈다. 파니에는 16세기부터 입기 시작한 것으로 18세기 초에는 기이할 정도로 옆으로 넓게 퍼지는 형태가 되었다. 무려 6피트(약 182.8센티미터)에 달하는 너비를 자랑하는 만투아 드레스는 남아 있는 당대의 복식 중 가장 극단적인 형태에 속한다. 일부 부유한 엘리트 계층만이 입을 수 있었던 드레스를 보는 대중의 시선에는 증오와 혐오가 넘쳤다. 이 영국 작가도 드레스를 향해 혐오스럽고 충격적으로 우스꽝스러우며 상스러운 데다 놀랍도록 터무니없고 사악하고 야만적이고 부도덕한 물건이라며 독설을 내뱉었다.

기독교적 관심에서 위키우 모류지기 신이 주신 육체를 받아들여야 하는데, 신체 모양과 반대되는 형태의 물건에 몸을 억지로 욱여넣는 여성의 상체와 하체는 괴물처럼 불균형하게 된다는 것이다. 여성의 신체 모양을 왜곡하는 것뿐만 아니라, 이 옷을 입은 사람들이 지나치게 넓은 공간을 차지하는 것도 문제였다. A. W. 에스콰이어는 이러한 옷이 끼치는 공적인 민폐가 심각하다면서, "여성 한 사람이 둘이나 세 사람의 남성과 같은 공간을 차지하는 것이 과연 공정한 것인가?"라는 질문을 던졌다.

한편 무명의 영국 작가는 파니에가 지닌 물리적 위험성에 대해서도 비난하였는데, 런던의 좁은 길에서 페티코트의 단단한 뼈대가 그를 향해 돌진하여 공격했을 때 정강이뼈가 거의 부러질 뻔했다는 것이다. 하지만 무려 27페이지에 달하는 독설 중에서 착용자의 건강을 염려하는 구절은 단 하나뿐이다. 내용은 착용자가 불편을 넘어서 때로는 고통스러울 것이고, "수백 명의 사람들이 스스로 죽음을 자초하는 것이라고 믿어 의심치 않는다" 정도에 불과하다. 18세기의 좁은 도시의 골목길에서 부딪혀서 생기는 위험이라고 해봐야 치명적이기보다는 당황스러운 쪽에 더 가까웠을 것이라는 증거도 있다. 당시의 한 사고 기록에 따르면, 어떤 여성의 페티코트에 달린 고리가 늙은 숫양의 뿔에 걸리자 여성은 비명을 내지르고, 숫양은 메에 하고 울고, 다른 양들이 메아리처럼 따라 울어댔다는 묘사가 있다. 숫양이 숙녀를 더러운 바닥에 밀어 넘어뜨려 군중들의 비웃음을 샀을 때 그녀는 아픔보다는 마음의 상처를 더 크게 받았을 것이다.

시간이 지나자 파니에, 크리놀린 같은 후프 스커트가 더욱 둥근 모

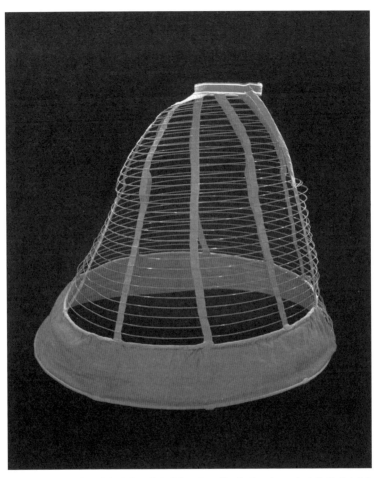

그림10 여왕이 가장 좋아한 강철 소재의 새장 모양 크리놀린, 약 1860~1865년경. ⓒ빅토리아 앤드 앨버트 미술관, 런던.

양을 하고 철로 만든 새장 모양의 크리놀린으로 재탄생했다. 무엇보다 크리놀린은 모든 사람들이 입었다는 점에서 전 세대의 스커트와 차이점이 있다(그림 10). 부유층은 비싼 실크를 겹겹이 두른 스커트를 크리놀린 위에 입어 차별화했지만, 공장 노동자를 포함한 대다수의 평범한 사람들은 모두가 대량 생산되어 비슷한 모양을 한 후프 스커트를 입었다.

공장주들은 직원들이 위험한 기계 근처에서 작업할 때도 이 스커트를 입는 모습을 보고 경악을 금치 못했다. 1860년, 영국 랭커셔 Lancashire 지방의 한 방적 공장에서는 노동자들에게 "요즘 유행하는 흉측한 후프 스커트 혹은 크리놀린이라고 불리는 것은 공장 일을 할 때 매우 부적합하므로" 착용을 금지한다는 안내판을 걸었다. 새로운 산업 사회의 노동과 민주화된 패션이 만나자 새로운 위험이 양산되었다. 담보는 여성의 안전에 대한 공포였다. 기계식 인쇄기가 나열된 인쇄 공장에서 일하던 한 젊은 여성이 입고 있던 크리놀린 스커트 자락이 기계에 빨려 들어가 기계 아래에 깔리는 사고가 났다. 작업 감독관이 놀라 기계를 멈추자, 여성은 운 좋게도 매우 날씬했기 때문에 다치지 않고 빠져나올 수 있었다. 사고 후 감독관은 크리놀린의 착용을 금지했지만, 다음 날 모든 노동자들은 여전히 커다란 크리놀린을 입고 공장에 나타났다. 감독관은 노동자를 향해 당장 벗지 않으면 해고하겠다고 큰 소리를 쳤고 사무실은 마치 "한쪽 구석에 지저분한 봄버진 Bombazine(실크, 모 등으로 짠 능직물) 더미가 쌓여 있는 쇠퇴한 전당포처럼 보였다"고 한다. 크리놀린은 그렇게 혐오의 대상이 되었고, 패션은 영원불멸의 정신에 대한 무형의 위협이라기보다는 필멸의 육체에 가해지는 물리적 위협으로 남게 되었다. 당시의 후프 스커트는 가히 지옥으로 향하는 잠재적 티켓이나 다를 바 없었는데, 빅토리아 시대 사람들에게는 병원이나 시체 보관실이나 지옥이나 매한가지였다.

산업혁명이 한창이던 무렵 계몽 철학과 의학은 보다 세속적인 세계관을 장려했고, 이는 건강에 대한 관심을 고조시켜 건강을 최고의

덕목인 자유와 비견되게 하였다. 당시 의사들은 의학 지식을 적용해 패션이 초래하는 질병을 진단했는데, 의상사학자 에일린 리베이로 Aileen Ribeiro은 패션을 성경 말씀을 잣대로 평가하던 것에서 실용성과 건강, 위생에 기반을 둔 세속적인 것으로 바뀐 것이라고 적었다.

　의학 전문가들은 고통에 호소하는 제봉사의 손, 피부, 코, 그리고 먼지와 연기를 들이마서 손상된 입안을 관찰했으며, 노동자 중 일부는 만성적인 중독 증상으로 통제 불가능할 정도로 팔다리를 떠는 것을 발견했다. 옷을 착용한 사람들도 연구했는데, 예를 들어 니트로벤젠으로 검게 염색한 신발을 신었다가 입술이 파랗게 변한 어린이나 기생충이 들끓는 군복을 입었다가 티푸스에 걸린 군인, 의상에 불이 붙어 산 채로 태워진 발레리나가 그 대상이었다. 이들은 의복이 초래한 중독, 질병 및 사고사를 처참하고 충격적일 정도로 자세히 기록했다. 이러한 보고서는 현대의 패션 연구가들은 영원히 모를 풍성한 정보를 제공한다. 과거의 패션 삽화나 오늘날의 패션지에는 한결같이 나이 들지 않고 이상화된 모델이 등장한다. 그들에게선 먹거나 자는 등 평범한 신체적 욕망의 흔적이 보이지 않고, 포토샵으로 완벽하게 보정된 얼굴에는 모공 하나 보이지 않는다. 반면 의사들이 목도한 패션의 현실은 연약하고 상처 나기 쉬운 몸, 땀을 흘리고 숨을 쉬며 유해한 패션으로 인하여 끊임없이 고통 받는 몸을 숨겨야 하는 이들이다.

　의학은 19세기에 들어서 진일보하여 보다 과학적인 영역이 되었다. 공중 보건과 위생, 질병 관리는 상당히 진척했지만 성직자가 그랬듯 의사 역시 여성 환자가 입은 관능적인 패션에 도덕적 잣대를 들이밀었다. 일부 전염병의 원인으로 목선이 깊게 파인 볼가운ballgown(야

그림11-1 패션 삽화 '모드 드 파리Modes De Paris(파리의 유행)', 약 1830~1835년경. 저자 컬렉션.

그림11-2 샤를 필리퐁Charles Philipon, '미스 허영심의 공방에서 만든 결핵 드레스Dress à la Tuberculosis from the Workshops of Miss Vanity', 1830년. 사진: 데이비드 브라스 희귀 서적 주식회사David Brass Rare Books Inc.™

회복, 정장 드레스)이 지목되기도 하고, 인플루엔자는 모슬린 피버muslin fever라고 지칭되기도 하였다. 속이 비칠 정도로 얇은 면직물인 모슬린 소재 드레스를 입어서 열병에 걸렸다는 것이다. 1830년대 샤를 필리퐁Charles Philipon은 결핵을 희화화하여, 그 당시 유행했던 스타일의 패션 삽화에 "미스 허영심의 공방에서 만든 결핵 드레스"(그림 11)라는 설명을 적기도 했다. 당시의 패션 삽화에는 독자들이 해당 간행물을 구독할 수 있도록 주소를 적어두곤 했는데, 이 그림에서는 농담이겠지만 파리에서 가장 유명한 공동묘지인 페르라셰즈에서도 구입할 수 있다고 적혀 있다. 옷을 감정적으로만 다루던 시절은 지나갔지만, 잠재하는 치명싱을 지닌 것이라는 대중의 속설은 계속된 것이다.

1880년대에 들어서 의복과 건강의 개연성은 강화되었고, 구스타브 재거Gustav Jaeger와 같은 개혁론자들은 독성이 있는 염색 용제를 쓰지 않아 보다 깨끗하고 위생적인 울로 만든 속옷을 장려하였다. 재거의 초기 저서를 읽은 후 재거가 말한 옷을 산 극작가 조지 버나드 쇼George Bernard Shaw는 그 끔찍한 책이 다음과 같은 이유로 그를 겁에 질리게 했다고 유머러스한 편지를 썼다. "이제 가죽으로 된 멜빵 때문에 나는 류머티즘에 걸릴 것이며, 모자의 안감은 뇌수막염을 가져올 것이다. …… 웃옷의 칼라는 목소리를 앗아가고, 조끼는 심장에 지방질을 늘려 기능을 퇴화시킬 것이며, 바지 속에는 부종이 숨어 있나니…… 잘 있어라. 콜레라가 다가오고 있으니 나의 면 셔츠는 곧 수의가 될 것임을 직감한다."

건강한 옷에 대한 그의 첫 반응은 우스꽝스러운 신파였지만, 일 년이 지나지 않아 그는 재거의 옷을 완전히 받아들여 94세의 나이로 사망하기까지 매일 재거의 옷을 입었다. 쇼가 위의 편지를 쓴 지 몇 년 후에 발표된 '유독한 모자Poisonous Hats'라는 제목의 의학 기사에서는 한 화학자가 모자용 밴드를 구입하여 분석한 뒤 두통의 원인을 찾았다는 내용이 상세히 나와 있다. 그 밴드에는 거의 2.5그램에 달하는 백랍 성분이 함유되어 있던 것으로 밝혀졌는데, 이는 납 중독을 유발하기에 충분할 만한 수치이다. 기사에는 "죽음에 이르는 요소가 아닐 수 없다. …… 문명이 고도화될수록 모든 것은 우리의 몸을 편하게 만들어야 한다. 부츠와 신발은 오래전에 인류에게 셀 수 없는 문제를 안겨주었기에 맹렬한 비난의 대상이 되었고, 이제는 모자가 그 심판대에 섰다"라고 쓰여 있다.

19세기 말에 들어서면서 소비자는 머리부터 발끝까지 감싸는 모든 옷을 경계하게 되었다. 이러한 공포는 오늘날 우리에게까지 이어지고 있으며, 따라서 의복과 건강 사이의 여러 연결 고리를 알아볼 필요가 있다. 일찌감치 이를 깨달은 쇼는 셔츠가 초래할 수 있는 위험으로부터 탈출할 수 있었지만, 모두가 그만큼 운이 좋은 것은 아니기 때문이다.

내가 연구한 많은 물건들은 가슴 아픈 이야기를 담고 있으며 여전히 그 물건을 만든 사람과 입은 사람들의 신체에 가해진 손상의 물리적 흔적이 남아 있기도 했다. 런던의 빅토리아 앤드 앨버트 미술관 Victoria and Albert Museum의 텍스타일 보존 담당자들이 1930년대에 제작된 트릴비 햇trilby hat(양옆의 챙이 살짝 말려 올라가 있으며 위쪽이 살짝 꺼진 형태의 중절모 - 역주)을 분석한 결과, 해당 모자에 여전히 오늘날 기준으로, 백만 리터의 물을 사람이 섭취하기에 부적합하게 만들어버릴 수 있는 양의 수은이 남아 있는 것을 발견하였다.

옛 문헌에서 의사와 화학자들이 기술해 놓은 위험을 확인하기 위해, 몇몇 주요 미술관과 캐나다의 라이어슨 대학교의 물리학 실험실에서는 다양한 독소 검출 분석을 세부적으로 진행한 적이 있다. 그 결과는 분명 매우 아름다운 것임에는 틀림없지만 건강에 해로울 것이 뻔한 옷을 소비자들이 탐한 이유를 설명해 주었다. 분명 학문적이고 과학적인 접근을 했음에도 불구하고, 마치 살아 있는 동물의 털 같아 쓰다듬고 싶게 만드는 충동을 들게 하는 윤기 흐르는 펠트 모자의 표면이나 황홀한 에메랄드그린 색의 드레스와 우아한 술이 달린 실크 숄, 동화 속에서 나올 법한 튤tulle 소재의 가운과 튀튀tutus 스커트, 정교하게 조각한 빚에서 헤어 나오기 힘들었던 것이다. 그 물건에 독성이 기늑하고 이 옷을 입은 이들은 중독이나 화상으로 인해 죽음에 이르렀다는 사실을 알고 있음에도 불구하고, 아름다움은 혐오와 더불어 매혹을 동시에 불러일으킨다. 이제 이 치명적인 옷에 대한 우리의 열광이 전혀 새로운 것이 아니라는 사실을 증명할 차례이다.

전설에서 현실로: 독이 든 망토에서 유독성 화장품까지

유독성은 패션의 역사에서 가장 많이 반복된 위험 요소로 꼽힌다. 역사적으로 옷과 화장품은 독성이 있는 화학 물질로 생산되어 왔으며, 우리는 지금까지도 이를 사용 중이다. 과거에도 오염된 옷에 대한 공포가 존재했기 때문에, 많은 문화권에서 여러 시기에 걸쳐 독성을 지닌 옷에 대한 전설이 존재했다.

인간은 독을 들이마시는 순간 빠르게 몸이 망가진다. 독을 품은 옷은 보다 은밀한 형태의 살인 무기라고 할 수 있는데, 옷은 피부에 닿은 후 모공을 통해 천천히 독을 퍼지게 만들기 때문이다. 그렇다 해도 여전히 치명적이라는 점에서는 마찬가지다. 고대로부터 근대에 이르기까지 화학적인 독과 전염병은 그다지 구별되지 않았는데 이는 둘 다 오염된 옷을 매개로 전파될 수 있기 때문이다.

19세기, 과학을 기반으로 한 독물학과 법의학이 등장하기 전까지 독극물의 실제와 허구를 구별하는 것은 꽤나 힘들었다. 르네상스 시대에는 질병은 불쾌한 냄새를 풍기며 공기를 통해 전파된다고 믿었기 때문에 향수를 잔뜩 뿌린 장갑을 끼면 전염병으로부터 안전할 것

이라고 믿었다. 그러나 장갑에 묻는 건 향수만이 아니다. 이탈리아 피
렌체의 메디치 가문 출신으로 프랑스에 왕비가 된 카트린 드 메디치
(1519~1589년)는 독이 뿌려진 장갑을 살인 도구로 썼다는 소문에 휘말
린 바 있다.

비잔틴 제국과 중앙아시아, 사하라 사막 이남의 아프리카 일대의
사람들은 영광의 로브Robes of Honor라고도 불리는 전통 외투 칼라트
Khalat를 입고 예식을 치렀는데 종종 칼라트를 암살의 도구로 쓰기도
했다. 실크로 지은 이 호화로운 로브를 건네받은 사람은 즉시 착용하
는 것이 예의였는데, 이는 어려운 선택이기도 했다. 독이 묻어 있을
수도 있는 로브를 거절하여 불충을 드러내든지, 망설임 없이 로브를
입고 높은 확률로 죽음을 맞이해야 하는지 기로에 섰던 것이다.

고대 그리스 신화에도 독을 품은 옷에 관한 유명한 이야기가 있
다. 네소스Nessus의 셔츠 혹은 망토(그림 12)가 그것이다. 영웅 헤라클
레스의 아내 데이아네이라는 반인반마의 켄타우로스족인 네소스에
게 납치되었다. 헤라클레스는 켄타우로스와 남자다운 전투를 치르는
대신, 도망치는 적의 뒤에서 뱀의 독이 묻은 화살을 쏘아 맞히는 선택
을 한다. 켄타우로스는 죽어가면서 데이아네이라에게 뱀의 독이 묻은
자신의 피는 사랑의 묘약이니 병에 담아 간직하라고 속인다. 헤라클
레스가 그녀를 두고 바람을 피우자, 데이아네이라는 비밀리에 이 독
을 아름다운 튜닉에 바른다. 헤라클레스의 하인 리카스가 그에게 옷
을 건넸고, 헤라클레스는 신에게 제물을 바치기 위해 이를 입었다. 제
물을 바치기 위한 불이 타오르자 독이 활성화되었고 이윽고 영웅 헤
라클레스 살갗을 태웠다.

소포클레스Sophocles의 비극 〈트라키스 여인들The Women of Trachis〉

그림12 한스 세발트 베함Hans Sebald Beham, 〈네소스의 옷을 헤라클레스에게 가져다주는 리카스Lichas Bringing the Garment of Nessus to Herakles〉(1542~1548년), 암스테르담 국립 미술관Rijksmuseum.

에는 헤라클레스의 아들이 아버지가 입은 치명적인 로브의 위력을 묘사하는 장면이 나온다. "이 불쌍한 남자는 아무것도 모른 채 쾌활하기만 했다. 남자는 멋진 옷을 입고 있었고, 기도하는 내내 기쁨이 샘솟았다. 그러나 제물을 바치기 위한 불이 타오르는 순간, 그의 살갗에서 땀이 솟아나면서 망토가 옆구리에 들러붙기 시작했다. 그는 발작을 일으켰고 뼈를 관통하는 통렬한 고통을 느꼈다. 그리고 잔인하게도 마치 뱀의 독에 공격당해 녹아내리는 듯했다." 헤라클레스는 피부를 마치 산성 액처럼 부식시키는 셔츠를 벗을 수도 없었다.

헤라클레스는 일견 아내에 의해 독살을 당한 것이지만, 실제로 독이 어떤 식으로 옷을 통해 신체에 영향을 끼친 것인지는 구체적으로 확인할 필요가 있다. 신화 속에 등장하는 독을 품은 옷이 근대 세계에서 다른 형태로 재현된 것이다. 빅토리아 시대의 사람들은 고대의 영 웅과는 전혀 다른 독극물에 중독되었지만, 신체에서 배출되는 땀과 열기로 인하여 의복에 함유된 다양한 화학 물질들이 활성화된 과정만 큼은 동일하게 경험하였다. 독성을 지닌 물질을 만들어낸 당대의 화학자와 이를 활용하여 의복을 만들던 염색 노동자, 염색한 옷감을 재봉하던 재봉사, 그리고 헤라클레스가 그랬듯 그렇게 제작된 옷을 입은 소비자에 이르기까지, 모두들 해를 입었다. 네소스의 전설이 후세에 다시금 울려 퍼진 것이다. 영국의 유서 깊은 의학 저널 〈더 란셋The Lancet〉이 양말과 속옷이 중독 증상을 유발한다는 기사를 실었을 때 사람들은 어이가 없어 하며 아무도 믿지 않았다고 한다. 데이아네이라가 헤라클레스에게 건네준 독이 묻은 튜닉에 관한 고전 설화를 기반으로 지어낸 이야기가 틀림없다며 누구도 신경 쓰지 않았다. 프랑스의 한 의사는 독극물 전설이 독극물 과학이 되었다며 "네소스의 로브가 허구를 넘어 현실 세계로 옮겨온 것 같다"라고 쓰기도 했다.

우리는 스스로를 아름답게 만들기 위해 자의로 독극물을 사용하기도 한다. 보톡스는 보툴리누스균Clostridium botulinum에서 추출한 물질인데, 신경 조직을 마비하고 파괴하는 이 균은 가장 치명적인 독 중 하나이다. 보톡스는 이를 희석하여 얼굴에 주사하는 것으로, 신경을 마비시켜 주름을 펴는 데 널리 사용되는 뷰티 기법으로 인정되고 있다.

엘리자베스 1세 시대에 납이 든 화장품을 쓴 사실은 이미 널리 알려져 있는데, 안전을 고려하지 않았던 과거의 실책일 뿐이라고 간과하기에는 메이크업 유행이 수시로 바뀌는 오늘날에도 다수의 립스틱 제품에서 납 성분이 검출되고 있다.

16세기, 엘리자베스 1세는 베네치아의 연백Venetian Ceruse이라고

Lead palsy from use of "Laird's Bloom of Youth," from a photograph.

그림13 왼쪽: '레어드의 젊음의 꽃'의 광고, 1863년. 미국 의회 도서관U.S. Library of Congress. 오른쪽: 납 중풍에 걸린 19세 소녀, 그녀의 손은 '레어즈 블룸 오브 유스'를 사용하여 마비되었다. 1869년. 루이스 세이어, '레어즈 블룸 오브 유스를 사용하여 납 중풍에 걸린 세 사례, 〈미국의학협회American Medical Association〉 20권(1869년): 568에서 발췌. ⓒ미국의학협회 1869년. All rights reserved/Courtesy AMA Archives.

불리던 납 반죽을 얼굴에 두껍게 발라 하얀 피부를 표현했다. 납은 얼굴색을 균일하게 만들어주었을 뿐 아니라, 고된 야외 육체노동을 하지 않은 특권층임을 나타내고 인종적 순수함에 대한 상징으로 여겨져 선호되던 새하얀 피부를 만들어주었기 때문에 수 세기 동안 화장품으로 애용되었다. 빅토리아 시대가 되자 결국 의학은 사람들의 미에 대한 집착을 따라잡았고, 납의 유독성에 대한 발견은 뉴욕의 신진 화장품 제조업체에 죄를 뒤집어씌우는 것으로 귀결되었다. 1869년 미국의학협회American Medical Association의 설립자인 루이스 세이어Lewis Sayre 박사가 그가 납 중풍이라고 명명한 심신쇠약 상태가 된 세 명의 젊은 여성을 치료했는데, 모두 '레어즈 블룸 오브 유스Laird's Bloom of Youth'라는 화장품을 사용했다고 발표한 것이다(그림 13).

이 광고에서는 해당 제품이 주근깨를 완화하고, 햇볕에 그을려 거
칠고 번새넌 피부를 아름답게 가꾸이,기미고 선전한다. 그리나 이 세
품을 한 달에 대략 한 병씩 2년에서 3년간 사용한 세 명의 여성에게서
신체장애가 나타났다. 이들의 팔은 마비되었고, 그중 21세로 '젊음의
꽃Bloom of Youth'을 쓰기에는 너무 젊은 나이였던 여성의 손은 말라서
뼈만 앙상하게 남은 모양새가 되어버렸다. 독이 든 아름다움을 능동
적으로 미화한 광고와 독에 중독되어 수동적으로 무기력해진 이를 그
린 의학 저널의 삽화는 냉혹한 현실에 대한 대비였다. 광고 속 여성은
미소 띤 얼굴로 액상 진주liquid pearl라는 라벨이 붙은 화장품을 들고
피부에 바르고 있는 반면, 얼굴도 없이 묘사된 환자는 뒤틀리고 힘없
는 손을 떨구고 있을 뿐이다. 지금은 손목하수 또는 요골 신경 마비
라고 불리는 이 증상은 납 중독의 대표적인 증상이다. 삽화 속의 19세
소녀는 스스로 식사하기, 머리 빗기, 핀 집기, 단추 잠그기 등 손으로
해야 할 모든 동작들이 사실상 불가능해진 상태이다. 몇 달간에 걸친
화학적인 치료와 손에 보조 기구를 착용한 다음에서야 다행히도 세
사람은 모두 회복되었다. 그럼에도 불구하고 이 화장품은 수십 년간
시장에서 판매되었으며, 1880년의 광고에서도 소비자들에게 미국 식
품의약국FDA의 테스트를 완료한 제품으로 "건강과 피부에 유해한 물
질이 전혀 없다"고 단언하는 파렴치함을 보였다.

　1895년에는 미국에서 큰 인기를 끈 '스완 다운 파우더'가 출시되었
다(그림 14). 영국 출신의 필라델피아 이민자 헨리 테틀로가 설립한 화
장품 회사에서 만든 제품으로, 상자에는 무독성harmless이라는 문구가
쓰여 있었고 이를 강조하는 마케팅으로 성공을 거두었다. 이 파우더
는 저렴하면서도 미백 효과가 있는 징크옥사이드(산화아연)를 사용하

그림14 납 성분이 함유된, 헨리 테틀로Henry Tetlow의 스완 다운 파우더Swan Down Powder, 약 1875~1880년. 저자 소장품(사진: 에밀리아 달먼 하울리Emilia Dallman Howley).

여 만든 것인데, 이는 오늘날에도 자외선 차단제에 사용되는 성분으로 초창기 화장품에 사용되던 독성 물질을 대체하기 위해 개발된 것이었다. 여성들은 최소한의 예산으로 립스틱과 파우더를 살 수 있었고, 테틀로는 큰돈을 벌었다.

　이 파우더의 상자 안쪽을 감싼 속지에는 물 위에 미끄러지듯 가로지르는 백조 그림과 함께 어쩐지 불길한 느낌을 주는, 다음과 같은 문구가 적혀 있다. "다른 페이스 파우더는 왔다가 사라져 버리지만 스완 다운은 영원히 머무릅니다." 나는 미개봉 상태의 제품을 골동품 상점에서 구입하여 내용물을 라이어슨 대학교의 실험실에 분석 의뢰를 하였다. 결과는 확실하고도 참담했다. 이 파우더에는 분명 아연 성분도 들어 있지만, 납 성분 역시 상당량 함유되어 있던 것이었다. 테틀로의 마케팅은 기만적이었다. 스완 다운 파우더는 부드럽고 흰 피부를 내세웠지만, 이 제품을 바른다는 것은 곧 납 성분을 혈관을 통해 폐로 스며들게 하여 몸에 축적한다는 뜻이었다. 파우더는 얼굴에 영원히 남는 것이 아니라, 사실은 이 제품을 구입해 부자연스러울 정도로 하얗게 칠한 소비자의 뼈와 치아에 남는 것이었다. 독소를 품은 화장품의 냉혹한 역사가 아닐 수 없다.

오늘날에도 가루 형태의 안료나 색소를 뜻하는 피그먼트pigment에 들어가는 납은 여전히 문젯거리이다. 납은 법적으로 원료가 아닌 오염 물질로 분류되기 때문에 립스틱 성분표에 표기되는 법은 결코 없기 때문이다. 우리는 우연히 입술에 칠한 립스틱을 먹을 수도 있고, 얇은 입술 피부는 독성을 체내로 빠르게 스며들게 한다. 기준치 이하의 납은 안전하다고 간주해도, 미국 내 화장품의 안전성을 규제하는 미국 식품의약국은 립스틱이 '원래 용도대로' 사용된다는 원칙하에서만 안전에 문제가 없다고 한 것임을 유의해야 한다.

2011년 미국 식품의약국의 연구에 따르면, 실험을 진행한 400가지의 립스틱 제품 모두에서 납이 검출되었다. 2013년 6월, 나는 이 중 가장 납이 많이 함유된 제품을 찾으러 토론토 시내의 화장품 상점 몇 군데를 들러, 최상위 7개에 포함된 제품인 로레알L'Oreal 사의 컬러 리치Colour Riche 립스틱 410호 '볼캐닉Volcanic'과 165호 '티클드 핑크 Tickled Pink'를 찾아내었다. 나야 보고서를 읽은 다음부터 절대 이 제품들을 입술에 바르지 않고 있지만, 왜 이 제품들이 소비자에게 매력적으로 다가오는지 보는 순간 이해할 수 있었다.

반짝이는 금빛 케이스에 든 '볼캐닉'은 달콤한 향을 풍겼으며 풍부하고 매끄러운 질감의 밝은 오렌지색을 띠고 있었다. 최신 유행 색상이었을 뿐 아니라 프라다Prada, 마르니Marni, 마크 바이 마크 제이콥스Marc by Marc Jacobs의 2010년 가을 컬렉션에서 아방가르드한 느낌을 표현하기 위해 사용한 바로 그 색임이 분명했다. 이 두 가지 립스틱을 다시 테스트해 본 결과, 성분을 정비해 재출시한 '볼캐닉' 색상은 7ppmpart per million(100만분의 1) 이상이었던 것이 1ppm으로 납 성분을 줄였음을 알 수 있었다. 그러나 '티클드 핑크'는 여전히 3년 전과 같은 양의 납이 들어 있었다.

우리가 실제로 얼마나 많은 양의 립스틱을 먹고 있는지, 그로 인하여 립스틱 사용자의 몸에 얼마나 어떻게 좋지 않은 영향을 끼치는지는 여전히 불확실하다. 그러나 화장품 성분표에서 납을 빼놓게 만든 규제는 규탄해야 할 부분이다. 또한 '볼캐닉'과 같은 제품을 소비자가 무지한 상태로 단지 향기롭고 색이 매혹적이고 화려하다는 이유로 여전히 선택하고 있으며, 화장품 업계는 '스완 다운 파우더'나 '레어즈 블룸 오브 유스'를 쓰던 시대와 그다지 달라지지 않은 마케팅을 지속하고 있다는 점을 강조하고 싶다.

또한 이러한 위험은 성차별적으로 적용되고 있다. 대부분의 국가에서 보건 및 안전 관련 입법은 화장품 및 염색약 등 대체로 여성이 치장하는 데 사용되는 제품을 샴푸나 데오도란트와 같은 일상적인 생활용품과 구분하여 덜 엄격하게 관리한다. 이러한 차별은 대다수의 여성이 사회생활에 임할 때 화장품 사용을 요구받는다는 사실을 감안할 때 아쉬운 조처임이 틀림없다. 우리는 역사적, 복식학적으로 수많은 악습을 타파해 왔다. 그렇기에 오늘날 패션을 만들고 착용하는 모든 이들에게 해를 끼치는 위험 요소가 분명히 남아 있는 만큼 이에 대한 사회적 자각과 과학적 연구가 절실하다.

각 장의 개요

《메멘토 모리》는 위와 같이 위협적인 옷들의 역사를 18세기 중반부터 1930년대까지에 집중하여 기록했다. 병든 옷에 관한 첫 번째 장은 이가 들끓던 군인들의 군복, 노동을 착취하는 공장의 병든 노동자가 만들던 의류, 그리고 의사의 넥타이까지 병을 옮기는 옷들을 자세히 들여다보았다. 직물을 통해 전염되는 미생물과 해충은 19세기까지도 지속적인 위협이었으며, 화학 물질은 사치품이었던 패션 아이템을 저렴하게 만들어 주었지만 생산자와 소비자 모두를 중독시켰다.

2장과 3장에서는 18세기와 19세기 의류 산업에서 가장 널리 사용되었던 독극물인 수은과 비소를 살펴볼 것이다. 수은은 두 세기가 넘는 기간 동안 모자 생산에 종사했던 이들, 즉 주로 남성, 그리고 소수의 여성에게 해를 입혔다. 반면 비소는 눈부신 에메랄드그린 색으로 염색한 조화나 의류를 만들고 구입했던 모든 소녀와 여성에게 영향을 미쳤다. 4장은 염료의 일종으로 합성수지의 원료가 되는 아닐린aniline 염색과 그 부산물에 대해 알아보았다. 이 염색제는 복식학의 지평을 바꾸어놓았을 뿐 아니라 세상을 더 새롭고 생생하면서도 때로는 치명적인 색으로 물들였다.

5, 6장과 7장에서는 사례 연구를 통해 독극물이 아닌 사고 문제를 살펴보았다. 산업혁명이 일상을 기계화하면서, 동물의 힘으로 움직이던 교통수단은 기차와 자동차를 거쳐 비행기라는 변화와 마주하였다. 나무와 촛불로 불을 밝히고 집 안을 데우던 것에서 점차 가스와 석탄을 사용하는 방식으로 바뀌었으며, 종내에는 전기가 등장하였다. 직물 산업은 이러한 혁신을 주도한 원동력 중 하나였으며 기계 방적 및

직물 방직은 면 소재 모슬린과 네트 레이스와 같은 고급 직물을 보다 저렴한 가격으로 생산하게 만들었다. 이러한 발전의 대다수는 기적으로 여겨졌고 대중 매체의 환호를 받았지만, 인적 비용이 소요되었다. 대부분의 제품이 보건과 안전에 대한 배려 없이 생산 판매되었던 것이다. 많은 작업장과 공장에서 교살 및 화재, 폭발 사고가 자주 일어났으며, 가정에서 일어나는 각종 사고로 20세기까지도 많은 여성과 어린이들이 위험에 노출되었다.

5장에서는 의복이 그 생산자와 소비자를 어떻게 현대 사회의 기계에 끼이도록 만들었는지 자세히 들여다볼 것이다. 6장은 우리를 마치 불꽃에 뛰어드는 나방처럼 만든 옷들, 즉 염증을 일으키는 튀튀, 불이 잘 붙는 크리놀린과 플란넬 천 등이 원인이 된 소름 끼치는 이야기를 소개할 것이다. 마지막 장에서는 대량 소비 시대를 맞이하여 소비자의 기호에 맞춘 물건이 폭발적으로 늘고, 셀룰로이드 소재의 빗이나 인조 실크와 같이 멸종 위기에 처한 동물들을 구하는 데 기여했으나 인간의 삶은 망쳐버린 작은 모조 사치품이 가져온 역설을 살펴볼 것이다.

존 테니얼의 〈겁에 질린 숙녀〉 그림이 빅토리아 시대 사람들에게 그러하였듯, 나는 이 책에 담긴 이야기와 물건, 그림이 독자를 놀라게 하여 다시 한 번 스스로 생각해 볼 기회가 되기를 바란다. 우리의 옷장 속에 숨어 있는 위험한 유령을 거울로 들여다볼 준비가 되었는가.

1장

병든 옷:
세균전

병든 옷:
세균전

1812년 겨울, 굶주리고 지친 나폴레옹의 육군 병사들은 이미 완전히 무너진 상태였다. 고개를 숙이고 무릎을 꿇은 채 쓰러진 그들은 그 자리에서 마치 태아와도 같은 모양새로 얼어붙어 버렸다. 병사들의 시신은 장례식도 없이 한데 모아 매장되었다. 그로부터 약 200년이 지나 리투아니아의 수도 빌뉴스Vilnius에서 건설 현장의 인부들이 시신 더미를 처음 발견하였고, 그들은 제2차 세계대전 당시에 사망한 독일군의 유해로 생각했었다고 한다. 그러나 고고학자에 의해 군복 조각과 소속 연대의 단추, 여전히 유골의 두개골에 씌워져 있던 군모(그림 1) 등 40가지에 달하는 나폴레옹 시대의 유물이 발굴되었고, 훨씬 이전에 죽은 이들이었음이 밝혀졌다. 신중하게 조사한 결과, 구덩이 안에서 대다수가 남성인 시신이 3,000구가 넘게 나왔고 대부분은 15세에서 25세 사이에 사망한 것으로 밝혀졌다. 전장에서 명예롭게 전사한 이는 아무도 없었으며, 대부분 비위생적인 환경과 질병에 의해 희생당한 이들이었다. 불결하기 이를 데 없고 이가 득실대던 그들의 옷에서는 치명적인 기생충이 숨어 있었다.

1812년 나폴레옹이 러시아에서 퇴각할 당시, 병사들 중 수천 명이 열병에 걸렸다. 빌뉴스를 거쳐 후퇴하던 25,000명의 병사 중 살아서 목적지에 도착한 사람은 3,000명이 채 되지 않았다. 고고학

그림1 왼쪽: 나폴레옹의 부대가 집단 매장된 곳에서 2002년에 발견되어 복원한 군복의 일부. 21번 보병 부대의 샤코 모자이다. 리투아니아 국립 박물관(사진: 케스투티스 스토스쿠스Kestutis Stoškus).

자 및 전염병을 연구하는 일련의 사학자들은 현대의 DNA 분석과 고미생물학paleomicrobiology의 최신 기법을 적용한 연구를 통해 사망한 군인의 치아속질tooth pulp에서 발진티푸스와 참호열 균을 찾아내었다. 단순히 추위와 굶주림으로 쓰러진 군인도 있었지만, 사망자의 약 3분의 1 정도는 이가 옮기는 질병에 감염되어 끝내 사망에 이르렀다.

오늘날 우리는 이의 배설물을 통해 옮겨진 박테리아를 통해 치명적인 전염병이 전파될 수 있다는 사실을 알고 있다. 이 사실에 기초하여 발굴단은 매장지의 흙에서 미세한 기생충을 찾아내 유전자 물질을 추출하는 선구적 기술을 사용하여 분석하려고 특별한 노력을 기울였다. 그렇게 발견한 유전자 물질을 통해, 두 세기가 흐른 지금까지도 기생충에 남은 질병의 흔적을 확인할 수 있었다. 몸니Pediculus humanus humanus는 머리카락이나 음부에 기생하는 머릿니와 달리 옷의 봉제선

그림2 오른쪽: 기마 포병대 하사의 군복 일부. 리투아니아 국립 박물관(사진: 캐스투티스 스토스쿠스Kestutis Stoškus).

속에 숨어 사는데, 〈그림 2〉에서 볼 수 있듯이 말을 타고 이동하는 기마 포병대 장교의 군복 재킷에 기생하고 있었다.

몸니는 숙주가 열이 펄펄 날 때까지 숙주를 물어뜯고, 어느 시점부터는 다른 숙주의 몸으로 옮아 박테리아를 전염시켰다. 부대원 전체가 제대로 씻지 못한 상태로 지저분한 막사에서 다닥다닥 붙어 생활하는 환경이었으니, 새로운 숙주를 찾는 것은 일도 아니었을 것이다. 나폴레옹 시대까지도 해충과 질병 간의 관계가 과학적으로 밝혀진 것은 아니지만, 발진티푸스나 참호열 등의 질병은 역사적으로 감옥열 혹은 선박열Ship Fever 등으로 불리었고, 사람들은 좁은 곳에서 여러 명이 함께 생활하는 감옥이나 선박 안 같은 환경에서 전염병이 발생한다는 사실을 경험적으로 알고 있었다. 항생제가 개발되기 전까지, 발진티푸스와 장티푸스 같은 질병은 군인에게 치명적이었으며, 통계학적으로 나폴레옹 전쟁이나 크림 전쟁 같은 장기전이 치러질 경우 기생충은 무기보다 더 많은 사상자를 냈다.

20세기 초에는 발진티푸스에 감염된 사람들의 10퍼센트에서 60퍼센트가 죽었다. 미국 군인들이 쓰던 속어로 쿠티Cooties라고 불렸던 몸니는 영어로 라우스louse라고 하는데, 여기서 나온 형용사 라우지lousy는 엉망진창이거나 끔찍한 상태를 뜻한다. 군부대에서는 옷을 제대로 세탁할 수 없었고, 군인들은 목숨으로 그 대가를 치러야만 했다.

몸니와 발진티푸스의 관계는 1909년에서야 밝혀졌다. 프랑스의 미생물학자 샤를 니콜Charles Nicolle은 이를 발견한 공로로 노벨상을 수상했는데, 그는 이 기생충을 "병원 문턱이나 사람들이 물과 비누 그리고 깨끗한 침구를 사용하는 곳"에서만 없앨 수 있는 존재라고 설명하였다. 발진티푸스는 제1차 세계대전까지만 해도 큰 골칫거리였으나, 니콜의 발견 이후에는 일반 병사들도 주기적으로 군복에서 이를 없애기 위해 노력하게 되었다.

그림3 군복에서 몸니를 잡고 있는 군인, 약 1914년~1918년경(원제: 〈참호 근처에서 이를 찾고 있는 프랑스 군인Au bord de la tranchée—Poilu cherchant ses poux〉). 저자 소장품.

제1차 세계대전 때 발행된 엽서 중에는 상의를 벗은 프랑스 군인이 케피Kepi라 불리는 군모와 각반을 착용한 채 참호의 한쪽에 앉아 이를 잡는 사진이 있다(그림 3). 한 가지 더 눈여겨볼 점은 아마도 미국인이 쓴 것으로 추정되는데, 엽서 아래쪽에 보라색 잉크로 사진 속 참호와 등장인물을 가리켜 "이 녀석bird은 쿠티를 죽이고 있다"라고 쓴 것이다. 하얀 셔츠를 향해 몸을 한껏 구부려 끈질기게 이를 잡아내고 있는 군인의 모습은 당시 많은 사진과 엽서에서 볼 수 있던 장면이었다.

문화적 규범 역시 해충에 대한 인식에 영향을 주었다. 프랑스인은 몸니를 토토toto라 부르며 행운의 상징으로 여기기도 했다. 어느 에로 틱한 엽서에서는 군복을 입은 한 프랑스 군인이 침호에서 돌이의 연인과 잠자리에 든 장면을 담았는데, 다음 날 아침이 되자 그녀는 프릴과 리본으로 장식된 잠옷 상의를 들여다보며 군인이 옮겼을 이를 발견하고 "고마워라! 행운을 주었네!"라고 외친다(그림 4).

몸니를 박멸하는 가장 효과적인 방법은 뜨거운 증기를 사용하는 것이었는데, 최전선에서 이를 위한 적절한 시설이나 연료를 확보하기는 어려운 일이었다. 일부 군인은 군복을 소독하는 데 화학 약품을 쓰기도 했다. 불행히도 당시의 약품은 몸니뿐만 아니라 사람에게도 해로운 것이었기 때문에, 군인들은 뜻하지 않게 내부의 적과 벌이는 화학전에 몸살을 앓아야 했다.

영국군은 곤충학자와 약리학자가 팀을 이루어 참호 내에서 발생하는 이러한 종류의 문제를 해결하고자 노력하였다. 이들은 제1차 세계 대전 동안 몸니를 없애는 실험을 마친 최소 여섯 가지 이상의 화학 약품을 사용할 것을 제안했다. 그중에는 치명적인 시안화수소hydrogen cyanide도 있었는데, 이는 나중에 나치의 가스실에서 사용되었다. 영국군이 가장 선호했던 약품은 클로로피크린chloropicrin이었다. 이 약품은 독일이 1917년 가스 공격을 시작했을 때 사용한 맹독성의 약제였다. 그들은 이 약품이 눈과 코, 목구멍을 자극하고 독성이 있기 때문에, 옷을 훈증하는 용도로 사용할 때는 반드시 방독면을 쓸 것을 경고했다. 화학자들은 클로로피크린을 가스전에 사용하여 최전선을 구할 수 있는 방역 물품으로 편의성이 뛰어나다며 갈채를 보냈다. 이러한 조치에도 불구하고 몸니는 여전히 군인들을 괴롭혔다. 특히 밤이 되어 이가 숙주의 몸을 물어뜯기 시작하면 병사들은 끔찍하게 가려운

그림4 〈군인의 휴가The Soldier's Leave〉, 프랑스 엽서, 약 1915~1918년경. 저자 소장품.

상처로 인하여 밤새 긁느라 정신을 차릴 수가 없었다. 한 병사는 그 고통에 대해 "내 몸을 손가손가 찢어버리고 싶을 정도"라고 표현하기도 했다. 1918년에 나온 〈쿠티의 행진The March of the Cooties〉 혹은 〈저 교활하고 징그러운 쿠티Those Sneaky-Creepy-Cooties〉라고 불리던 노래는 당시 군인들이 몸니와 벌이던 길고 이길 수 없는 사투를 들려준다. 노래의 2절 가사는 다음과 같다.

시카고에서 온 내 친구 스완슨은
언제나 경계 태세라네.
이놈의 쿠티가 셔츠에서
보이기만 하면 잡기 위해.
그리고 이야기해 주었지.
어떻게 모두 도망가게 만들었는지.
몸을 비비 꼬고 꼼지락거리고 긁자
다른 벌레들도 달아났다네!

1919년에 나온 또 다른 노래 〈가려운 쿠티Cootie Tickle〉는 다음과 같이 시작한다. "쉬미Shimmie 춤은 들어봤겠지만, 그게 프랑스에서 시작되었다는 것도 알고 있나요/ 이 간단하고 우스운 춤이 어떻게 시작되었는지, 나는 군인 아저씨한테서 들었답니다." 노래로 표현한 몸니에 대한 조롱은 우스꽝스럽게 들리지만, 티푸스와 참호열은 20세기 초반까지도 무시무시한 존재였다. 당시의 의학 문서에는 몸니가 체모나 피부에 직접 닿는 옷에서 서식하는 방식에 대해, 알이나 머릿니처럼 "주로 무리를 지어 의복이 접히는 부분과 봉제선에 깊게 박혀" 있다고 기술되어 있다. 또한 전문가들은 군인들은 채무를 면도해야 하며 이의 체내 침입을 막기 위해 일주일에 한 번은 깨끗한 옷으로 갈아입어야 한다고 제안했다.

티푸스 및 각종 질병의 감염원 역할을 하는 의복은 여러 경로로 질병과 죽음을 퍼뜨렸다. 한편 오염된 의복은 세균전에 적극적으로 사용되기도 하였다. 대표적으로 천연두를 들 수 있다. 오늘날에는 백신 덕분에 1970년대 이후 한 번도 유행한 적이 없지만, 최근 연구에 따르면 천연두 바이러스는 직물 속에서 일주일 넘게 생존할 수 있다고 한다. 전염병과 세균 이론이 확립되기 전에도 민간에서는 옷감이 질병을 옮기는 매개가 될 수 있다는 것을 알고 있었다. 영국군은 이미 악명 높은 '천연두 담요'를 이용해 전략적인 세균전을 치른 적이 있다.

18세기, 북미 원주민은 유럽산 담요를 일상생활에서 폭넓게 사용하고 있었다. 그런 담요를 원주민 학살에 이용한 북미군 총사령관 제프리 애머스트Jeffrey Amherst와 피트 요새Fort Pitt의 사령관 헨리 부케Henry Bouquet는 비난받아 마땅한 인물이다. 애머스트는 평소에도 원주민에 대한 증오를 공공연히 드러내고 다녔던 인물로, 천연두 환자가 있는 병원에서 나온 담요를 원주민들에게 주면 "그 끔찍한 인종을 제거"할 수 있을 것이라고 제안했다. 애머스트의 주장과 별개로, 당시의 군인은 이미 군인 정신이라곤 찾아볼 수 없을 정도로 규율이 엉망이었기 때문에 이 잔혹한 계획을 냉큼 실행에 옮겨버렸다.

1763년 6월 24일, 피트 요새에서는 원주민과 영국군 간의 평화 협정이 체결되었다. 원주민들은 영국군이 "우정으로 맺은 약속을 굳게 유지"할 것으로 확신하였다. 보통 협정을 체결할 때는 선의의 표시로 선물을 교환한다. 영국군이 건넨 선물은 '천연두 병원에서 가져온 담요 두 개와 손수건'이었고, 그들이 "바라던 효과"는 배신의 증표로 원주민 사회에 퍼져나갔다.

물론 담요를 건네받기 전부터 이미 천연두가 델라웨어의 원주민 사회에 퍼지고 있었다는 역사적 증거도 있다. 그러나 어찌되었든 평화를 기원하는 선물을 교환하면서 생물학 무기를 건넨 행위는 신의를 저버린 기만적인 작태가 아닐 수 없다. 천연두가 이미 풍토병으로 자리를 잡아 면역력이 있던 18세기의 유럽인과 달리, 북미 원주민은 천연두로 인하여 어마어마한 대가를 치러야 했다. 이러한 상황과 맞물려, 피트 요새에서의 천연두 담요 사건은 지금도 여전히 대중의 공분을 일으키고 있다. 그 담요가 본래의 치명적인 목적을 달성했는지의 여부와 상관없이, 표면적으로는 우정의 표시로 건넨 물건이 잠재적인 살인 무기였다는 사실은 용서받기 어렵다.

19세기 후반 세균학이 발전하고 니콜Nicolle의 발견 등이 있기 이전에, 사람들은 화학 물질에 의한 중독 증상과 전염병을 구분하지 못하여 둘 다 중독이라고만 표현하였다. 전염병contagion이라는 단어는 그 어원이 신체 접촉과 관련이 있는데 '함께 만지다'라는 뜻이다. 14세기 이후 이 단어는 이상과 믿음, 관행 사이의 순환을 묘사하는 데 사용되었으며, 사람들은 어리석음이나 부도덕 같은 악한 행위 역시 전염된다고 믿었다.

유행처럼 번지는 패션 트렌드는 바이러스로 묘사될 때가 많다. 새로운 스타일은 마치 열병처럼 빠르게 퍼져나가기 때문이다. 듀크 대학교의 여성학 교수 프리실라 발트Priscilla Wald는 저서 《전염의 문화 Cultures of Contagion》에서 전염병은 "신체 접촉의 위력과 위험성을 드러내고 사회적 유대의 취약성과 집요함을 동시에 보여준다"라고 적었다. 한 사회에서 돈처럼 순환하는 옷 속의 세균은 사회와 인종 간의 장벽을 쉽게 넘나든다. 그로 인한 위험은 부자와 걸인을 가리지 않는다. 예전부터 부유층은 돼지우리 같은 공동 주택에 사는 가난하고 병든 이들의 노동을 착취하는 공방에서 제작하는 의류에 대해 공포를 느끼고 있었다. 부유층은 그렇게 만들어진 옷을 구입해서 입었고, 그 옷을 세탁하기 위해 주기적으로 가장 빈곤한 가정에 보냈다.

부유층 사람들은 그들의 옷이 어디서 제작되고 깨끗해지는지 어떻게 알 수 있었을까? 빅토리아 시대에 총리를 지낸 로버트 필Robert Peel 경의 사례에서 그 경로를 엿볼 수 있다. 어느 날 그는 딸에게 여성용 승마복 한 벌을 선물하였다. 당시 여성은 말을 탈 때 여성용 안장에 앉아 두 다리를 한쪽으로 모아야 했고, 그렇기 때문에 여성용 승마복을 지을 때에는 수준 높은 재단 기술이 필요했다. 진정 부유한 이들만이 누릴 수 있는 귀족적인 취미에 어울리는 물품이 아닐 수 없다. 그러나 안타깝게도 총리의 딸은 티푸스에 걸려 결혼식 전날 사망하고 말았다.

런던의 랜드마크인 리젠트 스트리트에 위치한 상점에서 구입한 승마복에 원인이 있었다. 상점에 물건을 납품한 가난한 재봉사가 집에서 옷을 만들다가 "오한 발작이 나 떨고 있던 남편"에게 이 따뜻한 울로 된 스커트를 잠시 덮어주었던 것이다. 옷은 그야말로 "가장 가난한 이들의 축사 같은 집에서 정치인이 기거하는 궁궐"로 병을 옮겼다. 저자는 직물을 사회적 화합에 비유하면서, "결국 우리는 사회적 삶이라는 다발에 함께 묶여 있다. 만약 우리가 가장 가난하고 낮은 위치에 있는 사람들을 무시하면, 사회는 최고위층에 자리한 가장 부유하고 세련된 이들을 파괴함으로써 복수할 것이다"라고 썼다.

티푸스는 모든 사회적 영역에 걸쳐 옷을 통해 그 옷을 입는 사람을 감염시킬 수 있으나 내뿜은 사람을 차별하지 않으니, 특별히 주문된 고급 맞춤복뿐만 아니라 19세기 중반부터 활성화된 저렴한 기성복 모두에 숨어 기회를 엿보았다.

1850년 영국에서 풍자와 유머로 유명했던 〈펀치Punch〉지에 한 편의 시가 실렸다. 삽화를 곁들인 이 간행물은 중산층부터 지식인과 엘리트 계층에 이르기까지 폭넓은 구독층을 자랑하였다. 거기에 실린 시 〈헤라클레스의 싸구려 팔토The Hercules Cheap Paletot〉는 당시에 유행하던 길고 헐렁한 외투인 팔토 같은 저렴한 기성복이 세균으로 오염되었으니 주의할 것을 경고하는 내용이었다. 팔토는 정사각형에 가까운 형태로 허리선이 없고 헐렁한 핏의 오버코트 스타일 외투로 선원들의 옷에서 영감을 받은 옷이다. 오늘날에는 하프 코트나 토퍼topper와 같은 이름으로 부른다. 싸구려 기성복을 만드는 상점은 슬로프샵slopshop이라고 부르는데, 19세기에는 하나같이 노동 착취적이고 비위생적인 환경을 자랑하던 곳이었다. 당시에 완성한 옷을 슬로프slop라고 불렀기 때문에 이러한 이름이 붙었다고 한다. 슬로프는 선원들의 기성복 유니폼을 이르는 말이기도 했다.

이름의 유래와는 대조적으로, 팔토는 아주 스타일리시한 옷이 되었다. 1852년, 프랑스의 작가 에드몽 텍시에Edmond Texier는 본래 노동자 계급의 옷에서 출발했으나 지금은 새로운 지위를 얻게 된 옷에서 드러나는 아이러니를 다음과 같이 기록하였다. "패셔너블한 사람들, 댄디dandy한 젊은 남자들, 유명인, 노란 장갑을 끼고 사냥을 하는 귀족들, 이 모두가 소작농과 선원들이 입던 옷을 입는다." 선원이나 입던 옷이 사회적으로 출세했으니, 엘리트 계층도 선원이나 걸리던 병인 티푸스나 선박열에 걸릴지도 모른다는 공포가 사회를 휘감았다.

다시 〈펀치〉지에 실린 시를 보자. 헤라클레스는 독이 아니라 병으로 죽었다. 시인은 고대의 신화를 보다 실증적이고 과학적인 입장에서 소생시켰다.

> 헤라클레스를 중독에 빠뜨린 그 조끼는
> 슬로프샵 상인에게서 산 것
> 괴물도 제압해 버리던 이를
> 괴로움에 몸부림치게 한 것은 바이러스
> 바로 티푸스, 옷이 옮긴
> 고통과 기근
> 이런 옷이 아직까지 만들어지며
> 우리에게 한번 입어보라고 애원한다
> 포스터에서, 과장된 광고에서, 플래카드에서, 그리고 벽보에서
> 현명한 자라면, 사지 말지어다

시는 비록 영웅 헤라클레스는 독이 든 조끼를 입고 죽었지만, 현명한 근대의 남성 소비자라면 이 비극적인 운명을 피할 수 있다며 독자를 추켜세운다. 이 글은 티푸스에 감염된 옷 자체뿐 아니라 독을 유통하는 허위 광고에 대해서도 의구심을 제기하였다. 현대의 독자는 같은 제품에 대한 다양한 형태의 광고에 익숙하지만, 빅토리아 시대의 사람들은 포스터, 슬로건, 플래카드도 모자라 전단지까지 동원하는 과도한 호객 행위에 의구심을 품지 않을 수 없었다.

그로부터 25년이 지나, 호주판 〈펀치〉지에 노동 착취적인 작업장의 비위생적인 환경에 대해 경고하는 노동자의 전언이 실렸다. 그는 화려하게 치장한 젊은 남성에게 그가 입은 타이트하고 윤기가 나는 새 옷을 조심하라는 말을 잊지 않았다.

> 자네의 옷이 윤기가 흐르고, 몸에 잘 맞을지라도
> 이는 열병의 모종판이자 질병의 둥지일 뿐
> 작은 기생충은 시접과 주름 사이사이마다 숨어 있다네.

옷을 만드는 공장의 불결함에 대한 우려는 1910년에 설립된 뉴욕 위생 관리 공동 위원회New York's Joint Board of Sanitary Control와 같은 단체가 노동자 건강 확보를 위한 입법 로비를 할 때 이용되기도 했다. 1925년부터 1929년까지, 위생 점검을 마친 작업장에서 생산된 제품은 프로사니즈Prosanis라고 적힌 흰색의 라벨을 부착하도록 하였다. "비위생적이고 위험한 작업장에서 제작되어 병을 옮기는 옷으로부터 노동자뿐 아니라 옷을 구입하는 이들을 보호하기 위해" 설립된 여성 소비자 단체와 그 뜻에 공감하는 업장이 중심이 되어 이뤄낸 성과였다.

우리의 조상들은 옷에 숨어 있을지도 모르는 위험에 두려워 떨며 대응하였지만, 오늘날에는 발달한 전염병학과 항생제의 발명, 편해진 세탁과 드라이클리닝 기술 덕분에 그런 걱정이 덜하다. 물론 지금도 사회적 안전망 밖에 있는 홈리스와 난민은 옷이 옮기는 전염병의 위협으로부터 완전히 벗어나지 못했을 것이다. 하지만 적어도 평범한 우리는 갭Gap의 새 오버코트를 사 입으면서 티푸스를 걱정하지는 않는다.

새 옷만 위험했던 것은 아니다. 역사적으로 옷감은 늘 귀한 것이었기 때문에 닳아서 너덜너덜해져 수명을 온전히 다할 때까지 재판매되고 재활용되었다. 기계 방적과 방직이 도입되어 직물 생산 비용이 줄었다고는 하지만, 1800년대에도 여전히 많은 사람들은 중고 의류를 구입했다. 그들은 구입한 옷이 환자나 죽어가는 사람이 입었던 옷인지의 여부는 알 도리가 없었다.

파리-리옹-마르세유를 잇는 철도회사의 직원이기도 했던 의사 E. 지베르E. Gibert는 1879년에 군인들이 아프리카로부터 귀국하면서 천연두와 같은 바이러스를 프랑스로 들여오고 있으며 세탁부야말로 대중에게 질병을 퍼뜨리는 주범이라고 주장하였다. 그는 넝마에 가까운 중고 의류를 거래하는 것이 문제를 야기하는 최악의 요인이라고 지적하면서, 정부가 나서서 전염병을 퍼뜨릴 수 있는 물건을 소독할 수 있는 시설을 만들어야 한다고 외쳤다. 그러면서 낡은 넝마, 침구, 누더기나 다름없는 옷을 거래하면서 거기에 묻은 천연두, 성홍열, 홍역, 옴이 사회 전체로 자유롭게 퍼지는 문제에 세상의 이목이 집중되기를 바랐다. 비위생적인 도시 환경과 효율적이지 않은 세탁 방법, 남녀노소 할 것 없이 머리부터 발끝까지 겹겹으로 옷을 입는 사회적 관행은 습진, 피부염 등 직물이 유래하는 피부 질환을 일으키기 더없이 좋은 조건이었다.

1899년 뉴욕의 위생 검시관이었던 피니Feeney 박사는 전염성 질병으로 죽거나 익사한 시체에서 나온 중고 의류를 정기적으로 거래하여 미국 전역으로 발송하는 추악한 조직의 존재에 대해 양심선언을 했다. 환자가 입었던 옷은 바로 소각해야 한다는 대중적 합의는 이미 오래전부터 있어왔다. 오염된 옷과 질병의 관계를 반박할 수 없는 과학적 논리로 밝혀낸 1860년대 초반의 루이 파스퇴르Louis Pasteur와 같은 의사기 선도한 세균 이론 더분이었다. 파스퇴르의 발견은 침구와 옷을 정기적으로 소독해야 한다고 주장하는 문헌이 쏟아져 나오게 된 원동력이 되었다. 더불어 전장의 막사, 병원 그리고 기타 대형 시설에서 위생적으로 옷을 세탁하도록 하는 공중 보건 정책이 시행되었다. 평범한 가정에서도 세균을 두려워하기 시작하였다.

패혈증 스커트

남성 선원과 우아한 멋쟁이들만 오염된 옷의 희생양이 된 것은 아니다. 여성 패션 역시 질병의 매개체이자 퍼뜨리는 요소로 간주되었다. 1838년, 미국의 작가 너새니얼 호손Nathaniel Hawthorne은 중세의 괴담에서 영감을 얻어, 18세기를 배경으로 한 단편 〈엘리노어 부인의 망토Lady Eleanor's Mantle〉를 발표하였다. 도도한 영국 귀족 부인이 미국 매사추세츠의 해안 마을에 도착해 그녀의 미모를 마법처럼 돋보이게 할 화려하게 수놓인 망토를 입고 파티에 간다. 하지만 부인의 망토는 천연두를 퍼뜨려 그 일대의 마을을 초토화했을 뿐만 아니라 엘리노어 부인 자체도 흉측하게 만들어 끝내 죽음에 이르게 한다. 망토는 그야말로 독 그 자체였던 것이다.

호손은 "곧 임종을 맞을 여인은 혼미한 두뇌로 그 환상적인 화려함을 상상했으며, 굳어가는 손가락을 마지막까지 움직여 고통과 운명을 섞어 금사로 짠 망토를 그렸다"라고 썼다. 작가는 부인의 오만과 사회적 지위가 낮은 이들에 대한 지독한 처사를 비난하며 '저주받은 망토'

를 묘사하였고, 망토의 아름다운 금사를 통해 천연두에 감염되어 쓰러진 옷을 만든 이와 입은 이, 나아가 천연두로 목숨을 잃은 수많은 식민지 시대 미국인의 죽음을 암시하였다.

1800년대 초반부터 약 1905년까지는 주기적으로 바닥에 끌리는 스커트가 유행하였다. 여성들이 스커트 자락을 펄럭이며 거리를 휩쓸 때마다 산책길에서 얻은 병균은 여지없이 각 가정으로 옮겨졌다. 이는 실존하는 공포였다. 19세기 도시의 거리는 개와 말의 배설물, 사람들이 아무렇게나 뱉은 침과 가래로 뒤덮여 있었기 때문이다.

당시 한 의사는 다음과 같이 선언할 정도였다. "위생의 관점에서 똥, 오줌 및 질병을 일으키는 병원균이 묻은 스커트를 집 안으로 들여오는 것에 대해 강력하게 반발하는 바이다." 그러면서 그는 여성들에게 외출할 때는 짧은 스커트를 입을 것을 추천했다. 일련의 의사들은 청소차나 다름없는 더러운 스커트의 끝자락을 면봉으로 문질러 치명적인 간균이 얼마나 묻어 있는지 조사하여 과학적으로 증명하기에 이르렀다.

병을 옮기는 스커트의 이미지는 곧 대중의 공포를 불러왔다. 1900년, 미국의 만화 잡지 〈퍽Puck〉은 산책을 다녀온 여주인의 긴 스커트 자락을 들어 올리고는 코를 돌려 역겹다는 표정을 짓는 하녀의 모습을 묘사했다. 스커트 자락이 일으킨, 병균이 들끓는 짙은 먼지구름에는 세균, 미생물이라고 적혀 있고, 구체적으로는 장티푸스, 결핵, 인플루엔자가 공기 중에 날아다니고 있다(그림 5). 죽음은 옷 끝자락 아래에 숨어 있다가 한 손에 낫을 들고 그림 전체를 맴돈다. 죽음의 그림자는 하녀뿐만 아니라, 근처에 서 있는 작고 귀여운 반려견을 품에 안은 순수한 아이들의 머리 위에도 드리워져 있다.

그림5 세균을 질질 끌고 다니는 스커트, 〈퍽Puck〉 매거진, 1900년 ⓒ더 아트 아카
이브 / 알라미The Art Archive / Alamy.

한편 짧은 스커트를 입는 것 역시 사회적으로 비난을 받을 여지가
있었다. 1890년대, 미국 전역에서 일련의 여성들이 '레이니 데이 클
럽Rainy Day Clubs'을 조직하여 비 오는 날에는 짧은 스커트를 입자는 캠
페인을 펼쳤다. 그러자 패션지 〈하퍼스 바자Haper's Bazaar〉에 '어여뻐

그림6 아르누보 스타일의 "스커트 그립skirt grips", 1902년 특허, ⓒ빅토리아 앤드 앨버트 미술관, 런던.

야 할 여성의 임무는 어떻게 된 것인가?'라는 기사가 실리던 시절이었다. 1902년에는 아르누보 스타일의 룩을 만들면서도 실용적이어서 특허를 받은 '스커트 그립skirt grips'이 등장하였다. 보건 위생과 아름다움 사이의 우아한 절충안이 아닐 수 없다(그림 6). 이 디자인은 울 소재의 두꺼운 야외용 스커트의 끝자락을 들어 올릴 수 있게 고안된 것으로, 당시 아름다움과 위생 기준 사이에서 벌어지던 첨예한 논쟁이

어느 정도였는지 보여준다. 많은 복식사학자들은 20세기 초반에 들이 스커트 길이가 짧아진 이유를 여성 참정권 운동과 사회 참여의 증가 등에서 찾지만, 위생적인 이유도 한몫했음을 잊으면 안 된다.

항생제가 등장한 이래, 티푸스를 포함한 많은 질병을 치료할 수 있게 되었다. 개발도상국에서는 20세기 후반까지도 유행성 질병이 만연했지만, 19세기 사람들이 싸구려 기성복이나 중고 의류에 기생충이 있을지도 모른다고 걱정했던 것처럼, 오늘날 선진국 사람들이 베트남이나 방글라데시의 노동 착취적인 공장에서 생산된 옷이 전염병을 옮길 것이라고 특별히 염려하지는 않는다.

그러나 위험은 여전히 남아 있다. 대표적으로 병원은 여전히 옷에 의한 전염병 감염의 온상으로 지목된다. 의료진이 입은 오염된 의류에 대한 최근의 연구를 보면 안심하기엔 아직 이르다는 생각이 든다. 예를 들어 의사의 가운, 넥타이, 청진기 등 의료 전문가의 상징인 옷차림은 환자에게 치명적인 박테리아를 옮길 수 있는데, 이 중에는 항생제인 메티실린에 내성이 있는 포도상구균, 일명 MRSA(항생제 내성 세균)으로 알려져 있는 세균이 포함된다.

오염된 흰색 가운은 우리를 치료하고 해를 끼치지 않을 것이라 굳게 믿는 의사라는 존재에 대한 배신과도 같다. 한편 남성 의사들은 진료할 때 착용한 실크 넥타이를 거의 한 번도 드라이클리닝한 적이 없다는 조사 결과가 있어 충격을 준다. 2006년에 스코틀랜드의 의사 40명을 대상으로 한 연구에 의하면, 70퍼센트의 의사들이 한 번도 넥타이를 세탁한 적이 없다고 밝혔고, 나머지 30퍼센트도 평균 5개월 간격으로 넥타이를 세탁한다고 밝혔다. 다른 연구에서는 의사가 착용한 넥타이에 적어도 이틀에 한 번씩은 세탁하는 셔츠보다 훨씬 더 많은 박테리아가 서식하며, 넥타이 50개 중 8개는 항생제 내성 세균이 묻어 있다고 증언한다.

다른 연구에서는 병원 직원과 방문객의 옷에 누룩곰팡이 포자가 묻어 올 수 있으며, 면역력이 약해진 상태의 환자가 이를 들이마시면 치명적인 폐 질환으로 이어질 수 있다고 경고한다. 특히 어른들이 안심시켜 주기 위해 꼭 껴안는 경우가 많은 아이들이 특히 위험하다고 한다. 이는 서문에서 인용한, 신화 속 네소스의 독이 묻은 셔츠의 현대판 버전으로 느껴질 정도이다. 2008년 영국 보건성은 의료 전문 인력들이 불필요한 장신구, 시계, 흰 가운, 팔꿈치 아래로 소매가 내려오는 옷 또는 넥타이 착용을 금지하는 정책을 시행했는데, 주요 이유는 '전염병 확산 측면에서 중대한 위험으로 작용'한다는 것이었다.

지금까지 우리는 나폴레옹의 군사들이 집단으로 묻힌 매장지의 흙과 제1차 세계대전 때의 참호, 지저분한 스커트의 끝단, 하프 코트의 봉제선, 그리고 의사가 착용한 넥타이의 광택이 흐르는 실크의 표면에서 치명적인 세균이 격전을 펼치는 현장을 살펴보았다. 또 어떤 독이 우리 옷에 도사리고 있는 것일까.

2장

유독성 기술:
수은이 든 모자

2장
유독성 기술:
수은이 든 모자

파리의 오피탈 생 루이Hôpital Saint-Louis가에 있는 밀랍 모형 박물관 Musée des Moulages에는 섬뜩한 모형이 가득 전시되어 있는데, 그중 압권은 이 패셔너블한 도시의 빈민들이 시달리던 피부병을 놀라울 만큼 현실적으로 재현한 것이다. 이 박물관은 1860년대에 다음 세대의 피부과 전문의를 교육하기 위해 설립한 것으로, 임상 사례였던 환자의 몸을 직접 본으로 뜨고 수작업으로 색칠한 것을 모아두었다. 그중 마치 살아 있는 것 같아 으스스함을 자아내는 25세의 남성 모자 제작자의 손을 살펴보자. 그는 '수은 질산으로 인한 손톱의 변화'라고 정의되는 직업병을 앓았다(그림 1).

줄스 바레타Jules Baretta가 1885년에 주조한 이 젊은 남성의 손 모형에서 손톱을 보면, 가공되지 않은 모피를 패셔너블한 남성용 모자로 바꾸는 과정에 사용한 독성 화학 물질 때문에 영구히 변색되었음

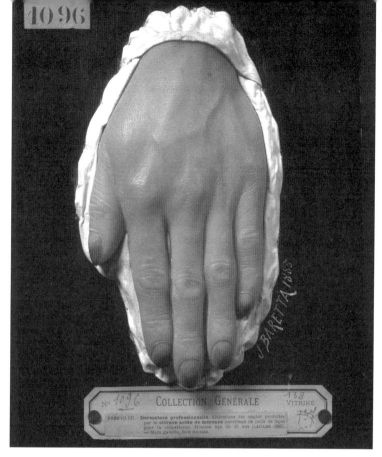

그림1 쥴스 바레타, 직업성 피부병: 25세 모자 제작자의 손이 수은 질산으로 손톱이 변형된 모습, 1885년, 모형 번호 1096. 밀랍 박물관, 오피탈 생 루이, AP-HP, 파리, 프랑스.

을 알 수 있다. 이러한 변색은 모자 제작자가 보호용 장갑을 끼지 않았다는 증거이기도 한데, 그 때문에 독성 물질이 피부를 통해 몸에 곧바로 스며들었을 것이다.

　또한 이 가엾은 손은 모자 제작자가 사설 의원을 찾아가기에는 너무 가난했었다는 증거도 된다. 그는 분명 이미 증상이 나타난 후에야 무료 진료소를 찾았을 것이다. 남자의 손톱은 두꺼워져 있고 약간은 부풀어 올라 있는데, 이러한 형태는 만성적 산소 부족의 증표이거나

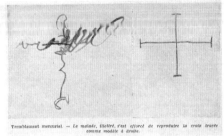

Tremblement mercuriel. — Le malade, illettré, s'est efforcé de reproduire la croix tracée comme modèle à droite.

그림2 수은 중독으로 인해 떨리는 문해(왼쪽) 및 문맹(오른쪽)인 모자 제작자의 글씨, 프랑스, 1925년. 프랑스 국립 도서관Bibliothèque Nationale de France.

당시 많은 모자 제작자들이 시달린 폐질환의 증상으로도 나타난다. 결정적으로는 수은을 취급하는 직업 특성에 따르는 심장 질환의 결과 인데, 고작 25세에 불과한 젊은 남성의 몸에 직업과 관련한 건강 이상 의 흔적이 남아 있다는 것은 정말이지 슬픈 일이다.

1925년 국제 노동 사무국Bureau International du Travail에서 실시한 연 구에서 이와 똑같은 상해를 입은 손을 찾을 수 있다(그림 2). 보고서에 는 수은이 신경근 조직을 어떻게 손상시키는지 기술되어 있다. 떨리 는 손으로 갈겨 쓴 듯한 연필 선에는 자신의 이름을 서명하려는 모자 제작자의 통제 불가능한 떨림이 스며 있다. 이러한 불수의적 움직임 을 해터 셰이크hatter shakes라고 부르는데, 북미에서는 댄베리 셰이크 Danbury Shakes라고도 불렀다. 보고서에 기록된 서명은 드 콕De Cock이 라는 이름의 모자 제작자의 것이었는데, 또 다른 문맹의 모자 제작자 는 자신의 이름을 십자 표시로 대체했다.

프랑스에서는 1882년에 보편적인 무상 의무교육 법안이 제정되 었다. 이렇게 겨우 알아볼 정도로 휘갈겨 쓴 글씨로 미루어 볼 때, 모 자 제작 역시 숙련된 장인에게서 공장제 생산으로 변모했음을 알 수 있다. 그리하여 20세기 초반까지 나이 들어 교육을 충분히 받지 못한 이들이나 이민자들이 이 지저분하고 건강에 해로운 일을 수행했던 것으로 보인다.

이 장에서는 남성 패션 분야가 초래한 만성 수은 중독을 살필 예정인데, 루이스 캐럴Lewis Carroll의 《이상한 나라의 앨리스Alice in Wonderland》에 등장하는 미친 모자 장수mad hatter 이야기에서 감지되는 소름 끼치는 현실을 마주할 수 있을 것이다.

변화무쌍한 스타일

어렸을 적 챙이 아주 넓은 모자를 본 적이 있다. 그 모자는 뒤로 접으면 마치 우산처럼 보였다. 어떤 모자는 챙이 들려 있고, 어떤 모자는 꼬아놓은 끈 때문에 아래로 처지기도 했다. 그때부터 모자가 배 모양으로 제작되었던 것 같다. 요즘에는 둥글고 기본적인 형태의 모자가 유행이다. 모자는 우리가 원하는 모든 형태를 취할 수 있어 마치 프로테우스와도 같다.

— 루이 세바스티앙 메르시에Louis-Sébastien Mercier, 〈모자Chapeaux〉, 《파리 풍경Tableau de Paris》, 4권, 1782년, 62p

메르시에의 회상에 따르면, 파리는 남성의 모자 스타일이 끊임없이 변화하는 곳이었다. 그는 모자의 형태가 마치 그리스 신화 속 바다의 신 프로테우스처럼 변한다고 기술하였다. 메르시에가 어렸던 1750년대에 남성의 모자는 넓은 챙이 있어 프랜시스 코츠의 그림처

그림3-1 프란시스 코츠, 〈타일니 초대 백작의 장남 조사이어 차일드 의원의 초상Portrait of Hon. Josiah Child, son of 1st Earl Tylney〉. 리디아드 하우스Lydiard House, 스윈든Swindon.

그림3-2 울리카 파슈Ulrika Pasch, 〈아돌프 루드비히 스티어넬드 남작의 초상Portrait of Baron Adolf Ludvig Stierneld〉, 1780년, 스웨덴 국립박물관Swedish National Museum, 국립 초상화 갤러리Statens portrattsamling, NMGrh 3581. 사진 ⓒ스웨덴국립박물관Nationalmuseum, 스톡홀름.

럼 위로 올리거나 뒤로 넘길 수 있었지만, 나중에는 마치 배와 비슷한 모양을 하게 되어 바이콘bicorn(꼭대기 부분을 싸 넣은 것처럼 테가 둘로 접어 올라간 모자 - 역주)이라고 불렸던 모자가 유행하였다.

　1780년대 초반에는 파슈의 초상(그림 3)에서 볼 수 있듯 챙이 좁고 둥근 형태의 모자가 유행하였다. 18세기 후반의 모자는 변화무쌍했는데, 자유자재로 변하는 수은이 연상되기에 충분했다. 그리고 수은은 문자 그대로 이 패셔너블한 모자에 들어간 모든 섬유 가닥에 축적되어 있었다. 수은의 유해성은 당시에도 익히 알려져 있었으나, 저렴하지만 흐물흐물한 토끼 모피를 단단하게 만들어줄 가장 저렴하고도 효율적인 수단이었다.

펠트는 울이나 합성 섬유 등의 다양한 소재를 압축하여 만드는 원단으로 방적 과정이 필요 없다는 장점이 있다. 울은 동물을 죽이지 않고 얻을 수도 있지만, 주로 모피를 통해 얻었다. 모피는 동물의 가죽을 벗겨낸 것으로, 네 발과 털이 달린 짐승이라면 무엇이든 모피로 만들 수 있었다. 그리고 마침내 멋진 모자로 변모하는 것이다. 내구성 좋은 원단을 만들기 위해서는 모피에서 털과 가죽을 분리한 다음, 털을 모아 적당한 마찰과 압력을 가하고 습도를 유지한 뒤 화학 처리와 열을 복합적으로 가해 서로 단단히 얽히도록 하는 '펠트화' 작업을 한다. 그리고는 캐로팅carroting 과정을 거치는데, 이는 수은과 산으로 털을 빗어내는 것으로 가죽이 단백질 성분으로 부서지면서 붉은빛이 감도는 오렌지색으로 변하기 때문에 붙여진 이름이다.

수은은 반짝이는 은색 방울 모양으로, 아름답게 빛나면서도 자유자재로 형태를 바꿔 움직이는 속성을 지녔다. 그러나 빛나는 표면은 속임수에 지나지 않는다. 수은은 납과 함께 인류의 건강에 가장 큰 해악을 끼친 물질 중 하나로 기억된다. 수은은 폐를 통해 쉽게 흡수되고, 나아가 피부나 위장을 통해서도 흡수된다. 빠르게 변하는 유행과 달리, 수은은 오래도록 지속된다. 모자 제작자의 몸이나 모자에 사용된 원단, 혹은 모자 공장 주위의 땅에 한번 흡수되기만 하면 그 순간 수은은 영원히 그곳에 존재하게 된다.

수은이 사용된 모자의 위험성은 현재까지 이어지고 있다. 런던의 빅토리아 앤드 앨버트 미술관은 주요 의상 컬렉션 중의 하나로 다양한 모자를 수집했는데, 이 중 쭈글쭈글하고 빛을 반사하는 성질의 폴리에틸렌 소재 봉지에 담겨 해골과 십자 모양의 뼈, 그리고 유독성toxic이라는 글자가 선명히 붙어 있는 모자가 있다(그림 4).

그림4 폴리에틸렌 소재 봉지에 든 모피 펠트 모자. 빅토리아 앤드 앨버트 미술관, 런던

빅토리아 앤드 앨버트 미술관의 직물 보존 담당자인 그레이엄 마틴Graham Martin과 매리언 카이트Marion Kite가 선구적으로 과학적 연구를 진행한 결과, 19세기에 만들어진 모자에 여전히 사람에게 해를 끼칠 만큼의 수은이 남아 있다는 사실이 밝혀진 것이다. 이는 찌그러진 모자를 원래 모양대로 복원하기 위해 모자에 증기를 쐬기도 하는 보존 담당자에게 특히 위험한 것이었다. 연구 대상 모자에는 수은이나 수은염이 상당량 존재하고 있으며 이는 1820년부터 1930년대까지 제작된 모든 펠트 모자들에 적용할 수 있는 결과이다. 지금은 고전이 된 2002년에 발표된 이 논문에서, 이들은 각 미술관의 전문가들에게 캐로팅 과정에서 모자에 흡수된 수은이 여전히 잔류해 있다는 사실을 경고한다.

현재 남아 있는 소장용 모피 펠트 모자 중 50퍼센트 이상은 수은을 함유하고 있을 것으로 추정되고, 예방 차원으로 모든 모자는 봉지에 넣어 보관하고 있다. 미술관의 많은 보존 담당자들은 그들의 컬렉션을 휴대용 X선 형광 분석기를 사용하여 분석하였다. 이는 해당 물체 안에 수은과 납 등의 중금속이 들어 있는지의 여부는 판단할 수 있으나 그 양까지는 확인할 수 없으며 비소와 같은 다른 독극물도 마찬

가지다(그림 5). 테스트는 왕립 온타리오 미술관Royal Ontario Museum, ROM, 런던 박물관 Museum of London에서 진행되었고, 라이어슨 대학교 물리학과에서는 18세기 중반에 제작된 모자부터 20세기 초의 모자(그림 6)에 이르기까지 모두 상당량의 수은이 검출되었다고 밝혔다. 박물관의 소장품인 모자조차도 여전히 유해하다는 반박할 수 없는 법의학적 증거를 마주한 지금, 몇 가지 중요한 질문을 던져보고자 한다. 이 모자들은 어떻게 수은 중독을 일으켰는가? 이는 모자 제작자들의 건강에 어떤 영향을 주었는가? 그리고 이러한 문제는 왜 지속되었나?

《꿈속의 장식Adorned in Dreams》를 쓴 엘리자베스 윌슨 Elizabeth Wilson은 프리드리히 엥겔스의 1844년 작《영국 노동자 계급의 상태The Condition

그림5 19세기 후반에 제작된 모피 펠트 모자(위)는 바타 신발 박물관 소장품으로 아나 페요빅-밀릭Ana Pejovic-Milic 박사의 물리학 연구실에 있는 휴대용 XRF(X선 형광 분석기) 기계로 테스트했다(아래). 그 결과 모자에서 소량의 수은이 검출되었다. 위: E. 바우만E. Baumann과 죄네 후트마허Sohne Hutmacher(모자 제작인 - 역주), 스위스. ⓒ2015 바타 신발 박물관, 토론토(사진: 론 우드Ron Wood).

그림6 왼쪽: 수은이 함유된 삼각 모자, 18세기 중반, ⓒ런던 박물관. 오른쪽: 로열 온타리오 박물관이 소장한 1910년대 펠트 소재 보울러 햇(Bowler Hat, 중절모 중에서 위쪽이 둥글고 챙이 좁은 스타일, 20세기 초에 유행했다 - 역주)에서도 실험 결과 수은 양성 반응이 나타났다, 크리스티, 런던, 974.117.7, 로열 온타리오 박물관의 허가 하에 게재 ⓒ로열 온타리오 박물관.

of the Working Class in England》에서 다음과 같은 문구를 인용했다. "부르주아 계급의 숙녀가 치장을 위해 사용하는 특정 물품들이 노동자의 건강에 가장 슬픈 결과를 가져온다는 것이 참으로 기이하다." 엥겔스는 여성들의 패션 아이템이 노동자의 건강에 끼치는 악영향에 대해서는 바르게 판단했지만, 정작 그가 매일 쓰고 다니는 모자에 독극물이 들어 있다는 사실에 대해서는 까맣게 몰랐다. 지금은 펠트지로 만든 모자를 쓰는 남성이 거의 없지만, 엥겔스 시대에 남성이 모자를 쓰지 않고 집 밖으로 나간다는 것은 사회적으로 용납되지 않는 일이었다. 오늘날에는 모자를 쓰는 것이 격식 있는 차림의 필수 요소가 아니지만, 사실 모자는 많은 문화권에서 오랫동안 의복 생활의 중심 아이템이었다. 중앙난방이 생기기 전에 모자는 실용적인 이유에서도 중요했다.

　모자는 착용자의 체온을 유지하고 습기를 막아주어 쾌적한 상태를 유지하게 했다. 모자를 쓰고, 들어 올리며 인사하고, 휴대하는 방법을 둘러싼 복잡한 의례는 모자가 거의 사라진 현대인의 관점에서는

그림7 은판 사진, 밝은색 펠트 모자를 쓴 두 남성, 약 1854년경. 마크 쾨닉즈버그Mark Koenisgberg 컬렉션.

그저 신비로워 보일지도 모른다. 그러나 이는 일상 속에서 계급 간의 구별을 강화하려는 사회적 압력이 작용한 결과이다. 모자는 이러한 이유로 신발과 더불어, 서양 남성의 옷장 속에서 비싸지만 필수적으로 갖춰야 할 요소였던 것이다.

　은판 사진술로 촬영한 사진(그림 7) 속에 빅토리아 시대 부르주아 계급의 유니폼이 보인다. 깨끗한 순백색의 셔츠 위에 정장용 조끼인 웨이스트코트waistcoat를 입고, 넥타이의 전신인 크라바트cravat를 맨다. 무릎까지 오는 남성용 예복 코트인 검은색의 프록코트frock coat 아래로는 훌륭하게 재단된 바지가 보인다. 이들은 밝은색 모자를 쓰고 있는데 무배 닙의 설이 생생하다. 남성 산비 무성, 시시기 헝게의 겆을 나타내려는 듯 악수를 하고 상대의 어깨에 손을 올려놓고 있는 점이 인상적이다.

이 이미지는 막 피어오르던 산업사회와 기술 발전의 시대상이 반영된 화려하고도 새로운 스타일의 일부이다. 스스로의 모습과 사랑에 빠진 신화 속 인물의 이름을 딴 〈르 나르시스Le Narcisse〉와 같은 남성 패션 잡지의 출간 붐이 일어나던 시기였다. 자신의 모습을 보다 선명히 볼 수 있도록 수은이 도금된 전신 거울이 등장했으며, 사진으로 멋진 자태를 남길 수도 있게 되었다. 은판 사진술은 1839년에 개발된 기술로, 광택을 내어 거울처럼 만든 은판에 또렷한 이미지를 담게 한 것이다. 물론 이 과정에서도 수은 증기가 사용되었으며, 이는 곧 모자와 은판 사진 모두 사진 속 남성들을 유해 물질에 노출시켰다는 뜻이기도 하다.

비록 펠트 모자에 실용적인 측면이 있기는 했지만, 높은 교환가치를 지닌 패션 아이템이란 점에서 모자는 여성 패션과 마찬가지로 비이성적이지만 매력적인 대상으로서의 위치에 놓인다. 여기서 일부러 비이성적이라는 단어를 선택한 것은 남성 복식은 대부분 이성적이고, 차분한 직선궤도 선상에 있다는 편견이 있기 때문이다.

200년이 넘는 기간 동안 의료계 종사자들은 모자 산업이 일명 이성의 본거지인 착용자의 머리를 보호하는 물건을 만들어온 것이라는 증거를 수집하고자 했다. 그러나 사실 모자 산업은 모자 제작자의 신경 손상을 초래하여 그를 미치게 만들 뿐이었다. 1844년 파리의 캐리커처 작가 장 자크 그랑빌Jean-Jacques Grandville은 〈라 모드La mode〉라

LA MODE.

그림8 장 자크 그랑빌, 《어느 패션Un Autre Mode》, 1844년, 280p. 토론토 공립도서관 제공.

는 그림을 통해 패션의 압력을 풍자하고자 하였다(그림 8). 그랑빌은 재단사와 드레스 제작자를 거대한 수레바퀴를 돌리는 패션 여왕의 폭압에 앞장서는 사악한 처형자로 묘사하였다. 이 바퀴는 사실 운명의 수레바퀴가 아닌 브레이킹 휠breaking wheel이란 것으로, 뼈를 부수는 고문 기구이다. 이 기구는 가장 악랄한 범죄자를 골라 느리고 고통스럽게 죽이는 도구였다.

하지만 그랑빌의 고발과는 달리, 의류업자는 사회적 해악을 조장하는 대리인이나 처형자가 아니었다. 현실은 정반대였다. 그들은 열심히 일할수록 그들 자신이 해를 입었다. 재단사들은 하루 종일 허리를 굽혀서 일하느라 등이 굽어버렸고, 급료가 낮은 직군이었던 재봉사들은 생계를 위해 배추을 깊 유덯하느 힁궄이있나. 엥겔스는 부르주아 여성 소비자만을 비난하였지만, 모자에 집착한 남성과 끊임없이 유행이 바뀌던 모자야말로 모자 제작자의 장애나 요절을 부른 가장 큰 책임자이다.

모자 마술

모자에서 토끼를 꺼내는 마술은 그 자체로 마술을 상징하는 행위다. 모자 마술의 기원은 19세기 초로 거슬러 올라간다. 1814년에 루이 콩트Louis Comte라는 파리의 마술사가 개발했다는 것이다. 1830년대에 활약한 존 앤더슨John Anderson은 관객의 모자에서 토끼를 꺼내곤 했다. 여기서 우리가 주목해야 할 점은 당시의 모자에는 정말로 토끼 모피가 사용되었다는 점이다.

오래전에 제작된 흑백 필름 중에 토끼가 죽어서 모자가 되고, 마술사가 이를 부활시켜 살아 있는 토끼로 되돌려 놓는 영상을 본 적이 있다. 놀랍게도 이는 실제 그 자체이다. 살아 있는 토끼를 머리 장식으로 만들기까지는 복잡한 과정을 거치겠지만, 일단 완성된 모자는 살아 있는 토끼털의 부드러운 질감 그 자체이다. 모자의 질감을 유지하기 위해서는 그루밍grooming이라는 빗질이 필수였다. 프랑스어로는 펠로타주pelotage나 비쇼나주bichonnage라고도 하는데, 이는 챙의 형태를 잡으면서 화려하고 광택이 나는 모피의 윤기를 끌어올리는 작업을 뜻한다.

이 용어는 애완견을 어루만지고 관리해 준다는 뜻으로도 사용되었고, 가정에는 섬세한 부인이 남편의 모자를 빗질해 준다는 의미를 담고 있었다. 1892년에 발행된 셜록 홈스 시리즈 중 〈푸른 카벙클의 모험The Adventure of the Blue Carbuncle〉에는 한 경관이 홈스에게 지저분하기 이를 데 없어 평판이 좋지 않은 주인이 썼을 법한 모자를 주요 단서로 제공하는 장면이 나온다. 예리한 홈스는 이를 꿰뚫어 보아 모자의 주인을 '주로 앉아서 생활하고 거의 밖에 나가지 않으며 운동이라곤 전혀 하지 않는 중년의 남성으로, 반백의 머리를 지난 며칠 사이에 이발을 한' 사람으로 추리한다.

여기에 남자의 부인이 '남편을 더 이상 사랑하지 않는 상태'일 것이라고도 추리했는데, 모자 위에 앉은 갈색의 집 먼지를 보니 '몇 주 동안이나 빗질을 하지 않은 상태'였기 때문이다. 홈스는 동료인 왓슨 박사에게 "내가 자네를 보자니 말이지, 왓슨 박사. 일주일 치의 먼지가 쌓여 있는 모자를 쓰고 있는 자네 말이야. 부인이 자네를 그 꼴로 나가도록 내버려 두는 걸로 보아 자네도 부인의 보살핌을 받지 못할 만큼 불행한 것은 아닌지 걱정되네"라고 말하기도 했다. 홈스의 뛰어난 수사는 마술처럼 눈앞에 없는 모자 주인의 인생사를 술술 떠올리게 하였다.

한편 아르누보 시대에 나온 브뤼야스Bruyas 상점의 광고 속 모자는 전통적인 마술사의 모자 마술과는 정확히 정반대의 현실을 보여준다(그림 9). 빨간색 드레스를 입은 여인이 미심쩍다는 듯 마술사를 도와주며 버드나무로 엮은 바구니를 연다. 그러자 모자 하나를 만드는 데 평균적으로 필요한 토끼의 숫자인 다섯 마리의 토끼가 튀어나와 깡충깡충 뛰면서 베이즈닝basoning, 즉 펠트 직물을 단단하게 만드는 기계

그림9 토끼를 모자로 바꾸는 기계가 등장한 다색 석판화 포스터, 브뤼야스 상점Établissements Bruyas, 약 1900년경. 모자 박물관, 샤젤수르리옹Chazelles-sur-Lyon.

에 뛰어든다.

1855년에 처음으로 모자 공장에 도입된 이 기계는 늘어져 있는 상태의 모피를 커다란 원뿔형으로 만드는 역할을 하였다. 원뿔이 된 모피는 챙이 짧은 중절모인 페도라fedora부터 선원의 모자에서 유래한 평평한 형태의 모자 보터boater에 이르기까지 다양한 스타일로 변형되었다. 다섯 마리 토끼와 찬란히 빛나는 모자 사이에 서 있는 마술사 같은 모습의 남자는 맞은편의 숙녀를 향해 정중하게 그가 쓴 모자를 들어 올려 보이고 있다. 이 이미지는 1900년경의 것으로, 모자 제작의 전 과정이 마치 마술처럼 기계로 대체된 시점과 정확히 일치한다.

이 매혹적인 광고는 도살당한 토끼와 치명적인 독에 중독된 모자 제작 노동자들이 처한 현실을 깔끔하게 무시한다. 당시 노동자 조합이 의뢰한 보고서에 따르면 이 포스터가 인쇄될 당시에도 베이즈닝 기계를 돌린 여성 노동자에게서 심각한 수은 중독 증상이 발견되었다.

　모자 제작사들이 항상 독극물에 중독된 것은 아니었다. 역사적으로 모자 중에서 비버 모피로 만든 모자를 가장 고가품으로 쳤는데, 비버 모피의 가공 과정에는 수은이 필요하지 않았던 것이다. 물에 젖으면 모자의 형태가 일그러지는 여타 울과 달리 비버의 털은 부드럽고 가벼우면서도 내구성이 좋았다. 방수 효과도 좋았고 심지어 따뜻하기까지 했다. 비버의 모피에 대한 수요가 늘자, 비버는 16세기 들어 유럽에서 멸종하고야 말았다. 그러자 모험적인 사업가들이 북미에서 새로운 공급원을 찾기 시작했다. 비버 털에 대한 수요가 정점에 달한 17세기에는 단단하고 챙이 넓은 스타일이 멋쟁이들 사이에서 크게 유행했는데, 청교도들은 보다 절제된 스타일을 선호하였다.

　30년 전쟁(1618~1648년)에서 스웨덴 군대가 승리를 거두자, 그들이 쓰고 있던 챙이 넓고 첨탑처럼 뾰족한 원추형의 모자가 남녀 모두에게서 유행하였다. 1620년대의 기록 중에는, 소재가 건조해지는 바람에 꼭대기 부분이 유실되기는 했으나 우리가 흔히 마녀 모자라고 생각하는 희귀한 유물을 언급한 것이 있다(그림 10). 당시의 모자는 근대에 만들어진 것보다 두꺼운 모피로 제작되었지만, 들어 보면 크기에 비해 놀랄 만큼 가볍다.

　순수한 비버 모피는 수은을 필요하지 않았다. 비버의 털은 비늘구조로 되어 있으며 최고급품은 숙성되면서 자체적인 화학 반응에 의해 개조된다. 초창기 북미 대륙으로 온 한 독일 정착민은 "비버의 모피는 지저분해지거나 기름때가 끼지 않으면 펠트로 만들 수 없다"라고 기록하였다. 따라서 다른 사람이 쓰던 것이나 러시아에서 코트로 꿰매어 사용했던 것, 또는 원주민들이 한동안 맨살에 입어서 땀과 유

그림10-1 바츨라프 홀라, 〈영국 국왕 찰스 2세의 대관식 행렬The Coronation Procession of the British King Charles II〉의 세부, 1662년. ⓒ메트로폴리탄 미술관. 이미지 출처: 아트 소스Art Source, 뉴욕.

그림10-2 비버 펠트 소재 마녀 모자. 약 1620년경, ⓒ런던 박물관.

분으로 더러워진 덕택에 다루기 쉽게 된 모피로 좋은 모자를 만들었다고 한다. 땀에 젖고 헝클어진 모피는 '기름진 비버 모피'라고 불렸으며, 착용된 적이 없는 비버 모피 다섯 조각과 섞어 최고급 모자로 만들어졌다. 17세기 독일에서 활동한 바츨라프 홀라Wenceslaus Hollar가 세작한 판화 〈런던을 시나가는 영국 국왕 찰스 2세의 대관식 행렬The Coronation Procession of the British King Charles II Through London〉을 보면 당시의 엘리트들이 크라운이 높고 깃털로 장식한 비버 모피 모자를 쓴 것을 알 수 있다. 영국의 작가 새뮤얼 피프스Samuel Pepys가 남긴 기록에서도 그가 1661년에 값비싼 비버 모피 모자를 구입한 뒤 시장 취임식 같은 중요한 행사 때만 착용했다는 내용을 찾을 수 있다. 단순히 승마를 하러 나갈 때에는 비버 모자를 아끼기 위해 다른 모자를 썼다고 한다.

18세기가 되자 무분별한 남획으로 인해 비버 가죽의 공급이 줄어들었으며 엎친 데 덮친 격으로 전쟁까지 나 수급에 차질을 빚었다. 값비싼 비버는 저렴하고 쉽게 구할 수 있는 토끼 등의 모피로 대체되기 시작했다. 그때 예상치 못했던 문제점이 발견되었는데, 바로 다른 털들은 펠트로 잘 가공이 되지 않았던 것이다.

짐승의 털에 함유된 단단한 단백질을 분해하기 위해 모자 제작자들은 앞서 설명한 캐로팅 작업을 해야만 했다. 프랑스에서는 이 작업을 비밀secrét이라는 말이 들어간 세크레타주secrétage라고 불렀는데, 가죽을 문질러 펠트 작업을 할 때 필요한, 수은을 녹인 질산의 배합 비율을 영업 비밀로 간주하였던 까닭이다. 이 방법은 펠트 제작 공정에서 사람이 땀을 흘리는 것과 동일한 화학적 효과를 낼 수 있었고 덕분에 훨씬 빠르고 효과적으로 펠트를 생산할 수 있게 되었다. 하지만 그 대가가 인체에 치명적인 독이었음은 아무도 몰랐다.

살인을 부르는 고가품

20세기에 캐나다에서 모자 제조업으로 유명했던 가문 출신으로 역사경제학자가 된 존 F. 크린John F. Crean은 모피 무역을 다룬 뛰어난 논문에서 수은 중독이 건강에 미치는 영향을 짧게나마 언급하였다. 그는 펠트 작업에 쓰는 수은 용액의 배합법이 1855년에 특허를 받은 현대의 강철 제련법의 발명에 비견될 정도로 획기적인 것이었다고 평했다.

18세기의 모자 제조업은 제철업이나 직물업 같은 중공업에 비하면 재래식 생산 과정에 가까운 것이었다. 그러나 다른 사치품과 마찬가지로 산업혁명보다 앞서 발달한 이 산업은, 역사경제학자 얀 드 브리스Jan de Vries가 값싼 노동력을 활동해 최대한 경제의 외형을 키웠다는 측면에서 근면 혁명Industrious Revolution이라 명명한 현상의 전형이었다. 수은을 사용한 새로운 기술이 도입되어 저렴하게 펠트를 만들 수 있게 되자 모자 제작 공정은 빨라졌고, 이 새로운 공정과 그에 따른 생산량의 증대는 새로운 보건 기준의 출현을 유발하였다.

1778년 프랑스 최초의 인구통계학자 중 하나인 장 밥티스트 머호Jean-Baptiste Moheau는 새로운 고가품이 노동자 계급을 죽음에 몰아넣고 있다고 비판하였다. 살인을 부르는 고가품에 세금을 부과해야 한다고 주장하면서 다음과 같은 글도 남겼다. "피로 쌓지 않은 기념비는 거의 없으며, 피가 묻지 않은 옷도 거의 찾아볼 수 없다. 기계적 예술을 완벽하게 만들기 위해 기울여왔던 노력의 결과는 지난 세기에는 알지 못했던 수많은 독극물의 발명이다." 모자 제조업이야말로 이에 꼭 들어맞는 사례다. 크린이 비판한 고가품에 서린 유해성은 이윽고 노동자와 공장주 사이의 분쟁을 야기하였고 결국 모자 제조업은 사양

길에 들어서고 말았다.

　에초에 모자 제작자들이 수은을 펠트 제작에 활용할 생각을 어떻게 하게 된 건지에 대해서는 두 가지 일화가 전해진다. 모두 의학적 용도로 수은을 사용한 데에서 비롯되었다. 모자 공장의 노동자들은 모피를 끓이고 펠트 작업을 할 때 쓸 산성 액체를 주전자에 담아 썼는데, 그 액체로 소변만 한 것이 없었다. 그러던 어느 날, 한 작업장에서 어느 모자 제작자가 우연히 동료들보다 더 좋은 품질의 펠트를 만들어냈다. 그는 매독을 치료하기 위해 성기에 수은 복합물을 삽입하는 치료를 받던 중이었다. 수은이 섞인 소변이 기가 막힌 모자를 만들어낸 것이다.

　또 다른 이야기로는 한 의사가 유방암 환자에게 찜질을 하기 위해 토끼 모피에 수은을 뿌렸던 것에서 기인했다고 한다. 그 모피를 나중에 한 모자 제작자가 사용하게 되었고, 그는 모피가 어디서 난 것인지 추적한 끝에 수은이라는 마법의 액체를 알게 되었다. 모자 제조업에 수은이 도입된 정확한 시점은 알 수 없지만, 모자 제작자들은 분명 17세기 중반 무렵에 수은이 펠트 제작에 도움을 준다는 사실을 알고 있었다.

　수은의 사용은 1716년에 모자 제작 조합 규칙에 의해 금지된 바 있는데, 완성품의 품질 유지와 아마도 노동자의 건강을 보호하기 위한 조치였던 것 같다. 그러나 이 금지령은 오래가지 않았다. 영국에는 프랑스의 신교도인 위그노에 의해 수은이 알려졌다는 이야기도 있다. 위그노 중 상당수가 모자 장인이었는데, 프랑스에서 일어난 박해를 피해 영국으로 도망칠 때 그들의 영업 비밀이 함께 건너갔다는 것이다. 그러나 오히려 영국에서 자리 잡은 기술이 파리로 역수출된 것이라는 이야기도 전해진다.

한편 18세기 프랑스에서는 캐로팅 기법을 금지하기 위한 마르세유 모자 제작 조합과 캐로팅 기법을 옹호하는 공장주 카보넬Carbonnel 사이에 법적 다툼이 일어났다. 법정에서 카보넬은 자신의 주장을 뒷받침하기 위해 경제적 논거를 제시했다. 수은을 사용하면 보다 저렴하게 제품을 만들 수 있고, 스페인과 이탈리아와 같이 더운 기후 국가의 소비자들이 선호하는 가벼운 모자를 제작할 수 있으니 시장에서 영국산 제품에 비해 경쟁력을 갖는다는 것이었다.

모자 제작 조합은 수은을 사용한 모자는 품질에 결함이 생기고 조각조각으로 나뉘어 버린다고 주장했으며, 카보넬이 불공정한 경쟁을 초래했다고도 했다. 건강상의 악영향에 대해서도 불만을 제기하며 벌금을 청구했으나 카보넬은 이를 단호히 거부하였다. 법정은 카보넬에게 불리한 판결을 내렸고, 수은은 다시 마르세유에서 사용이 금지되었다. 이후 리옹과 파리 등 프랑스의 다른 주요 산업 도시에서도 금지되었다.

그러자 모자 제작자들은 도시 밖에서 수은을 사용하기 시작하였다. 결국 경제 논리의 압승이었던 것이다. 18세기 상반기에 이르면 비버 모피의 가격이 토끼류에 비해 10배에서 50배까지 비싸졌다. 비버 가죽을 다루려면 상당한 수준의 기술이 필요하기도 했다. 한 사람의 모자 제작자가 날것 상태의 비버 모피를 모자로 만들기 위해서는 6시간에서 7시간이 걸렸다. 토끼 가죽은 같은 공정을 적용했을 때 3시간밖에 걸리지 않았다. 1782년, 평범한 남성용 모자 하나는 3에서 6리브르 사이에 판매되었으나 비버 모자는 네 배가량 비쌌다.

이러한 이유로 1735년에 금지되었던 수은이 결국 1751년 마르세유에서 합법화되었다. 1763년이 되면 프랑스가 영국에게 져서 캐나

그림11 그림 위 왼쪽(8번)에서 캐로팅 작업을 하는 모습을 볼 수 있다. 남자는 탁자 앞에 서서 그릇에 담긴 수은 용액 또는 비밀 액체로 모피에 솔질을 하고 있다. 보호 장비는 전혀 사용하지 않았다. 놀레 사제Abbé Nollet, 〈모자 기술Art du chapelier〉, 파리, 1765년. ⓒ푸흐네이 도서관Bibliothèque Forney/사진 로저-비올레Roger-Viollet.

다를 잃고 그곳에서 생산되는 비버 가죽을 구하지 못하게 되었으며, 수은 사용은 확대되기에 이르렀다. 한 프랑스 의사는 1763년의 패배에 대해 다음과 같이 통탄했다. "모자 제작 공장은 여느 때보다 치명적이 될 것이다. 말로 하기 괴로우나, 영국 정부는 우리가 전쟁 중일 때나 그렇지 않을 때나 상관없이 우리의 노동자들을 계속해서 죽이는구나."

캐로팅은 모자 제작자를 위기로 몰아넣는 여러 작업 중 하나일 뿐이었다. 놀레 사제가 1765년에 펴낸 모자 제작 설명서는 노동자들이 사용한 솔질 기법을 묘사한 것이 있는데, 커다랗고 불안정해 보이는 그릇에 독성 액체를 가득 붓고 노동자들이 위태롭게 맨손으로 작업하고 있다(그림 11). 캐로팅이 끝나면 기다란 활 같은 도구로 두드리기 batting 작업을 해 가죽에서 잔털을 제거하는데, 이때 환기가 되지 않는 폐쇄적인 작업장 내에 수은을 머금은 모피 털이 한없이 날아다니게 된다. 가느다란 털들이 흩날리는 것을 조금이나마 방지하기 위해, 작업상은 너무 빗써에도 했고 음 딛이야만 했다. 다음 단계에서는 또 다른 건강상의 문제가 발생했는데, 풀러fullers 또는 풀뢰fouleurs라고 불리던 축융공縮絨工과 플랭커plankers가 나무 롤러와 손으로 펠트의 모양을 잡는 공정이 그것이었다.

적절한 열기를 가하고 습도를 유지한 채 화학 약품과 마찰을 조합해 늘어진 모피 덩어리를 절반 크기로 줄이는 작업인데, 펄펄 끓는 산성 용액에 모피를 수 시간 동안 담가둬야 했다. 1904년 장 앙투완 베르제의 회화 작품을 보면 무더위 속에서 사투하는 힘들면서도 고도의 기술을 요하는 공정이 잘 드러나 있다(그림 12). 그림에는 다섯 명의 모자 제작자들이 전통적인 나무 탁자를 둘러싸고 축융 작업을 하고 있는데, 탁자의 가장자리는 가운데 있는 철제 주전자 쪽으로 기울어져 있다. 반백의 플랭커 네 명이 펠트 가공 작업을 하고 있고, 이들 중 두 사람은 몸을 식히기 위해 웃통을 벗은 상태이다. 웃옷을 입지 않은 나머지 한 사내는 주전자 아래의 장작불을 유지하면서 주전자에 황산과 뜨거운 물을 채워 넣은 후, 와인을 병째 들이키는 중이다.

1862년 무역 저널에서는 축융 작업이 땀을 많이 나게 하는 일이기 때문에 작업자들은 일하는 동안 자주 갈증을 풀어줄 필요가 있다고 하였다. 그러나 불행히도 노동자가 선호하는 것은 거의 항상 알코올 음료였다는 기록도 있다. 기사에서는 1리터의 커피에 감초 농축액으로 단맛을 더하면 값싸고 보다 건강에 좋은 대체 음료가 된다며 이를 권하고 있다.

캐로터처럼 이들 축융공 역시 앞치마는 하고 있으나 보호 장갑이나 마스크는 착용하지 않고 일하였다. 덕분에 이들은 피부의 미세한

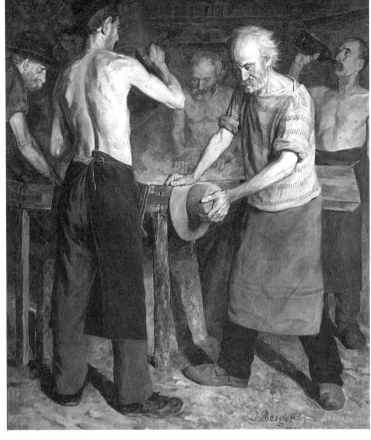

그림12 장-앙투완 베르제Jean-Antoine Berger, 〈축융 작업을 하는 모자 제작자들 또는 널판지La planche or Chapeliers fouleurs〉, 1904년. 모자 박물관, 샤젤수르리옹.

틈으로 훨씬 더 많은 양의 수은을 흡수하였다. 또한 숨을 쉴 때마다 펄펄 끓는 주전자에서 뿜어져 나오는 치명적인 증기를 흡입했다. 이러한 독극물의 효과는 알코올과 만나 증폭되었는데, 간이 독소를 제거하는 것을 알코올이 차단했기 때문이다.

한편 이 같은 작업 방식은 수은을 지역 사회에 퍼뜨리는 데도 일조했다. 수은이 도입된 지 얼마 되지 않아 의사들은 그 끔찍한 영향을 발견했다. 모자 제작 업계에 만연한 수은 중독 실태를 최초로 기록한 것은 프랑스의 의사 자크 르네 테농Jacques-René Tenon이었다. 1757년 당시 ㅅㅅ색이워비 ㄱ ㄷㅍㅅ 의ㅓ대회이 벙기하 ㄱㅓ장ㅇㄹ 마 임명된 참이었다. 파리의 주요 모자 공장 여섯 군데를 개인적으로 방문한 후 그가 남긴 기록은 다음과 같다. "무슈 카르팡티에Monsieur Carpentier의 작업장에서 목격한 나이 많은 노동자는 50세를 넘기지 못한 듯했으며 대부분이 아침부터 손을 떨고 있었다. 땀을 엄청나게 흘리고, 점성이 있는 물질을 토하기도 했다. 모두들 허약한 마른 몸으로 목숨을 부지하기 위해 하루하루 독주를 들이키는 심정으로 일에 매달리고 있다. 그곳의 노동자 모두는 자녀를 많이 낳았으나 제대로 키우지는 못했다. 대부분의 아이들은 네 살 전후로 사망했다. 또 다른 작업장에서는 공장주 역시 심각한 상태에 빠져 있었고 54세에 사망했다. 르텔리에Letellier 공장의 모자 제작자는 최근까지 겨울에 사냥해서 얻은 고품질의 비버 모피를 사용했는데, 이 소재는 두껍고 펠트화가 잘되어 화학 약품 처리를 하지 않아도 되었다. 그들에게서는 다른 공장에서 나타난 증세가 거의 보이지 않았다. 르텔리에 공장은 수은을 사용하는 공법을 몇 년 전에야 도입했는데, 다른 작업장보다 수은을 훨씬 옅게 희석해 사용했다."

테농은 그가 목격한 이상 증세와 조기 사망의 원인으로 수은을 사용한 세크레타주 또는 캐로팅 작업을 지목하였다. 한편 그는 화학자이자 약사로서 대부분의 모자 제작자들에게 캐로팅에 필요한 약품을 판매했던 인물인 보메Baumé를 비난하기도 했다. 이 약사는 자신이 주문받은 것은 질산 16파운드당 수은을 1에서 3파운드 사이로 배합한 것이었다고 주장했다. 테농은 모자 제작자들이 모피를 펠트로 만들 줄만 알았지 노동자들의 건강을 보호할 수 있는 수은의 비율에 대해서는 무지하다고 결론지었다. 그러므로 각 공장주는 캐로팅 공정 자체를 줄이거나, 나아가 수은을 대체할 수 있는 보나 안전한 공정을 택해야 한다고 촉구하였다.

테농의 글은 정식으로 발표된 것이 아니었기 때문에 그의 경고는 주의를 끌지 못했다. 의사들은 경련과 사지 떨림, 마비 등으로 고통받는 모자 제작자의 증상을 지속적으로 목격해야만 했다. 의사 아샤르Achard는 이 문제에 대해 3년에 걸쳐 조사하였는데, 그중에는 모자 공장에서 일하고 가정으로 돌아간 노동자가 내뿜는 수은 증기를 흡입한 생후 5개월의 영아가 사망한 사건도 있었다. 1776년 건강을 주제로 한 잡지 〈가제트 드 상떼Gazette de santé〉는 수은의 사용을 놓고 불필요하고 괴이하며 폭력적인 것이라고 표현했다.

프랑스와 영국의 국립 학술원National Academies of Arts and Sciences in France and Britain에서는 수은을 대체할 화학 공정을 찾기 위해 공모전을 열기도 했으나, 이러한 조치가 현실에 영향을 주지는 못했다. 사실 프랑스 혁명 이후 이어진 나폴레옹 시대에 들어서는 상황이 더욱 나빠져 건강 문제보다는 전쟁이 우선시되던 분위기가 조성되어 있었다. 노동자들은 의견을 낼 권리조차 없었다. 한 모자 제작자가 동료 노동자를 위해 마스크와 스펀지를 디자인하는 등 보호 장비를 개선하기 위한 몇 가지 움직임이 있기는 했으나, 전체적인 상황은 19세기 초반 들어 한층 악화되어 1820년대에는 최악의 상태에 도달하였다.

파리는 흔히 예술과 문화 그리고 패션의 수도라고 일컬어지지만, 환경오염 분야에 있어 프랑스의 역사학자 앙드레 기욤André Guillerme과 토마스 르루Thomas Le Roux 등에 따르면, 1780년에서 1830년 사이 산업 사회의 수도로서 고가품은 물론 그 제작에 필요한 수많은 화학 물질을 생산하는 도시로 악명을 떨쳤다. 이들은 파리의 산업에서 ~~수은이 차지하는 비중을 폄기하였고 무분별하게 배출된 주금속으로~~ 인한 광범위한 환경오염을 특별히 지적하였다. 상원의원 폴 블랑Paul Blanc이 주장했듯, 이러한 피해는 노동자의 신체에만 국한된 것이 아니어서 직업적 그리고 환경적 위험 사이에 명확한 경계선이 없었다. 1820년대부터 시작하여 최근까지 이어진 지구화학적 연구에 따르면, 미국에서 역사적으로 모자 산업의 중심지였던 코네티컷주의 댄버리 Danbury와 노워크Norwalk 지역의 토양 내 수은 수치는 산업화 이전에 비해 세 배에서 일곱 배가량 높아졌다고 한다. 수은은 예전에 모자 공장이 있던 곳이라면 오늘날까지도 주위에 농축되어 있다고 봐야 한다. 홍수나 여러 기후 현상 등에 의해 이곳에 수은이 축적된 지 150년이 넘는 기간 동안 토양 속 수은은 롱아일랜드Long Island 해협으로 지속적으로 흘러가고 있다.

파리에서는 펄펄 끓인 축융용 주전자에 의해 수은염이 휘발되는 경우가 많았는데, 수은염은 금속 중에서 생화학적으로 가장 위험한 것 중 하나이다. 공장 밖으로 퍼져나간 수은염은 거리와 지붕 위에 내려앉아 식료품에 들어가고 지하수를 오염시켰다. 1820년대 파리에서 펠트 모자의 인기가 절정에 이르렀을 때에는, 2천 명에서 3천 명에 달하는 모자 제작자가 파리 중심부의 센강 오른편 지역Rive Droite에서 빽빽하게 모여 앉아 작업을 하였다.

수은이 위험한 물질이란 것은 알았지만, 지역 경찰은 모자 공장을 주거 지역에서 떨어진 곳에 분리시킬 조치를 내리지는 않았다. 1825년 파리의 모자 공장에서는 연 200만 개에 달하는 모자가 만들어졌다. 이때 사용된 수은의 양은 캐로팅 작업자 한 사람당 1년에 10킬로

그럼 정도였는데, 도금공과 거울 제작자, 기타 모자 제작 공정에 종사하는 이들이 사용하는 양을 모두 합친다면 1770년부터 1830년 사이에 거의 600톤에 달하는 수은이 센강 오른편 지역에 배출되었다는 계산이 나온다.

수은 증기가 함유된 검은 구름이 모자 제작자의 공방에서 거리로 끊임없이 자욱하게 뿜어져 나오는 모습은 당시에도 소름 끼치는 광경이었다. 목격한 이의 기록에 따르면, 이 증기는 사람들은 물론 말까지 불안하게 만들었다. 파리에서 한창 수은을 소비하던 1828년의 겨울과 1829년의 5월 사이, 손발이 붓고 빛에 민감해지는 유아 질환인 지단 동통증acrodynia, 일명 핑크병Pink's Disease이 크게 유행하였다. 이는 홍반을 동반하는 증상에서 비롯된 이름인데, 4만 명 이상의 주민이 영향을 받았다고 한다. 혹자는 이 질병이 비소나 납에서 기인한 것이라고 보았지만, 역사학자 앙드레 기욤은 지역의 산업 지대에서 배출된 수은에 의한 것이라고 보았다.

이러한 집단 중독 사태가 터지기 직전의 여름, 화가 장 샤를 드벨리Jean-Charles Develly는 세브르Sèvres 지역의 도자기 공장에서 생산하는 그릇에 들어갈 삽화 디자인을 위해 파리의 모자 공장을 방문하였다(그림 13). 180개의 고유한 삽화를 손으로 하나씩 채색한 그릇 세트는 근대 산업 예술을 예찬하는 의미로, 실용적인 판지 상자부터 정교한 이미지가 담긴 태피스트리인 고블랭Gobelin, 금으로 된 장신구와 같은 고가품에 이르기까지 총 156가지의 제품이 만들어지는 공정을 담았다. 이는 1820년대 프랑스의 최신 기술 및 미학적 혁신을 소개하는 전시였던 산업 생산품 박람회Exposition des Produits de l'Industrie Française의 심사의원이자 세브르의 공장 감독으로 고용된 화학자 알렉상드르

그림13 장 샤를 드벨리, 〈모자 공장La Chapellerie〉, 스케치, 1828년.
ⓒ빅토리아 앤드 앨버트 미술관, 런던.

브로냐Alexandre Brogniart의 의뢰를 받은 작업이었다.

그림은 지저분하고 아름답지 않은 초반의 공정은 무시하고, 생산된 모자를 소비자가 원하는 모습으로 다듬는 마지막 공정만을 담았다. 모자 염색과 틈 메꾸기, 두드려서 모양내기나 연마 작업 등이 그것이다. 오른쪽 전경의 탁자 앞에 서 있는 한 노동자는 뒤집힌 모자의 챙을 모자용 다리미로 펴서, 감각적인 빗질, 소재 정돈 및 다림질을 통해 모자가 고상하고 보기 좋은 외관을 갖추도록 만들고 있다. 금박으로 마무리한 모자 공장 도자기 접시는 현재 남아 있지 않지만, 1836년 프랑스의 왕 루이 필립Louis Philippe이 이 그릇 전체 세트를 오스트리아의 수상 메테르니히Metternich에게 선물했다는 기록이 있다. 짐작건대 메테르니히 저택의 누군가는 당대 가장 유독한 프랑스 산업의 이미지를 그린 접시에 담긴 음식을 저녁 식사로 맛있게 먹었을 것이다.

정교한 디자인과 화려한 상식으로 해당 산업의 문제점을 말 그대로 도금해 버린 것처럼, 드벨리의 디자인이 더 이상 사용되지 않게 된 다음 해인 1829년에, 새로운 세대를 이끄는 공공 보건 전문가가 등장하였다. 위생학자hygiènistes라고 불렸던 이들은 과학적 데이터를 사용해 직업이 유발하는 병의 존재에 대해 의구심을 제기하였다. 이들은 주로 산업과 결탁한 화학자이거나 유명한 기업가 출신으로, 마땅히 그들이 보호하려고 노력했어야 할 노동자의 건강보다는 업계의 경제적 이윤에 호의적이었다. 결과적으로 피해를 입은 노동자의 신체는 고의적으로 주목받지 못하게 되었으며, 태농이 통렬한 심정으로 한 사람씩 자세히 관찰했던 개별 사례들은 새롭고 추상적인 통계의 과학으로 대체되어 무시당했다. 결국 모자 제작자들은 산업 자체가 초래할 위험성에 대해 적절히 통보받지 못하게 되었다. 심지어 1829년 영국에서 젊은 모자 제작자를 교육하기 위해 만든 안내서에는 그들이 사용하는 캐로팅 용액에 수은이 첨가물로 들어간다는 사실조차 언급하지 않았다.

이와 반대되는 기록도 물론 있다. 당시 모자 제작자들이 모피 펠트의 대용품을 찾고 있었던 것이다. 두툼한 실크 플러시plush로 만든 정장 모자가 1790년대에 출시되었고, 런던 소재의 조지 더니지George Dunnage사에서는 모조 비버로 만든 모자를 판매하고 있었다. 1850년대에 이르러서는 실크가 모피를 거의 대체하였고, 천연 비버 모피 모자는 골동품이 되어버렸다. 1855년의 〈콘힐 매거진Cornhill Magazine〉은 다음과 같이 언급했다. "요즘 비버 가죽 모자를 볼 수 있는 곳은 박물관밖에 없을 것이다." 그러나 보울러 햇이나 페도라 같은 보다 일상

적으로 착용되었던, 근대적인 둥근 크라운 모양의 모자는 여전히 유
쾌하 ㅂ끠 쏀뜨도 믜듬이지고 있었고, 즙ㄷㅕ 시대 여시 준어들지 않ㄱㅛ
계속되었다.

미친 모자 장수

소설 속 인물 중 가장 독특한 캐릭터 중 하나인 모자 장수는 빅토
리아 시대에 탄생한 것이다. 터무니없는 발언과 차 없이 벌이는 티 파
티 등 비이성적인 행동을 하는 이 캐릭터는 루이스 캐럴의 1865년 저
서 《이상한 나라의 앨리스》에 등장하며 대중문화와 패션계의 큰 사랑
을 받았다.

2003년 사진가 애니 레보비츠Annie Liebovitz가 미국 〈보그Vogue〉
지에서 선보인 앨리스 테마의 화보에서는 비비안 웨스트우드Vivienne
Westwood와 존 갈리아노John Galliano, 꼼 데 가르송Comme des Garçons의
모자를 제작했던 영국의 모자 제작자 스티븐 존스Stephen Johns가 미친
모자 장수Mad Hatter로 등장했다. 또한 팀 버튼Tim Burton 감독이 2010
년 제작한 앨리스 영화에서는 조니 뎁Johnny Depp이 모자 장수 역할
을 맡았는데, 모피 가공에 사용된 캐로팅 용액이 모자 장수의 머리카
락을 물들여 버렸다는 의미로 밝은 오렌지색의 부스스한 머리 모양을
하고 있다.

이러한 모자 장수의 이미지는 모자 제작 산업에 수은이 사용되던
200년 역사의 중간 지점쯤에 존재한다. 만약 이 캐릭터가 실제 모자
제작자의 행동에 기반하여 창조된 것이라면, 매력적인 기행은 실제 수

그림14-1 존 테니얼, 모자 장수 또는 해터Hatta가 자신의 떨리는 발로 신발을 걷어차고 있다. 《이상한 나라의 앨리스 Alice in Wonderland》 중에서, 1865년.

그림14-2 수은이 함유된 빅토리아 시대의 정장 모자, 이브셤Evesham의 찰스 배저Charles Badger에서 제작. 약 1840년경. ⓒ런던 박물관.

은이 모자 제작자의 신체에 미친 영향을 덜 위험한 느낌으로 해석한 것이라 할 수 있다.

캐럴이 수은 중독 증상에서 영감을 받았는지의 여부는 지금까지 논쟁거리이다. 19세기 영국의 유명 삽화가 존 테니얼John Tenniel이 그린 이미지 중에 모자 판매상을 묘사한 것이 있는데, 그가 쓴 싸구려 모자 밴드에 '해당 모자는 10실링 6펜스'라고 가격이 적힌 표가 꽂혀 있는 것이 보인다. 그의 행동 중에도 수은 중독의 증상으로 보이는 것이 있다. 하트의 잭knave of heart이 재판을 받는 장면에서, 그는 불편하고 긴장한 것처럼 보이며, 한 발을 다른 발 위로 옮겨놓은 상태로 찻잔을 씹으며 덜덜 떨다 못해 양쪽 신발이 벗겨진 것으로 묘사되어 있다(그림 14).

캐럴은 약학에 관심이 있었고 테니얼 역시 〈겁에 질린 숙녀〉 그림에서 죽은 재봉사를 그린 적이 있으나, 일반 대중은 이를 몰랐던 듯하다. 1862년 〈펀치〉지는 다음과 같은 의문을 제기하였다. "모자 장수가 말하고자 하는 광증이 구체적으로 무엇인지 궁금하다. 또한 특유의 탁월함으로 베들람Bedlam 병원의 특별 병동에서 보호를 받는 다른 모든 순수 예술 분야의 직관을 새기고 이께서 고개 갑수기 묘사된 것인지도 궁금하다.”

베들람 병원, 또는 베들레헴Bethlehem 병원은 당시에 가장 유명한 정신병원이었다. 이 글은 모자의 소재인 펠트felt를 느낌feeling이라는 단어로 말장난을 하며 다음과 같이 마무리된다. “직업의식의 본질에 따라 모자 장수의 광증을 관찰해야 한다고 감히 말하겠다. 그 의식 중에서도 유별난 부분은, 서술보다는 감정적으로 ‘느끼는felt’ 게 더 쉬울 것이다.”

영어에는 ‘모자 장수처럼 화가 났다mad as a hatter’는 표현이 있는데, 여기에서 ‘매드mad’는 미쳤다는 뜻보다는 화가 크게 났다는 뜻에 가깝다. 이 표현은 원래 ‘살무사처럼 화났다mad as an adder’는 말에서 ‘독사adder’를 모자 장수로 바꿔 활용한 것으로 보인다. 모자 장수 집단은 프랑스와 영국에서 정치적 저항 운동에도 활발하게 참여했으며, 비슷한 연령의 다른 사회 집단에 비해 평균적으로 폭력 범죄에 자주 연루되었고, 이른 나이에 사망했을 뿐 아니라 자살률도 높았다고 한다.

캐럴의 영감에 대한 논쟁은 아마도 영원히 결론이 나지 않을 테지만, 의사들이 수은 중독을 아주 잘 알고 있다는 것은 명확한 사실이다. 프랑스와 영국, 미국의 의학 문서에서 한 세기 동안 기록되었던 증상이 이후 한 세기 반 동안에도 약간의 변형을 거쳐 계속해서 등장한 것이다.

당시 의사들이 저널 본문에 수은 중독 증상을 보인 모자 제작자의 사례를 적어두었다. 1840년 런던에서 온몸에 손으로 감지할 수 있는 거친 심장 잡음이 수반되며 특유한 의식 장애가 나타나는 진전섬망

Delirium Tremens으로 사망한 40세의 모자 제작자 존 버틀러John Butler도 그중 하나였다. 같은 기간 영국 우스터Worcester 지방의 작은 마을에서는 유일한 모자 제작자 찰스 배저가 당시로서는 약간 구식이 된, 수은이 함유된 정장 모자를 제작하였다. 주요 패션 중심지인 도시 외에 한적한 시골 공장에서도 독극물이 사용되었다는 증거이기도 하다.

1857년에는 스트라스부르Strasbourg에서 온, 음침하고 우울한 61세의 모자 제작자가 자신이 쓰던 캐로팅 용액을 마셔 자살을 기도한 사건이 발생하였다. 그는 12시간 반 동안 고통을 겪다 끝내 사망하였다. 그의 자살은 의심의 여지 없이 수은 중독이 유발하는 전형적인 감정 장애가 원인이었다.

1860년의 관찰 기록에 따르면 병든 모자 제작자들은 죽은 사람처럼 창백한 얼굴에 피로해 보였으며 많은 이들이 잇몸을 따라 푸른 선이 있었다고 한다. 1875년의 연구에서는 수은이 낙태와 조산을 유발하며, 가죽 및 모피 가공을 위해 독극물을 사용한 곳에서 일한 일부 여성은 사산을 경험했다고도 언급되어 있다.

모피에는 또 다른 위험도 도사리고 있었다. 심하게는 사망으로 이어지는 호흡기 질환과 탄저병이 그것이다. 동물의 털과 모피가 세균을 옮겼던 것이다. 탄저병은 양모선별인병woolsorters' disease이라고도 불렸는데, 항생제가 나오기 전까지 치사율이 무려 50퍼센트에 달하였다. 제1차 세계대전 동안 상당수의 영국군과 미국군, 민간인 남성이 면도용 브러시를 통해 이 병에 감염되었는데, 특히 아시아산 말 털을 값비싼 오소리 털처럼 보이게 하려고 염색해 만든 브러시가 위험했다. 면도할 때 생기는 작은 상처만으로 감염될 수 있기 때문에 면도날은 물론 면도기도 치명적일 수 있었다. 오늘날에도 이 균은 테러리스트의 생화학 무기로 쓰이고 있어 여전히 공포의 대상이다.

1850년부터 1900년까지 부사 삽입은 기계화되었고, 이제 모피를 준비하고 만드는 과정은 두 개의 공장에서 별개로 진행되었다. 노동 자들은 모피 가공인 또는 털 제거공, 그리고 모자 제작자로 나뉘었다. 그러나 두 직군 모두 여전히 다양한 수준의 수은 중독으로 고통받았다. 직업 보건 문제에 대해 정부가 보다 체계적으로 감독하게 된 시기였음에도 불구하고, 그러한 조치가 반드시 공중위생을 향상시킨 것은 아니었다.

1895년에 시행된 영국의 공장법Factory and Workshop Act에는 위험 산업 종사자들에게 위험을 초래할 수 있는 네 가지 산업 질병을 고지 해야 한다는 내용이 포함되어 있다. 납 중독, 비소 중독, 인 중독, 그리고 탄저병이었다. 1898년 여성 감독관 대표인 애들레이드 앤더슨 Adelaide Anderson은 대부분이 여성이었던 런던의 털 제거공들이 수은 중독에 시달리고 있다고 발표하면서, 남성 감독관 대표였던 T. M. 레제T. M. Legge에게 이 이상한 현상에 대한 조사 결과를 요구하였다. 수은 중독은 이제 과거의 유산이라고 간주되던 시기였기 때문이었다. 그러자 레제는 그다음 해에 수은을 위험 유발 물질 목록에 추가하는 조치를 취했다. 병세가 심하여 일을 그만두어야 했던 일부 노동자들이 통계에 포함되어 그리했다는 단서를 달았지만 말이다.

1880년대에는 보울러 햇과 같이 다림질과 압축 등의 과정이 덜 필 요한, 보다 빳빳한 스타일의 모자가 유행하였다. 그러자 미국 코네티 컷에서는 수은 중독의 규모가 줄어들었다. 하지만 1902년 찰스 포터 Charles Porter라는 이름의 의사가 쓴 보고서에 의하면, 영국에서는 여전 히 관련 사망률이 높았다. 의료계 종사자가 아니라면 냉혈한처럼 보일 수도 있는 과학적인 데이터를 첨부하여, 포터는 처참한 세부 증상을 다음과 같이 기록했다. "수은에 노출된 노동자의 치아는 검게 변하면서 잇몸이 무너지며 빠지는데 특정한 순서가 있었다. 처음에는 위와 아래 어금니, 다음에는 위 송곳니와 앞니, 그리고 기타 나머지 순으로 빠졌다."

포터가 모자 제작자의 3분의 2 이상에서 나타난 치아 손실 증상을 서술하기 위해 오싹한 통계 자료를 활용했다면, 같은 시기에 제작된 수은구내염Stomatitis Mercurialis 밀랍 모형은 보다 혐오스럽고 생생하다 (그림 15). 수은 증기는 점막, 잇몸, 뺨과 혀를 손상시켰고, 환자들은 입안이 너무 많이 부은 나머지 입을 다물 수도 없는 지경이었다.

영국 맨체스터의 의사 프랭크 타일코트Frank Tylecote는 1920년대에 최초로 흡연과 폐암의 관계를 발견한 의사 중 하나로, 노동자의 어려움을 진지하게 받아들였다. 그는 수은에 중독된 남성에게서 금속성 악취가 났다고 기록하였다. 또한 1912년에 모자 제작자의 산업중독 Industrial Poisoning에 관해 작성한 보고서에서는 모자 제작 공정의 각 단계에서 나타나는 다양한 건강상의 위험 요소를 기록했으며, 수은 중독에 의한 떨림 증상으로 인하여 노동자들이 단추 잠그기, 부츠의 끈을 묶거나 풀기 등 일상에서 필요한 정교한 동작을 스스로 할 수 없게 되었다고 적었다.

모자 공장에서 유독 성분이 함유된 모피를 기계를 이용해 다듬는 일을 하던 블로워blower와 사포로 모자에 광택을 내던 피니셔finisher는 상당량의 먼지를 흡입할 수밖에 없었고, 호흡기 질환으로 사망하는 경우가 빈번했다. 블로워의 호흡기에 문제가 생기는 것은 당연한 일이었다. 모피는 기계로 몇 번이나 털어내야 했으며, 한 공중 보건 감독관

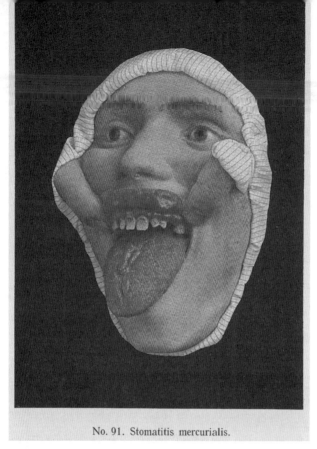

No. 91. Stomatitis mercurialis.

그림15 치아, 입술 및 혀에 나타난 수은 중독의 영향을 나타난 밀랍 모형을 묘사한 삽화, 약 1910년경, 제롬 킹스버리Jerome Kingsbury, 《더모크롬 포트폴리오Portfolio of Dermochromes》, 2권 (뉴욕: 렙먼Rebman, 1913년). 거스틴 과학정보센터Gerstein Science Information Centre, 토론토 대학교.

은 모피를 터는 작업을 하는 공간에서 "마치 엄청난 눈 폭풍이 부는 것처럼 자욱하게 모피 털이 날리는 형상을 목격했으며, 어떤 공장의 창문에는 증기와 모피 털이 뭉쳐 두꺼운 펠트가 형성되어 있었다"라고 묘사했다. 1757년 테농이 관련 연구를 한 뒤 150년이 지난 1913년에도 모자 제작자가 여전히 캐로팅 용액 100킬로그램당 20킬로그램의 수은을 사용하고 있었다는 사실은 절망적이기까지 하다.

광기의 종말?

프로이트의 정신분석학 이후, 의사들은 수은 중독이 야기한 신체뿐 아니라 정신적 장애에 관해서도 기록하기 시작했다. 오늘날 신경증neurosis 및 사회공포증Social phobia이라고 부르는 것들이다. 수은 중독은 신경과민erethism을 유발하였다.

영국 산업 의학 연구부Department for Research in Industrial Medicine에 속한 의사들은 처음에는 수은으로 인한 떨림과 같은 육체적 증상에 주목했지만, 1946년에 이르러 신경과민이 야기하는 감정적 영향에 대해서도 설명할 수 있게 되었다. "이 증상이 있는 남성은 쉽게 화를 내고 당황해하며, 인생의 모든 즐거움을 느끼지 못하고 직장에서 해고될 것이라는 지속적인 공포 속에 살고 있다. 그는 소심하고 방문객 앞에서 자제력을 잃기도 한다. 따라서 만약 이때 누군가가 공장에서 그를 지켜보지 않으면 때로는 도구를 바닥에 던지며 불청객에게 화를 내면서 더 이상 감시당하면서 일을 할 수 없다고 외칠 것이다."

20세기 초반 모자 제작자의 신체는 마치 그들이 만들던 모자처럼 점점 더 정교하게 과학적 분석의 대상이 되었다. 1912년에 행해진 모자의 화학적 분석에 따르면 놀랍게도 수은 함유량이 전체 모자 무게의 800분의 1 가량인 것으로 밝혀졌다. 한편 1920년대와 1930년대의 공중 보건국은 모자 제작 과정에서 어느 정도의 수은이 증발되는지도 연구했다. 염려한 대로, 모피와 먼지의 수은 함유량은 문제의 소지가 충분했다. 여기에 일부 작업장은 다른 곳보다 안전하다는 사실이 문제를 복잡하게 만들었다.

1937년 앙드레 비니예츠키André Viniezki라는 의사가 프랑스의 모자 산업 중심지였던 플레셰Fléchet의 공장주에게 쓴 편지에 따르면, 떨림을 동반하며 수은 중독 증상을 보이는 29세 여성 더비즈Durbize를 두 번 치료한 사실이 나온다. 처음에 그녀는 증상으로 인하여 두 달간 일을 쉬어야 했는데 복직한 이후 병이 재발해 다시 회복하기까지 넉 달을 더 쉬어야 했다. 의사 비니예츠키는 편지를 통해 플레셰 공장주에게 그녀를 고용해 달라고 간청하였는데, 그 이유는 공장의 잘 정비된 시설이 공장 노동자를 보호할 것이기 때문이라고 되어 있다.

1940년대 중반의 한 대중 과학지의 기사에는 더 이상 '미친 모자 장수'는 없을 것이라는 낙관적인 선언이 등장하였다. 이 발표는 정부가 모든 주에 수은의 사용을 금지할 것을 강력히 권고하는 선언을 한 직후에 나온 것이다. 1940년 미국 공중 보건 보고서에서 코네티컷에 있는 다섯 개의 공장에서 일하는 펠트 모자 제작자의 11퍼센트가 만성 수은 중독에 시달리고 있다는 사실을 발견한 이후 행해진 조치였다. 그러나 이 권고는 법적인 효력이 없었고 주의를 기울이는 이도 적었다. 그렇기에 영국에서는 공식적으로는 수은 사용이 금지된 적이 없었으며 비교적 최근인 1966년까지도 모자 산업에서 수은을 사용했다는 기록이 남아 있다. 실제로 수은이 완전히 사라진 것은 1960년대 유스퀘이크Youthquake, 일명 젊은이들의 반란이라고 불리는 트렌드가 시작되면서 점잖은 슈트 및 그와 짝을 이루던 모피 펠트 모자가 유행에 뒤떨어진 스타일이 된 이후의 일이다.

이쯤에서 독자들은 모자를 착용한 사람들이 겪은 위험에 대해서는 이야기하지 않았다는 사실을 눈치 챘을 것이다. 모자 제작자가 겪은 고통스러운 이야기는 모자에 함유된 수은이 소비자에게도 전가될 수 있지 않았겠냐는 의문을 야기한다. 의사들도 이에 대해 의구심을

그림16 정장 모자의 안감, 약 1910년경. 런던 옥스퍼드 가 105, 107, 109번지의 헨리 히스Henry Heath Ltd. 사에서 제작된 모자. 토론토 템퍼런스 가와 영 가Temperance and Yonge Street의 W&D 다이닌W&D Dineen Co. Ltd. 사를 위해 특별히 생산. 케이티 클리버Katy Cleaver 기증. 라이어슨 대학교, FRC2014.07.091A (사진: 잉그리드 마이다Ingrid Mida).

가지게 되었다. 그러나 그들은 모자를 직접적인 건강상의 위험 요소로 지목하기를 꺼렸다. 공장의 책임 조사관은 1912년의 보고서에서 다음과 같이 불확실한 조건부 경고를 기록하였다. "펠트 모자 착용자의 수은 중독 가능성을 도외시할 수만은 없는 것으로 보인다."

나는 모자를 쓴 사람들이 수은으로 피해를 입었다는 증거는 찾지 못하였다. 모자의 디자인이 이 문제를 완화했을 수도 있는데, 모자 외부는 방수 효과와 더불어 단단한 외형을 유지하기 위해 셸락shellack(랙lac을 정제하여 얇게 굳힌 니스 등의 원료 - 역주) 처리를 한 경우가 많았다. 물론 모자를 빗질하고 광택을 유지하기 위해 손질할 때는 약간의 수은 먼지가 발생했을 것이다. 모자의 안쪽 역시 화려한 실크 새틴 직물로 안감을 대었으며 가죽 소재 모자 밴드로 띠가 둘러져 있었다(그림 16). 모자 밴드 자체가 알레르기 반응을 일으킬 수도 있었다.

1875년 〈영국 의학 저널British Medical Journal〉은 '모자로 인한 중독'이 다는 기사를 발행했는데, 제요 폴란드인 구두공이 모자를 썼다가 극심한 피부 트러블이 발생해 이마에 고름이 찬 염증이 생기고 얼굴이 부었으며 눈을 뜰 수가 없었다는 내용이었다. 이 모자를 받은 공공 분석가는 안감에 독성이 있는 염색제가 사용된 사실을 발견했다.

당시 모자를 실제 착용한 남성들은 대부분 모자가 덥고 답답하다는 불만을 표시하는 정도였다. 1829년 알렉상드르 프레시Alexandre Précy가 쓴 의학 논문에는 모자가 머리에 가해지는 충격이나 낙하물로부터 착용자를 보호해 주지만, 동시에 탈모, 두피 감염 및 과열 등을 유발한다는 주장이 실려 있다. 모자는 혈액 순환을 막아 체질을 약하게 만들고 두통을 유발하며, 심지어 지적 기능의 자유로운 움직임을 지연시킨다고까지 적었다.

남성들에게 새로운 물건을 팔기 위해 혁신적인 기술에 목말라 있던 모자 생산자들은 이러한 불만에 화답했다. 팔레 갈리에라Palais Galliera 컬렉션의 몇몇 모자는 모자 위와 옆쪽에 숨겨진 공기구멍을 내었고, 이마에 주름진 종이로 만든 땀 밴드를 붙여 수시로 교체할 수 있게 한 디자인도 출시하였다.

수은이 그 위험성에도 불구하고 200년이 넘는 기간 동안 지속적으로 모자 산업에 사용된 이유는 남성 소비자에게는 위협으로 여겨지지 않았기 때문이다. 비록 해당 산업에 종사하던 남성 노동자의 상당수는 수은으로 인하여 천천히 죽음에 이르렀지만 말이다. 수은의 사용은 사회적 성별과 계급에 따른 차별의 결과였다. 중상류 계층의 남성은 패션의 유혹과 위험에 영향을 받지 않는 집단으로 여겨졌으며, 패션은 이러한 이들을 희생양으로 삼지 않는다고 간주되었다. 결과적으로 수은의 위험성에 대한 논쟁은 의학계라는 한정된 영역에서만 이루어졌다.

루이스 캐럴의 미친 모자 장수와 같은 예외적인 경우도 있지만, 독성을 품은 모자 산업에 대한 우려는 사회 전반으로 퍼지지 못했다. 대중이 중심이 된 보건 개선 운동은 수은을 우려의 대상으로 보지 않았다. 수은은 정부가 규제하고 감찰하는 위험 산업의 영역이었기 때문이다. 모자 제작자를 대상으로 작성된 각 문헌은 수은의 위험성에 대한 사실을 널리 퍼뜨리지 못했고 노동자는 아무런 정보도 얻지 못했다. 모자 제작자들은 그들이 종사하는 산업에 의해 치아가 빠지고, 해를 입고, 말을 더듬으며, 짜증을 잘 내고 몸을 떨게 되었다. 그리고 그들은 사회에서 무시당하거나, 루이스 캐럴의 문학 작품 속 인물처럼 특이하지만 별다른 해를 끼치지는 않는 바보로 웃어넘기는 존재가 되었다.

우리는 모자 제작자를 괴롭힌 정신적 외상과 신체장애 및 조기 사망의 원인이 되는 유독성 금속에 대해 살펴보았다. 그리고 매혹적인 윤기가 흐르는 모자를 만들기 위해 어떤 환경 파괴가 이루어졌을지도 감지하였다. 언제나 지속적으로 형태를 바꾸면서 우리를 유혹하는 패션의 속성을 감안할 때, 변형과 가공이 쉬운 소재인 모피 펠트는 패셔너블한 머리 장식을 위한 완벽한 재료였다. 그러나 빅토리아 앤드 앨버트 미술관에 위험 방지 목적으로 붙어 있는 해골과 십자 뼈 표시는 이 물건의 원작자들이 수 세기 전에 사용한 독극물이 여전히 남아 있다는 사실을 상기시켜 준다. 모자에 적용된, 짧게 유행했던 패셔너블한 스타일과 실루엣은 독성을 알면서도 사용한 유독 화학 물질의 너무나 긴 수명과 확연한 대조를 이룬다.

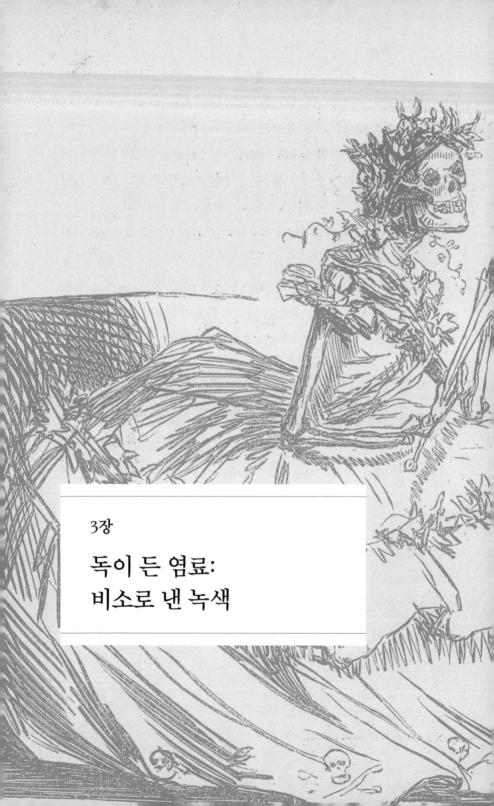

독이 든 염료:
비소로 낸 녹색

독이 든 염료:
비소로 낸 녹색

1861년 11월 20일, 19세의 조화 생산자 마틸다 슈어러Matilda Scheurer가 돌연 중독으로 사망했다. 본래 건강하고 준수한 외모를 지닌 평범한 젊은 여성이었던 그녀는 런던 중심부에 있는 사업가 버저론Bergeron의 공장에서 백여 명의 다른 직원과 함께 일했다. 그녀가 하던 일은 매혹적인 녹색 가루를 잎에 묻혀 인조 잎사귀를 부풀리는 것이었는데, 자연스럽게 녹색 가루를 흡입하거나 끼니때마다 손에 묻은 가루를 먹곤 했을 것이다. 녹색 염료가 내는 아름다운 빛깔은 옷을 염색하는 데도 사용되었고, 보스턴 순수 미술 박물관Boston Museum of Fine Art에 전시된 프랑스산 리스 같은 머리 장식품을 만드는 데도 사용되었다.

매혹적인 녹색 염료는 그러나 구리에 맹독성의 삼산화비소arsenic trioxide를 섞어서 만든 것이다(그림 1). 당시 언론은 그녀의 죽음에 대

그림1 비소가 들어 있을 가능성이 있는 거즈로 만든 리스는 과일과 꽃이 달려 있다. 프랑스 제품, 1850년대. 사진 ⓒ2015, 보스턴 순수미술 박물관.

해 소름 끼칠 정도로 세부적으로 묘사했는데, 이에 따르면 슈어러는 사망 직전 끔찍한 증상을 보였다. 그녀는 녹색 물을 토했으며, 눈의 흰자가 녹색이 되었다. 또한 의사에게 "모든 것이 녹색으로 보인다"라고 말했다고 한다. 임종이 다가오자 죽을 때까지 몇 분에 한 번씩 경련을 일으켰고, 심각한 불안감을 표현했다. 입과 코, 눈에서는 거품을 쏟아냈다. 부검 결과, 그녀의 손톱은 진한 녹색으로 변색되어 있었고 비소 성분이 내장, 간, 폐까지 침투해 있었다. 〈펀치〉지는 그로부터 2주 후 '예쁘장하고 독이 든 리스'라는 제목으로 풍자적인 기사를 내어 다음과 같이 언급했다. "18개월 전부터 그녀는 같은 원인으로 네 번이나 ▓▓▓▓ ▓▓ 희생이라며, 죽음을 마치 잘못된 배치로 인하여 만생한 열차 충돌 사고와도 같은 것이다." 의학 지식이 없는 대중에게도 슈어러의 죽음은 예측 가능하고 충분히 막을 수 있던 사고로 다가왔고, 패셔너블한 장신구에 대한 부유층 여인의 욕망이 그녀의 삶을 잔인하게 희생한 것으로 여겨졌다.

귀족들이 회원으로 가입된 숙녀 위생 협회Ladies' Sanitary Association를 포함한 몇몇 자선 단체가 그녀의 죽음을 명분으로 활동하기 시작했다. 협회의 일원 중 한 사람인 니콜슨Nicholson은 조화를 만드는 작업장을 방문해 반쯤은 벌거벗고 반쯤은 굶주린 어린 소녀들이 손에 붕대를 감고 피부 질환을 앓으며 이파리를 순서대로 쫓아 부케를 만드는 과정을 목도하고 충격적인 체험담으로 발표했다. 니콜슨은 그중 한 소녀가 더 이상 일하지 않겠다고 완강히 거부하는 것을 봤다고도 기록했다. 소녀는 작업장에서 함께 일하던 동료가 피로 물든 손수건을 맨 것을 보았고 자신도 얼굴이 온통 염증으로 뒤덮일 때까지 녹색 염료를 가지고 일하다 시력을 거의 잃었다며 울부짖었다. 니콜슨은 독자들에게 어린 여성 노동자들이 비소의 독성에 대해 무지한 상태이며 그저 "지독한 감기를 유발할 뿐이라고 추측하고 있다는" 사실을 알렸다.

슈어러의 죽음 이후 숙녀 위생 협회는 국제적으로 명망이 높던 분석 화학자 A. W. 호프먼A. W. Hoffman에게 한 숙녀의 머리 장식에 달린 조화 잎을 검사해 줄 것을 의뢰했다. 호프먼은 검사 결과를 〈타임Times〉지에 투고하였고, '죽음의 춤Dance of Death'이라는 자극적인 제목이 달려 있었다. 그는 머리 장식 한 개에 평균적으로 20명의 사람을 중독시킬 수 있는 비소가 함유되어 있다는 결론을 내렸다. 또한 당시 유행하던 볼 드레스ball dress(댄스를 곁들이는 저녁 파티 때 입는 여성용 정장, 야회복 드레스. 볼 가운이라고도 한다 - 역주)에 사용된 녹색의 얇은 모슬린 천에서 천 무게의 절반에 해당하는 양의 비소를 발견하기도 하였다.

베를린의 한 의사는 이러한 드레스에서는 하루 저녁에 최소 60그레인의 비소 가루가 떨어진다고 밝히기도 했다. 그레인은 밀 낟알의 무게에 기반을 둔 단위로, 밀 낟알 한 개는 평균 64.8밀리그램에 해당한다. 비소 4에서 5그레인이라는 양은 성인 한 사람에게 치명상을 입힐 정도의 양이었다.

호프만의 선동적인 글이 발행되고 일주일 후, 〈영국 의학 저널〉은 녹색 옷을 입은 여성을 '죽이는killing(빅토리아 시대 은어로 매혹적이라는 뜻) 팜므파탈'이라고 부르는 기사에서 "이 옷을 입은 매혹적인 여인이 살인적인 존재로 불리는 것은 당연한 일이다. 그녀는 실제로 여섯 개의 파티장에서 만난 남성 모두를 죽일 수 있을 만큼의 독을 치마에 담고 다니는 것이다"라고 적었다. 여성운동가들은 화학자들에게 영국 대중들에게 경고해 줄 것을 요청하였다. 아이러니한 것은 살인자라고 손가락질을 받은 것도 녹색 옷을 차려입은 부유층 여성이고, 비소를 품은 드레스의 위험성을 고발하고 화학자들에게 도움을 청한 여성들 역시 특권층에 속했다는 점이다.

여기에서 알 수 있듯이, 색깔에 진정한 혁신을 일으킨 이들은 예술가 집안이 아니었다. 19세기에는 화학자가 화가의 역할을 대신했다. 화학 물질의 도움을 얻어 신교도를 위한 소박한 펠트 모자를 만들었듯이, 과학은 변덕스러운 소비자의 입맛을 맞추기 위해 형형색색의

여새야음 만들어내는 데 공헌하였다. 덕분에 남녀 모두는 옷 색깔을
사수 바꿀 수 있게 되었나.

색은 여성의 참여가 권장되는 유일한 과학 영역이었으며, 특히 옷
과 관계된 경우에 그러했다. 복식사학자 샬럿 니클라스Charlotte Nicklas
의 주장에 따르면, 프랑스의 유명한 염색 화학자 미셸 유진 슈브뢸
Michel-Euègne Chevreul이 주도한 색채 과학은 주로 중산층 여성을 겨냥
한 정기적인 패션 간행물에서 그 방향성을 찾을 수 있다. 화학은 본래
값비싼 수입품에 의존했던 동물성 및 광물성 염료를 모든 이들이 구
할 수 있도록 민주화하였으며, 덕분에 모든 무지개 색깔을 마구 섞어
서 옷을 입는 여성을 뜻하는 빅토리아 시대의 은어인 토티-올 컬러즈
Totty-all colours가 생겨나게 했다.

그러나 다른 소비재와 마찬가지로, 값비싼 재료의 민주화는 건강
을 담보로 한 것이었으며, 마틸다 슈어러를 죽음에 이르게 한 녹색 염
료는 그중에서도 가장 독성이 강한 것이었다. 19세기의 유독한 색깔
들에 대한 의학적, 화학적 자료를 찾아본 후, 나는 놀랍게도 복식사학
자들이 독성 염료에 대한 것을 거의 다루지 않았다는 사실을 발견했
다. 의복과 장신구를 물들이는 데 사용한 물질은 공기와 물, 토양을
오염시키며 자국을 남겼고, 노동자와 소비자를 병들게 하였다. 이제
이들의 이야기가 남긴 밑그림에 색깔을 입힐 차례이다. 이는 화학과
패션 산업이 공백으로 남겨둔 역사이기도 하다.

19세기에는 비소와 그로 인한 비소공포증이 어디에나 존재했다.
제임스 호르톤James Whorton의 저서 《비소의 시대: 빅토리아 시대 영
국은 어떻게 집, 직장 및 여가에서 중독되었나The Arsenic Century: How
Victorian Britain was Poisoned at Home, Work and Play》는 이 물질이 얼마나

흔했는지 훌륭하게 묘사했다. 비소를 만드는 삼산화비소 혹은 아비산 arsenious acid은 구리, 코발트, 주석을 채취하고 제련하는 과정에서 얻을 수 있는 흰색 가루 형태의 부산물로 염료나 쥐약 등에 사용된 저렴한 물질이었다. 의사들은 비소를 치료 목적으로 사용하였지만 살인자들은 사람을 죽이는 데 사용했고, 심지어는 맥주 같은 식품에 들어갈 정도로 흔했다. 어린이도 약국에서 비소를 살 수 있을 정도였다. 이 독극물은 다양한 형태를 띨 수 있었기에 독극물 중 가장 변화무쌍한 물질이라고도 불렸다. 영국에서는 1851년에 독극물 취급 법안, 1868년에 비소법 등을 통과시키며 개인에게 판매할 수 있는 양을 제한하였지만, 산업용으로 대량 사용되는 것은 온전히 합법이었고 규제도 없었다. 그런 상황에서 매년 수백 톤에 달하는 비소가 각종 소비재 생산에 사용되었다.

프랑스에서는 나폴레옹 3세 등 상류층에게 조언을 하는 내과 의사 앙제 가브리엘 막심 베르누아Ange-Gabriel-Maxime Vernois가 자신만의 연구를 진행하고 있었다. 그는 고위직에 있었음에도 불구하고 산업재해에 강한 흥미를 갖고 있었다. 그 결과 1859년, 조화 생산 작업장을 조사하여 이 산업의 종사자가 치명적으로 병에 치달리고 있다는 사실을 발표하였다. 그는 조화 생산업의 사업장별 건강 장해 실태를 서술했으며, 다색 석판 인쇄 삽화를 통해 시각적인 묘사를 곁들어 유독한 녹색 가루가 조화 노동자의 손과 몸에 어떠한 해를 끼치고 있는지 보여주었다(그림 2와 3).

녹색 가루는 노동자의 손톱 밑에 끼여 그들은 지저분한 손으로 음식을 집어 먹을 때 함께 입 안으로 들어갔다. 또한 닳아빠진 신발의 구멍에서 튀어나온 발가락에 묻어 물집이 잡히게 했으며, 바닥에 떨

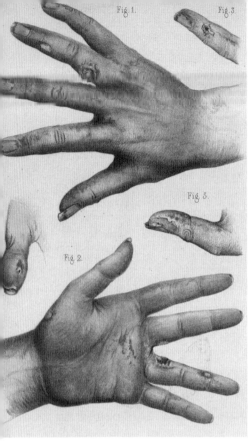

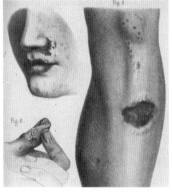

그림2 조화 생산에 사용된 비소의 영향이 나타난 노동자의 손을 보여주는 다색 석판 인쇄물, 막심 베르누아Maxime Vernois, 1859년에서 발췌. 웰컴 도서관, 런던.

그림3 조화 생산에 사용된 비소의 영향이 나타난 노동자의 얼굴, 손, 다리를 보여주는 다색 석판 인쇄물, 막심 베르누아Maxime Vernois, 1859년에서 발췌. 웰컴 도서관, 런던.

어져서 쥐를 죽게 만들었다. 베르누아는 조화 제작 공방에서 병든 고양이 한 마리를 제외하고 쥐나 해충을 하나도 발견하지 못한 극소수 작업장 중 하나라는 점을 언급했다. 밤이 되어 노동자가 집에 돌아가면 가루가 집 안으로 옮겨졌으며, 날품팔이 일꾼이 모여 사는 비좁은 아파트 전체에 퍼지기도 했다.

19세기에 비소는 피부를 따갑게 하는 물질 정도로 간주되었다. 이는 사실이었다. 정확히는 이 물질이 몸에 닿으면 피부 부식 승상을 일으키는 부식제 역할을 하여 상처나 딱지, 파괴된 피부 조직의 탈피를 일으키게 된다. 그로 인한 증상은 노란 손톱의 녹색 손 그림에 드러나듯 궤양화ulceration 흔적이 뚜렷이 나타나며, 콧구멍과 입술 주위의 피부가 빨갛게 되면서 박피된 모습도 보인다. 한 노동자의 다리에는 깊고 테두리가 하얗게 된 상처가 마치 피부 표면에 분화구가 생긴 것처럼 나기도 하였다. 피부를 긁어서 상처가 생기면 더 많은 독소가 몸으로 들어오게 된다.

베르누아는 많은 직물공이 위험에 노출되어 있음을 지적하였다. 이들은 보다 자연스러운 녹색을 내기 위해 피부에 자극을 주는 또 다른 화학 물질, 피크르산으로 노랗게 염색한 천에 맨살을 드러낸 팔뚝으로 에메랄드그린 색의 반죽을 칠해 못이 박힌 나무들에 널어 천을 말렸다. 이때 사용한 못에 의해 손과 팔에 상처라도 나면 독극물이 곧바로 혈류로 들어가게 되는 것이나 마찬가지였다. 베르누아는 이를 '비소 주입'이라고 불렀다. 이들은 소변을 볼 때조차 위험에 마주해야 했다. 손에 묻은 비소가 음낭과 허벅지 안쪽에 묻어 매독과 비슷할 정도의 고통스러운 염증과 병변을 일으켰기 때문이었다. 상처는 때로 괴저병(비브리오 패혈증)으로 발전하기도 했는데, 완치하려면 최소 6주 이상 입원해야 했다. 남성 직물공이 이렇게 마련한 천을 가지고 어린 소녀와 젊은 여성은 잎과 꽃다발을 만들었다. 이 여성 노동자 역시 식욕부진에 시달리며 구역질, 복통과 설사, 빈혈, 관자놀이를 쥠틀로 조이는 것 같은 지속적인 두통을 달고 살아야 했다.

프랑스와 독일 정부에서도 곧 이 염료의 사용을 금지하는 법을 통

그림4 에메랄드그린 색 장갑, 약 1830년대~1870년대경. 플랫 홀Platt Hall, 의상 미술관Gallery of Costume, 맨체스터.

과시켰다. 반면 영국 정부는 아무런 조치도 취하지 않았다. 슈어러가 죽기 꼭 1년 전인 1860년, 영국의 의사 아서 힐 하살Arthur Hill Hassall이 런던의 조화 생산 노동자의 상태에 대해 극단적으로 비참하다고 서술한 바가 있는데도 말이다.

비소로 염색한 물건은 정도에는 차이가 있었지만 결국 이를 착용한 소비자에게도 해를 입혔다. 1871년에 시내의 유명 잡화점에서 녹색 장갑 한 켤레를 구입한 숙녀가 손톱 주위에 반복되는 피부 염증을 겪었는데, 장갑에서 비소 화합염arsenical salt이 검출되었다. 그녀가 꼈던 장갑은 아마도 맨체스터 의상 미술관의 소장품 장갑처럼 생겼을 것이다(그림 4).

이 사건은 어찌 보면 당연한 결과였다. 당시 장갑 산업의 공정 설명서에서는 일부 염색약 종류에 대해 장갑 위에 액체 용제를 단순히 바르는 방식으로 염색을 하고, 색을 유지하기 위해 더 이상의 처리 과정은 생략하는 경우가 많았던 것이다. 더욱이 장갑을 낀 손은 따뜻해서 이내 땀이 났을 것이고, 숙녀의 손에 독성 물질이 번지는 것은 일도 아니었을 것이다. 한편 누적되는 경고에도 불구하고, 보수적인 파리의 오트 쿠튀르haute couture(고급 맞춤복) 업계는 앞으로도 계속 독성 물질에 관하여 혼란스러운 시간을 보내야만 했다.

샤넬에는 녹색이 없다

> "재봉사는 녹색을 싫어합니다. 하지만 저는 그저 그 색이 예쁘지 않다고 생각할 뿐이에요. 미신 때문만은 아니에요. 저는 미신은 안 믿거든요."
> — 마담 도미니크Madame Dominique, 샤넬 하우스 드레이핑Draping 스튜디오의 수석 테크니션, 〈시네 샤넬Signé Chanel〉, 2005년

2005년에 개봉한 다큐멘터리 〈시네 샤넬〉에는 샤넬의 오트 쿠튀르 하우스에서 가장 영향력 있는 여성이 "재봉사는 녹색을 싫어합니다"라고 말하는 장면이 나온다. 녹색을 배제하는 태도는 일종의 미신으로 불운에 대한 공포라고 생각되어 왔다.

디자이너 코코 샤넬은 특유의 모더니스트적인 흑백의 컬러 팔레트로 유명한데, 그런 그녀가 자신이 디자인한 드레스에 녹색과 같은 자연의 색을 쓴다는 것은 상상하기 어려운 일이다. 그녀의 뒤를 이은 디자이너 카를 라거펠트Karl Lagerfeld 역시 엄격할 정도로 흑백 톤의 옷을 고집했으며 색채의 사용은 기피하였다. 그런데 그런 코코 샤넬이 자신의 컬렉션에서 특정 색조의 사용을 피한 것은 어쩌면 순수하게 미학적인 선택에 따른 것만은 아니었을 수 있다. 슈어러의 죽음에서 드러나듯, 녹색을 둘러싼 공포와 미신은 19세기의 의학계가 입증한 엄연한 현실이었기 때문이다.

가브리엘 '코코' 샤넬Gabrielle 'Coco' Chanel은 1883년 노동자 계급의 가정에서 태어났으며 12살에 고아가 되었다. 고아원의 수녀들이 그녀에게 바느질을 가르쳐주었고, 20대 초반에는 패션 부티크boutique에서

일하게 되었다. 그녀는 곧 당시 연인이 소유한 파리의 아파트 1층에 자신의 모자 가게를 차렸는데, 루시엔 라바테Lucienne Rabaté라는 전문 봉제사로부터 의류 산업에 필요한 기술적 요소들을 배웠으며 '모자 제작의 여왕'이라고 불렸던 카롤린 르부Caroline Reboux와 함께 기량을 갈고닦았다.

　그녀가 비소에서 유래한 녹색에 대해 고아원의 수녀나 부티크의 고용주, 같이 일했던 모자 제작자에게서 배웠는지의 여부는 확실하지 않지만, 그녀의 바로 윗세대는 비소의 의학적 문제점을 직접 경험했거나 이를 기억하는 이로부터 가르침을 받은 기억을 갖고 있다. 1877년에 프랑스의 예술가 에바 곤잘레스Eva Gonzalès가 모자 제작자를 그린 파스텔화를 보면, 그림 속의 젊은 여성이 모자를 장식하기 위해 신중하게 조화를 배열하며 눈부신 녹색과 붉은색 장미로 부케를 만드는 장면이 묘사되어 있다(그림 5).

그 시기의 프랑스에서는 조화를 만들 때 비소 염료를 사용하는 것을 금지했지만, 수많은 소비재를 염색할 때 계속 비소가 사용되었고 패션용품을 포장하는 데도 널리 쓰였다. 소매업자들은 곤잘레스가 그린 모자 제작자의 무릎에 놓여 있는 것과 같이 녹색이나 녹색으로 가장자리를 두른 밴드 상자를 액세서리 판매와 이동, 보관을 위해 사용했다. 바타 신발 박물관에 전시된 이 시기의 녹색 종이 신발 상자를 검사한 결과 상당량의 비소가 검출되었고, 1880년 스코틀랜드의 한 화학자는 이러한 종류의 상자에서 극도로 많은 양의 비소를 찾아냈다고 밝혔다. 비소를 함유한 물건에 대한 실증적 증거가 넘치는데도 패션의 역사를 다룬 다큐멘터리에서 이를 모호한 미신 정도로 치부한 것은 안타깝기 그지없다.

유난히도 생생한 녹색

옥스퍼드 출판부에서 펴낸《기술의 역사History of Technology》를 쓴 에릭 존 홈야드Eric John Holmyard는 19세기 전반에는 염색 가능한 색상에 눈에 띄게 추가된 색이 없었다고 주장하였다. 이는 옳은 이야기다. 왜냐하면 비소로 내는 녹색은 기술적으로 안료pigment에 속하는데, 안료는 물에 녹지 않는 반면 염색은 물 같은 수용성 용제를 사용해야만 되기 때문이다. 그러나 이 시기의 물건과 이미지를 훑어보면 눈부신 색채 기술의 혁신이 여실히 드러난다. 당시의 패셔너블한 옷과 각종 소비재, 인테리어는 화학적으로 생산된, 완전히 새로운 녹색으로 아름답게 칠해져 있다.

1780년대 이전의 녹색은 복합적인 색으로, 파란색과 노란색 염색
을 섞어서 생산했다. 예를 들어 푸른빛이 나는 대청woad 염료 통에 천
을 담근 뒤 다시 노란색 염료 통에 담그거나 그 반대 순서로 염색해 만
드는 식이었다. 간신히 녹색을 만들었다 하더라도, 당시의 천연 염료
중 노란색은 빛에 쉽게 바랬기 때문에 색이 금방 변했다. 천연 염료는
다루기도 상당히 어려웠다. 한편 구리에서 나온 녹청verdet이 있었지
만, 광물성 도료였기에 부식하거나 독성이 강한 문제가 있어 17세기
까지는 극장 장식 등 특별한 용도로만 사용했다.

그러니 밝고 맑은 색을 내는 이 새로운 녹색은 보는 이의 눈을 얼
마나 즐겁게 해주었을까. 햇빛과 인공조명 아래서도 기적처럼 화려한
광채를 뿜내는 녹색의 화학 물질은 가격이 저렴했고 사용법도 비교적
쉬워 발명된 후 80년 이상 사람들의 사랑을 받았다. 뒤늦게 알려진 독
성으로 인해 거부하게 되기 전까지 말이다.

아비산동Copper arsenite은 유명 화학자 카를 빌헬름 셸레Carl Wilhelm
Scheele의 발명품이다. 그는 불과 43세의 나이로 그가 작업하던 중금속
중독 등을 이유로 사망하였다. 1778년, 셸레는 칼륨과 아비산을 담반
copper vitriol 용액에 섞어 만든 녹색 안료를 소개하는 논문을 썼다. 이
아름다운 색은 셸레스 그린Scheele's Green이라는 이름으로 불렸다.

1814년에는 약간 다른 화학적 조합을 이용하여, 보다 짙은 에메랄
드그린 혹은 슈바인푸르트Schweinfurt 그린 색상이 등장하였다. 슈바
인푸르트는 이 색이 처음으로 대량 생산된 곳의 이름이다. 이 색은 영
국과 미국에서는 파리 그린Paris Green이라고 불린 데 반해, 프랑스에
서는 영국의 녹색이라는 뜻의 베르 앙글레Vert anglais라고 불렸다. 헷
갈리게도 빈, 뮌헨, 라이프치히, 뷔르츠부르크, 바젤, 카셀, 스웨덴, 그

리고 패럿parrot 그린 등으로도 불렸다. 이 색은 독일과 스칸디나비아에서 특히 유행하였는데, 실내 장식과 여성의 드레스에도 널리 사용되었을 뿐 아니라 사탕에 색을 입히는 용도나 식품 포장지, 양초 및 어린이용 장난감에도 사용되었다. 시선을 사로잡는 치명적인 색을 소비자들은 거부할 수 없었던 것이다.

싱그러운 녹색, 설령 그것이 화학적으로 합성된 것에 불과하여도 이 색에 대한 욕망은 보다 넓은 의미에서 낭만적인 자연 숭배 의식의 일부로 합리화되었다. 산업화가 진행되던 시기에 근대화된 도시에는 회색과 갈색, 검은색만이 맴돌았는데, 이에 반해 녹색은 신선한 대조가 아닐 수 없었다. 결국 녹색은 여성성과 자연의 19세기식 조합이었던 것이다.

여성은 종종 꽃에 빗대어 성적으로 표현된다. 젊은 여성의 발그레한 볼은 피어났다bloom고 찬미되는데, 이는 그녀의 성적인 원숙함에 대한 시각적 표현이었다. 18세기에는 남성과 여성 모두 꽃무늬 옷을 즐겨, 브로케이드brocade(금사나 은사를 사용해 무늬를 넣어 두껍게 짠 화려한 실크 직물) 소재로 지은 겉옷이 많았던 데 반해, 19세기가 되면 남성용 외출복에서는 꽃무늬가 거의 사라지고 여성복에만 남게 되었다. 여성은 여전히 꽃을 갈구하였고, 생화를 구할 수 없는 처지라면 조화라도 더하려고 한 풍조가 나타났다.

녹색 물감은 화학 안료가 최초로 사용된 물건 중 하나였다. 가장 유명한 예술가들이 캔버스에 칠했기 시작했고, 이윽고 중산층 가정에 걸린 값싼 패션 삽화에도 사용되었다. 화가 윌리엄 터너William Turner는 1800년대 초반에 셸레의 오리지널 제형을 사용했으며, 화구 회사 윈저 앤드 뉴튼Wondsor & Newton 사에서는 보다 선명한 에메랄드그린

그림6 비소로 낸 녹색이 사용된 패션 삽화, 1840년. 〈런던과 파리 매거진London and Paris Maga zine〉, 저자 소장품.

색을 구현한 유화 물감을 1832년부터 시장에 내놓았다.

세균학자 앤드루 메하그Andrew Meharg는 프랑스에서 1848년에 발행된 잡지 〈라 모드La Mode〉의 패션 삽화에 사용된 물감을 X선 형광 분석기로 분석하였다. 내가 검사한 다른 많은 삽화처럼, 여기서도 비소가 검출되었다. 1840년 7월에 발행된 〈런던과 파리 숙녀의 패션 매거진The London and Paris Ladies' Magazine of Fashion〉에 수록된 손으로 채색한 판화에는 무척 아름답지만 독성을 지닌 밝은 녹색의 이브닝드레스가 나온다(3번, 아래 그림 중 왼쪽에서 세 번째)(그림 6). 기록된 바는 없지만 이 삽화를 칠한 여성과 어린 노동자들은 비소 중독에 시달렸을 가능성이 높다. 특히 붓끝을 뾰족하게 만들기 위해 붓을 핥았던 많은 화가와 1840년대 녹색 물감 덩어리를 삼켰던 어린이의 중독 사례가 보고된 바 있다.

그림7 게오르그 프리드리히 커스팅Georg Friedrich Kersting, 〈수를 놓는 여인A Woman Embroidering〉, 1811년. 바이마르 고전주의 재단 Klassik Stiftung Weimar, 안나 아말리아 대공비Herzogin Anna Amalia 도서관.

게오르그 커스팅Georg Kersting의 1811년 회화 작품 〈수를 놓는 여인A Woman Embroide-ring〉은 셀레스 그린에 대한 찬가와도 같다(그림 7). 녹색으로 빛나는 벽과 녹색 천이 씌워진 의자, 그리고 여성의 드레스는 물론 수를 놓는 데 사용된 실크 실 역시 녹색이다. 모델이 된 루이스 시들러Louise Seidler는 예술가와 지식인으로 구성된 엘리트 사교계에서 사랑받았던 화가였는데, 이 모임에는 괴테와 헤겔 같은 당대의 철학자도 포함되어 있었다.

그림이 그려질 당시는 이미 녹색이 거의 30년간 유행했던 시기였다. 녹색은 발명과 동시에 크게 유행하였고 놀랍도록 오래 지속되었

PROMENADE DRESS.

그림8 짧은 재킷과 양산, 지갑과 신발을 모두 녹색으로 맞춰 입은 패션 삽화, 〈아커만의 예술, 문학, 상업, 제조업, 패션 및 정치의 보고Ackermann's Repository of Arts, Literature, Commerce, Manufacturers, Fashion and Politics〉, 6권(1811년 7월). 플랫 홀, 의상 미술관, 맨체스터.

다. 커스팅의 회화 작품과 같은 해에 발행된 염수 계년 〈이기민의 보고Ackermann's Repository〉에 수록된 한 패션 삽화는 산책용 옷차림을 그린 것으로, 삽화 속 모델은 모슬린 소재로 지은 단순한 형태의 흰색 드레스에 시-그린sea-green 색으로 빛나는 실크 재킷을 입고 있다. 재킷은 은색 단추와 더불어 군복에 다는 장식 단추인 배럴barrel로 장식되어 있고, 중국풍 양산과 금빛으로 장식된 지갑을 들었으며 앙증맞은 녹색의 하프 부츠까지 맞춰 신었다(그림 8). 여성은 머리부터 발끝까지 녹색으로 차려입었다. 숄, 부채, 장갑, 리본 및 보닛은 모두 녹색으로 물들었다.

훨씬 더 밝은 녹색인 에메랄드색을 내는 아세토아비산염은 1820년대 들어 상업적으로 이용 가능해졌는데, 이 또한 출시 즉시 유행하였다. 토론토의 바타 신발 박물관에 있는 신발들은 여성이 정장용으로 대부분 검은색과 흰색 슬리퍼를 신던 시기에 녹색이 얼마나 유행했는지를 증명해 준다(그림 9). 사진 속 신발들은 아비산동으로 낼 수 있는 녹색의 종류를 잘 표현한다. 부드러운 파스텔 톤에서부터 보석처럼 빛나는 에메랄드 색 슬리퍼는 새틴 소재 표면의 결이 빛을 반사하여 더욱 반짝거린다.

귀중한 역사적 의복을 검사하는 것은 어려운 일이지만, 런던 박물관과 로열 온타리오 박물관은 나를 위해 기꺼이 소장품 중 다수를 과학적 분석을 위해 내어 주었다. 그중 런던 박물관에 있는, 특히 차

그림9 비소로 녹색을 입힌 신발, 약 1820~1840년경. 토론토 바타 신발 박물관 소장품 (사진: 에밀리아 댈먼 하울리).

가운 푸른빛이 아련히 감도는 유난히 생생한 녹색을 띤 어린이용 드레스가 눈길을 사로잡았다. 보라색과 흰색 실을 사용해 손으로 수를 놓은 이 빳빳한 모슬린 소재 소녀용 드레스는 약 6세에서 8세용으로 1840년경에 제작되었다(그림 10). X선 형광 분석기로 테스트해 본 결과, 이 작은 소녀는 자신도 모르는 사이에 비소가 든 드레스를 입었던 것으로 밝혀졌다. 물론 속옷을 드레스 안에 입었겠지만, 이 치명적인 염료를 완전히 막지는 못했을 것이다.

경험 많은 화학자이자 스트라스부르크 대학교의 교수였던 장 페르소Jean Persoz가 1846년에 쓴 논문을 보면, 1840년대 직물 산업은 실험 기구가 발전해 비소를 탐지할 수 있는 경지에 이르렀는데도 건강상의 위험을 고려하지 않았다는 사실을 알 수 있다. 그의 소책자에는 직물에서 구리와 비소를 찾아내는 일이 아주 쉬운 일이라고 명시적으로 적혀 있는데, 한편으로는 염색업자에게 염색 방법을 제안하고 있다.

비소로 색을 낸 녹색 벽지 역시 소비자를 위협하였다. 영국과 같이 습도가 높은 기후에서는 벽지를 구입한 이들이 자기도 모르는 사이에 벽지를 바르는 동안 치명적인 독성을 지닌 시안화수소 가스를

그림10 비소로 녹색을 낸 어린이용 드레스, 약 1838년~1843년경, 손으로 수를 놓아 장식한 세부. ⓒ런던 박물관.

마셨을 것이다. 여전히 과학적 조사가 이루어지고 있기는 하지만, 추측건대 옷에 묻은 비소 역시 자연적으로 휘발되는 과정을 통해 인체에 해를 끼쳤을 것이다.

　앤드루 메하그는 빅토리아 시대의 벽지에서 비소를 발견했는데, 그중에는 19세기 말부터 20세기 초반까지 한 시대를 풍미한 미술공예운동Arts and Crafts을 이끌던 디자이너 윌리엄 모리스William Morris가 1883년 이전에 제작한 것도 있다. 모리스가 디자인한 패턴 중 하나인 격자 구조의 트렐리스Trellis에는 붉은 장미와 녹색 잎사귀 무늬가 들어 있는데, 잎사귀에서는 비소 양성 반응이 나왔고 붉은 장미꽃에서 수은 함량이 높게 검출되었다. 비소가 함유된 벽지는 널리 사용되었음에도 불구하고 1830년대가 되어서야 건강에 문제를 일으킬 수 있다는 지적을 받았다. 제품과 인체가 모두 독성 진단을 받을 수 있게 된 다음의 일이었다.

독극물학자들은 1836년에 마시 실험법과 1841년에 라인슈Reinsch 반응법이 발명되기 전까지 비소의 존재 여부를 검출하기가 쉽지 않았다. 범죄 과학의 독극물학과 함께 법의학 같은 새로운 분야는 1800년대 초반 이후 주목받았다. 새로운 기술은 살인자를 찾아내고 판결을 내리는 데 도움을 주었으며, 때로는 위험한 제품을 유통시킨 제작자와 소매상을 기소하는 데 활용되었다.

1860년대에 들어 언론이 어린이용 장난감과 사탕 및 기타 소비재에 첨가되는 유독한 색에 대해 집요하게 고발한 끝에, 빅토리아 시대 사람들은 비로소 두려움을 느끼게 되었다. 일선의 의사들은 탐정이 되어, 질병의 원인으로 지목된 음식과 소비재 샘플을 정식 테스트하기 위해 전문 화학자에게 보냈다. 화학자들은 가족을 위해 장을 보는 여성들에게 도움이 될 만한 정보를 제공했다.

1862년, 런던 병원London Hospital의 헨리 레더비Henry Letheby는 중독 실험 분야에서 전국적으로 유명한 법의학 전문가이자 정밀한 기술을 지닌 화학자로 평판이 높았다. 그는 물건을 사려는 이들에게 혹시 독성이 우려되는 물품이 있다면 강한 액체 암모니아를 사용해 보라고 권하며 다음과 같이 이야기하였다. "만약 그 물품이 파란색으로 변한다면 구리가 함유된 것이다. 그리고 구리는 종이나 천에 비소가 없으면 거의 존재할 수가 없는 것이니, 녹색으로 변했다면 십중팔구 구리 아비산염이 있는 것이다."

그는 백여 종이 넘는 옷과 종이를 이러한 방식으로 테스트했으며, 여성들이 향수병 대신 암모니아를 가지고 다닌다면 의심스러운 녹색 물체 위에 젖은 마개를 한번 갖다 대는 것만으로 비소가 있는지의 여부를 알 수 있다고 말했다. 레더비의 제안에서 유추할 수 있는 것은,

당시 비소 문제가 얼마나 광범위하게 퍼져 있었으면 여성들이 아마추어 탐정이나 누군가에게 되어야 할 판이었겠냐는 사실이다. 지금은 비소의 함유 여부를 곧바로 판독할 수 있는 기구가 있으나, 페르소의 1846년 설명서와 레더비의 1862년 테스트법도 꽤 쓸 만한 것이었다.

한편 옷은 1850년대 후반이 되어서야 광범위한 비소공포증 내지는 소비자 공포의 원인이 된 또 다른 이유가 없을지 궁금하다. 유행의 변화가 치명적인 녹색을 띤 옷과 머리 장식을 그 어느 때보다도 인기를 누리도록 만들어, 이를 만든 사람이나 입는 사람 모두의 신체에 더 이상 무시할 수 없는 수준의 영향이 나타날 때까지 지속한 것은 무시할 수 없는 사실이다. 벽지나 패션 삽화에 사용된 페인트와 물감의 안료도 위험했지만, 직물에 사용된 비소는 역시나 매우 위험했다.

녹색의 비소 가루는 얇은 직물에 풀이나 아교로 느슨하게 붙어 있는 수준이었고, 옷이 제작되고 소비되는 모든 단계에서 공기 중에 흩뿌려졌다. 이러한 직물은 1850년대에 다시 유행하였고, 볼륨감 있는 스커트를 만드는 데 엄청난 양이 사용되었다. 그때까지 이 염료의 정확한 성질은 여전히 수수께끼이긴 하였으나, 직물 산업의 전문가들은 이렇게 화제가 되는 색깔이 사실은 직물에 붙어 있는 것일 뿐이며, 색을 내는 가루는 마찰에 의해 쉽게 떨어진다는 엄연한 사실에 대해서도 당당하게 부정하였다.

에메랄드의 승리

19세기 중반에 들어서도 에메랄드그린의 인기는 여전히 공고해

그림11 프란츠-사버 빈터할터, 에메랄드그린 색 볼 가운을 입은 빅토리아 여왕, 1855년, 수채. 왕실 재단 로열 컬렉션 트러스트Royal Collection Trust / ⓒ엘리자베스 2세 페하 2014.

보였다. 1855년 수채화로 그린 빅토리아 여왕의 초상화에서 이 근대적 군주는 눈부신 에메랄드그린 색의 볼 가운을 차려입었다(그림 11). 36세의 여왕은 그녀가 가장 좋아했던 궁정 예술가 프란츠-사버 빈터할터Franz-Xaver Winterhalter의 모델이 되었다. 빈터할터는 여성 왕족들의 화려한 옷과 머리 모양을 포착하는 데 재능이 있었으며, 프랑스의

외제니 황후Empress Eugénie 및 오스트리아의 엘리자베트 황후의 초상
아는 미리 반기느 겠다.

이 책에 실린 작품은 보다 격식을 덜 차린 수채화 작품으로, 여왕
은 가장자리에 레이스가 달린 녹색의 이브닝 가운을 입고 있다. 목과
팔목에는 여러 줄이 꼬인 형태의 진주 목걸이를 걸고, 머리에는 보석
으로 장식한 왕관을 쓰고 있다. 머리 장식을 특히 주목할 만한데, 조
화로 된 잎과 꽃이 달린 덩굴 모양의 리스로 갈색 머리카락을 장식한
것이다. 꽃의 경우 생화나 조화 모두 오랫동안 여성의 가운과 머리카
락을 꾸미는 이상적인 장식으로 여겨졌다. 빅토리아 여왕의 초상화에
서 알 수 있듯, 1850년대 후반에는 이러한 꽃 장식이 유행의 절정에
올랐다.

만약 실크 소재의 볼 가운과 리스를 살 수 없다면, 보다 저렴하지
만 똑같이 비소를 사용하여 만든 미국산 면 소재로 된 데이 드레스day
dress(저녁 정찬이 아닌 낮의 가벼운 외출이나 일상복으로 입는 단순한 드레스)
도 있었다. 이는 약 1855년경에 유행한 것으로, 기계식 롤러 날염법
으로 귀여운 꽃무늬와 녹색을 구현했다(그림 12).

최신 파리 유행을 따라갈 여력이 있는 이라면 파리 리슐리외 가
에서 마담 틸먼Madame Tilman을 찾으면 되었다. 마담 틸먼은 빅토리
아 여왕과 외제니 황후의 공식 조화 조달 업자였다. 그녀의 회사에서
만든 머리 장식과 조화, 깃털 장식 등은 1854년에서 1868년까지 널
리 홍보되었으며, 1863년 1월 24일에 발행된 〈모즈 파리지엔느Modes
Parisienne〉지의 패션 삽화에도 실렸다(그림 13). 가운데의 머리 장식은
신화 속 님프의 이름인 드리아드Dryad라는 이름이 붙었으며, 수초와
풀이 오팔 빛의 나비가 앉아 있는 왕관을 둘러싼 예술적인 모양이라

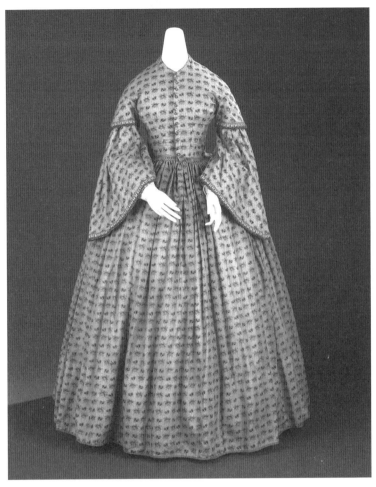

그림12 X선 형광 분석기로 테스트한 결과 비소 양성 반응이 나온 양모와 면 소재의 북미산 녹색 드레스. 약 1854~1855년, 975.241.52. 로열 온타리오 박물관 허가하게 게재 ⓒ로열 온타리오 박물관.

고 묘사되었다. 초본 식물 모양을 활용하여 길게 늘어뜨린 머리 장식은 그해 겨울에 선풍적으로 유행하였으며, 〈펀치〉지는 이 유행을 런던에 사는 한 소녀가 시골에 사는 사촌에게 보내는 가상의 편지 형식

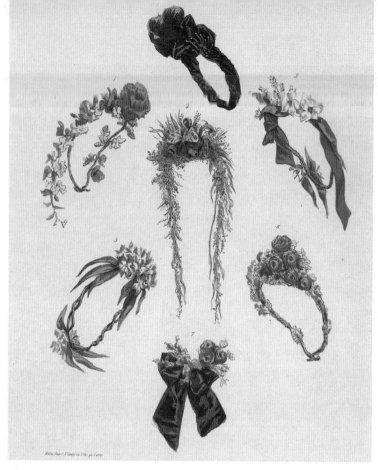

그림13 파리의 메종 틸먼에서 제작된 비소가 함유된 리스, 〈레 모드 파리지엔느Les Mode Parisi enne〉, 1863년 1월 24일. 저자 소장품.

으로 다음과 같이 풍자했다.

"저녁 식사와 이브닝 파티 드레스는 정말 멋졌어. 완두콩으
로 가장자리를 장식한 연어 색깔 드레스도 봤고, 피부와 비
슷한 색을 띤 다른 이브닝드레스들은 양파, 콜리플라워, 당근
이랑 약간의 샐러리 줄기로 장식되어 있었지. 야채, 풀, 밀짚

이랑 건초를 정말 많이 입었어. 모자는 여전히 아주 높은 편이지만, 래디쉬로 가장자리를 장식했고 젊은 기혼 여자들은 양파를 많이 달았더라. 미망인들은 양파와 순무를 함께 달았고. 젊은 여자들에게는 골풀이 완전 유행 중이고, 과부들은 엉겅퀴랑 잡초를 즐겨 써.”

이 가상의 편지는 식물을 활용한 스타일을 유머러스하게 표현하고, 여성의 상복을 과부widow의 잡초weeds라는 용어로 부르는 말장난을 섞어 재치가 있다. 식물 형상을 본뜬 드레스는 실제로 존재한 것이었다. 보스턴 미술관에 있는 프랑스산 리스는 19세기 중반에 미국으로 수입된 것인데, 그 섬세한 매력이 잘 살려져 있다(그림 13). 진짜 같은 과일과 꽃과 잎사귀가 머리 위로 아치형을 그리는 철사 구조물을 통해 말 그대로 가지를 쳐서 뻗어 나와 있다. 우아한 핑크빛이 도는 흰색 꽃봉오리가 달콤한 딸기가 되고 따기 좋을 정도로 무르익었다. 과즙이 풍부한 붉은색과 보라색의 포도송이는 보는 이의 손과 입을 절로 부르며, 왁스를 입혀 붉은빛을 띠는 가지가 양쪽에 달려 있어 이미 포도의 일부를 누군가가 따 먹었다는 사실을 교묘하게 알려준다. 이 장식이 전하는 메시지는 명백히 선정적이다. 여성을 맛있는 과일에 빗대어 상대를 유혹하고 있는 것이다.

같은 시기 크리스티나 로제티Christina Rossetti가 1862년에 쓴 시 〈고블린 마켓Goblin Market〉은 도깨비의 마술 열매에 현혹된 젊은 여성 로라Laura의 이야기가 담겨 있다. 로라는 자신의 금발 한 타래와 잘 익은 열매를 교환해 먹었지만 더 이상 열매를 살 수 없게 된 후에는 버려진다. 이 시에는 원죄와 이브, 선악과에 대한 명백한 암시가 있으며,

상인이 파는 독이 든 열매는 '목으로 넘어갈 때는 꿀과도 같지만/ 피에 ~~...독이 피라~~ 과일이나 시의 ~~...~~ 키운 열매를/ 빨아먹고, 먹고 또 먹었는데', 이와 기묘하도록 유사한 인물이 현실에 있었다. 이 시가 출판된 해인 1862년, 런던 이스트 엔드East End의 쇼디치Shorditch에 사는 15세 소녀 엘리자베스 앤 앱델라Elizabeth Ann Abdela가 그 주인공이다. 그녀는 분명 맛있어 보이는 녹색의 유리 포도를 빨아먹고 사망에 이르렀다.

당시 13세였던 그녀의 친구 엘리자베스 홀Elizabeth hall은 바느질 도구를 판매하는 상점에서 일하면서 모자 장식을 얻어오곤 했다. 이 어린 직원은 어느 날 포도 장식을 얻었고, 두 살 손위의 친구에게 선물로 주었다. 앱델라가 사망한 이후 남아 있는 포도와 잎사귀를 화학적 검사한 결과, 파란색과 분홍색 포도는 무해했으나 녹색 포도에서는 비소가 검출되었다. 재판장에서 증인은 "녹색 잎 하나에 들어 있는 독극물의 양은 어린이 한 명을 죽이기에 충분하다"라고 증언했다. 과일이 잔뜩 달린 머리 장식은 오로지 눈을 즐겁게 하기 위한 연회와도 같았다. 장식에 달린 포도에 모두 독성이 있던 것은 아니지만 그 섬세하고 여린 이파리는 조화 산업에 종사하는 사람들 모두의 건강을 파괴할 수 있었다.

노동자와 숙녀를 위한 비소

"깊숙한 두 눈, 공허와 어둠으로 만들어지고
멋 부려 꽃을 올려놓은 그녀의 머리는

잔약한 등뼈 위에서 하늘하늘 춤춘다.

오, 얼빠진 듯 치장한 허무의 매력이여!"

— 샤를 보들레르Charles Baudelaire, 〈죽음의 무도Dase macabre〉

1857년 시인 샤를 보들레르는 악명 높은 시집《악의 꽃Les Fleurs de Mal》을 펴냈다. 19세기 문화에서 꽃은 복잡한 상징적, 경제적 메시지를 내포하고 있었고 여성의 아름다움과 개화, 번창 등의 이미지로 쓰였다. 그러나 보들레르가 시를 쓴 바로 그 시기에, 모든 부르주아 계급 여성의 몸에는 말 그대로 악의적인 '악의 꽃'이 새겨져 있었다.

1856년 천과 왁스로 생화와 상당히 흡사한 조화를 제작하는 기술을 지닌 파리의 공예가가 의학적으로 그리고 정치적으로 주목을 받았다. 그해 파리 5구의 남성과 여성 조화 제작자들이 경찰서에 가서 위험한 작업 환경에 대해 정식으로 고소했기 때문이다. 1850년대 후반, 다수의 프랑스 의사와 과학자는 해당 문제에 대한 보고서를 작성했는데, 그중에는 모자 산업의 수은 중독을 고발한 에밀 보그랑Emile Beaugrand과 화학자이면서 위생 협의회Conseil de Salubrité의 일원인 알폰스 슈발리에Alphonse Chevallier 등이 포함되어 있었다.

1858년에 파리에만 어림잡아 15,000명의 조화 제작자가 있었다. 영국에는 3,510명이 있었는데 1851년 기준으로 대부분 런던에 거주하였다. 조화 산업은 도시의 기간산업으로 중요한 위치를 차지하고 있었기에 이는 매우 중대한 문제였다. 한 의사는 다음과 같은 글을 남겼다. "조화 제작은 우리나라에서나 해외 모두에서 중요한 산업으로 여겨진다. 조화의 잎과 가지, 풀은 자연의 초목을 매우 흡사하게 모방한다. 그리고 그 섬세한 색조와 반짝임은 에메랄드그린 색이 있기 때문에 가능한 것이다."

패션 잡지들은 조화를 누구나 날염해내 머리카락은 상식할 수 있는 가장 적절한 물품이라며 찬사를 쏟아내고 있었지만, 그 어여쁨은 조화를 만드는 사람이 막대한 비용을 치른 대가였다. 19세기에 전문 조화 제작 공방 및 여성 아마추어 조화 제작자를 겨냥하여 발행된 상당 수의 소책자에 따르면, 모자나 옷을 장식하는 천이나 종이 소재 꽃을 만드는 일은 숙련된 기술이 필요한 것이었고, 예술적인 산업이자 숙녀다운 취미로 여겨졌다.

생화와 자연의 색은 천 조각과 화학 물질로 대체되었고, 이에 따라 비소는 노동자와 숙녀의 집과 신체로 서서히 퍼져나갔다. 조화 제작자에게 화가처럼 절구와 절굿공이를 사용해 자신만의 색을 만드는 법을 알려주는 1829년에 발행된 설명서에서는, 가볍고 고운 입자의 에메랄드그린 태피터taffeta 천으로 잎을 만들라고 되어 있다. 보-베르 beau-vert 색을 포함한 세 가지의 녹색 종이를 구입하라는 조언도 잊지 않았는데, 보-베르는 구리 아비산염의 다른 이름이다.

같은 출판사에서 1858년에 발행한 개정판을 보면, 조화 제작자가 독립된 장인에서 공장 노동자의 지위로 전락한 것을 유추할 수 있다. 조화 산업은 말 그대로 산업이 되었으며, 작은 마을에도 조화 제작 공장이 있었다. 흥미로운 것은 리스 등 고급품 산업에 종사하는 메종 틸먼의 남성 노동자는 1848년의 정치적 격변기를 주도한 집단으로, 그들보다 어려운 처지에 놓인 동료를 지지하기 위한 집회에 참여할 것을 독려하곤 했다.

오 자뎅 아티피시엘Au Jardin Artificiel(조화의 정원)이라는 적절한 이름의 소매상으로 유명했던 생 데니St. Denis 227번지는 지금도 파리의

그림14 런던 리젠트 스트리트의 로돌프 헬브로너Rodolphe Helbronner에서 판매한 아마추어 조화 제작 키트, 약 1850년대 또는 1860년대 초. ⓒ빅토리아 앤드 앨버트 미술관, 런던.

패션 업체가 모여 있는 주요 거리 중 하나이다. 이 거리는 특수 소재를 업계에 공급하는 곳으로 성장했는데, 1859년 베르누아는 생 데니와 생 마탱St. Martin 지구에 약 900개의 조화 도매상 및 가게가 있었다고 통계를 제시하였다. 현재는 파리 중심가인 강 서안에 위치한 2구와 3구이다.

당시에 발행된 전문 설명서 중 여성에게 비소의 위험성에 관해 주의를 준 것은 하나도 없었다. 그러나 위험은 분명 존재하였다. 빅토리아 앤드 앨버트 미술관에 있는 다양한 아마추어용 조화 제작 키트 중하나에도 독성 성분이 가득 나왔다(그림 14). 이 물건은 1850년대나 1860년대 초에 제작된 것으로 보이며 런던 리젠트 스트리트에 있는루돌프 헬브로너의 우아한 매장에서 판매되었다. 매장은 각종 수예품

키트와 조화 키트, 스웨덴산 어린 양가죽 장갑 등을 왕실에 공급했으
며, 상류층 여성에게 밀실 세공 사수와 기타 공예를 가르치는 클래스
로 유명하였다.

1858년 헬브로너는 소책자를 하나 펴냈는데, 조화 제작을 일컬어
'숙녀들이 자연의 꽃을 모방하며 그 아름다움을 사계절 내내 즐길 수
있도록 하는 즐거운 직업'이라고 찬양하고, 숙녀들에게 조화 제작을
통해 친구들에게 줄 선물을 만들고 거실과 식탁, 옷을 장식할 것을 권
했다. 아름답고 정교한 이 키트는 독일과꽃, 꽃잎 끝이 톱니처럼 생긴
꽃양귀비와 월계화를 만들 수 있는 얇은 종이, 줄기가 담긴 원형 상자
와 다양한 녹색 천 조각, 종이로 된 잎사귀 따위를 담을 수 있는 상자
등으로 두 단에 걸쳐 구성되어 있다.

빅토리아 앤드 앨버트 미술관의 보존 담당자는 녹색 상자의 뚜껑
과 녹색 종이로 된 분리지, 둥근 양배추 꽃, 키트의 가운데 칸 위쪽에
든 빨간 암술머리 옆으로 보이는 녹색 종 모양의 물건, 그리고 원래의
키트에 포함되어 있지 않았을 수도 있는 봉투에 든 천 조각으로 된 잎
을 테스트해 보았다. 그 결과 잎과 에메랄드그린 색이 안료로 사용된
모든 부분에서 구리 아비산염이 검출되었다.

여가를 즐기던 숙녀야 잎의 색을 내기 위해 직접 가루를 묻히는 일
을 하지 않았을 것이지만, 직업적으로 조화를 만드는 노동자들에게
는 이 공예 키트를 조립하고 잎에 가루를 묻히면서 접한 비소의 규모
와 양이 치명적이었을 것이다. 한 12세 소녀가 자신이 일하던 파리의
공방에서 그녀가 사용하던 녹색 액체를 고의로 삼켜 자살을 기도했던
것은 불행하게도 이 안료가 치명적으로 작용할 수 있는 가능성을 보
여주는 예이다.

비소는 또 다른 경로를 통해 여성들의 옷장 속, 그리고 가정으로 은밀히 파고들었다. 박제가 그것이다. 박제는 마치 비소로 만들어낸 녹색 잎과 같이 자연을 집 안에 전시하는 잔인하고도 인공적인 방식으로, 19세기 초에 특히 유행하였다. 패션업계의 모자 제작자들은 수백만 마리의 작은 명금류 새를 죽였고 그들이 도입한 위험한 물질은 일부 여성용 모자 유물에 남아 오늘날까지 인류에 해를 준다.

박제사들은 새의 피부 조직을 살리거나 미라로 만들기 위해 비소 비누를 사용했는데, 보존할 동물의 조직 상태를 영구히 보존하기 위한 조치였다. 1880년대 모자 제작자들은 속을 꽉 채워 박제한 새 한 마리를 통째로 사용하여 모자를 장식했다. 그중에는 수은을 사용한 것으로 보이는 갈색의 모피 펠트 모자에 붉은빛이 도는 갈색 깃털을 가진 새를 통째로 고정시킨 모자도 있는데, 프랑스에서 1885년에 제작된 것이다(그림 15). 자연사 연구를 위한 견본으로서 살아 있는 것처럼 보이게 만든 박제와 달리, 이 새는 뒤틀린 채 새틴 소재 리본에 짓눌린 상태로, 부리와 몸통에 금빛 꽃무늬가 칠해져 있다.

빅토리아 시대의 평론가들은 이러한 패션을 미학적, 환경적 측면 모두에서 맹렬히 비난하였다. 예술과 의류, 뷰티 분야의 저명한 인기 작가 하비Haweis 부인은 1887년에 '으스러진 새들Smashed Birds'이라는 제목으로 쓴 기사에 다음과 같은 문장을 남겼다. "시체는 절대, 진정으로 기쁨을 주는 장식이 될 수 없다." 그녀는 새가 달린 모자를 다음과 같은 두 가지 이유로 끔찍이 싫어했다. 첫 번째는 모자에 달린 불쌍한 짐승이 꿰뚫린 채 '도와주세요! 저는 고문을 당하고 있어요'라며 울부짖는 것처럼 보였기 때문이고, 두 번째는 그런 모자가 좋은 취향이라는 규범을 위반한다고 생각했기 때문이다. 하비는 일 년에 모자,

그림15 통째로 박제된 새가 고정된 모자, 1885년, 파리, 모즈 드 루브르Modes du Louvre. ⓒ빅
토리아 앤드 앨버트 미술관, 런던.

토시, 가림막을 만들기 위해 3,000만 마리 이상의 새가 대규모로 파괴
되는 행위를 당장 멈춰야 한다고 주장하며, 당대의 여성들에게 스스
로를 걸어 다니는 죽음의 머리통으로 만드는 일을 멈춰달라고 호소했
다. 새 한 마리를 통째로 올리는 유행이 지나간 후에도 물수리나 왜가
리 등 희귀한 새의 깃털은 20세기까지도 모자 장식에 계속해서 사용

THE ARSENIC WALTZ.

THE NEW DANCE OF DEATH. (DEDICATED TO THE GREEN WREATH AND DRESS-MONGERS.)

그림16 "비소의 왈츠The Arsenic Waltz" 또는 〈죽음의 새로운 춤The New Dance of Death〉(녹색의 리스와 드레스 상인들에게 헌정), 〈펀치〉(1862년 2월 8일), 웰컴 도서관, 런던.

되었으며, 이 살인적 모자에 대한 반대 시위가 끊이지 않고 계속되었다. 남성의 모자를 비버를 죽여 만들었듯, 여성의 머리 장식은 조류 개체 수에 악영향을 주었으며 전 세계 박물관에 유독한 유물을 남겼다.

번창했던 조화 산업은 위험 요소를 숨긴 아름다운 물건을 만들어냈다. 그리고 모자의 경우와 달리, 조화 제작자의 건강 문제는 곧바로 대중적으로 알려졌다. 〈펀치〉지는 〈타임스〉지에 호프만의 '죽음의 춤' 기사가 실린 지 일주일 만에 풍자화를 실었다(그림 16). 제목은 '비소의 춤'으로 '죽음의 새로운 춤: 녹색의 리스와 드레스 상인들에게 헌정'이라는 부제가 붙었다. 그림은 우아하게 차려입은 남성 해골이 여성 해골에게 춤을 청하는 장면에서 시작한다. 그는 예의 바르게 뼈대가

앙상한 손가락을 그녀 쪽으로 내밀고, 경의를 표하는 의미로 무릎을 구부리고 있다. 그가 입을 옷이 요소른 머리카라 없는 해골을 교한해 몸에 살이 없는 것이 더 잘 드러나는데, 넥타이와 칼라가 그의 척추 기둥에 타이트하게 매여 있으며 원래는 흰 셔츠를 입은 배가 있어야 할 자리에 갈비뼈와 골반 구멍이 보인다. 발꿈치 뼈는 구두 뒤축으로 어울리지 않게 툭 튀어나와 있다.

그의 상대로 보이는 여성 해골은 1860년대의 무도회에 걸맞게 스타일리시하게 차려입은 모습이다. 그녀는 넓게 퍼지는 형태에 주름 장식이 있는 크리놀린 스커트를 입고 리본으로 장식된 어깨가 드러난 보디스를 입었다. 손에는 요염하게 부채를 들고 있다. 미소 짓는 것처럼 보이는 여성 해골에 빅토리아 시대 여성들이 더없는 영광으로 여긴 긴 머리카락이 달려 있지는 않으나 나뭇잎이 얽힌 정교한 리스로 장식되어 있다. 보통은 꽃과 같은 장식적 디자인을 아플리케로 장식하는 데 비해 그녀의 드레스 끝자락은 해골과 십자 뼈 모양이 반복적으로 둘러져 있다. 이는 명백히 보는 이로 하여금 이 드레스가 치명적인 독소를 내뿜고 있다는 것을 연상하게 한다.

역사적으로 죽음의 무도는 토텐탄츠Totentanz 또는 댄스 마카브르 dans macabre라고 불리며, 죽음을 기억하라는 뜻의 '메멘토 모리'와 같은 의미를 지닌 이미지로 활용되었다. 중세와 르네상스 시대의 예술가들은 죽음의 신이 춤추는 모습을 자주 그렸는데, 교황이나 황제, 왕, 어린이, 노동자와 함께 춤추는 모습으로 등장시키곤 하여 보는 사람으로 하여금 죽음은 어떠한 삶의 시점이나 위치에서도 올 수 있는 것이란 사실을 떠올리게 한다.

이러한 이미지의 현대적 버전이 바로 도덕적 논란의 대상인 '왈츠'

춤이었다. 영국의 시인 바이런George Byron은 1816년에 왈츠를 반대한다는 내용의 시를 쓴 적이 있는데, 다음과 같은 문장으로 왈츠를 추는 남녀 사이의 외설적으로 음란한 행위와 법을 어기는 접촉을 비난하고 있다. "손의 열기가 문란하게 전해지고/ 가녀린 허리를 둘러싸거나, 또는 빛나는 쪽으로 내려가거나." 이렇게 추문을 일으키는 이미지에도 불구하고, 빅토리아 시대에는 여왕부터 왈츠를 추는 것을 매우 즐겼다. 왈츠가 비난받은 주된 이유는 파트너와 신체적으로 지나치게 가깝게 접촉하게 된다는 이유였는데, 이와 더불어 우리는 파트너가 입고 있는 옷과 머리 장식에 담긴 비소에 대한 노출 위험을 생각해 봐야 한다. 〈펀치〉지는 구혼자가 될 가능성이 있는 이가 녹색 옷을 입었을 때 어떻게 소통해야 하는지, 그리고 어떻게 다시는 입지 못하게 설득할 것인지에 대한 조언을 실었다.

유머가 기본인 출판물이 으레 그러하듯, 첫 번째 기사는 농담조의 글로 시작한다. 1861년에 실린 기사에는 "인도적이지만 재빠른 젊은 남성"이 "조화 제작자를 중독에 빠뜨리는 관습을 충분히 경박스럽게 취급하되, 너무 강하거나 심각한 논조로 비난하지는 말아야 한다. 그러나 할 말은 해야 할 터인데, 예를 들어 그 조화는 상당히 탐욕스럽고 매우 비인간적이라고 표현하도록 하자"는 구절이 있다. 또한 '녹색이 아가씨에게로, 오!'라는 제목의 짧은 기사에서는 녹색 드레스를 입은 여성을 주홍글씨로 표시할 것을 제안하며 다음과 같이 말한다. "우리는 만약 한 남자가 셸레스 그린 색 옷을 입은 숙녀와 왈츠나 포크 춤을 추면 파트너 역시 녹색으로 물들게 될 것이라 생각한다. 녹색 드레스를 입은 여자의 등에는 위험 혹은 독극물 주의라는 주홍글씨를 수놓아야 한다."

유머러스하게 표현한 유언비어는 효과가 없었던 것일까. 일 년 후
에는 '투살번가 폰사'라는 제목의 기사가 실렸는데, 녹색 옷을 입은 여
성을 치명적인 발사 무기에 비유했다. 비소 먼지를 화약에 비유한 의
도는 매우 뚜렷했다. "만약 숙녀들이 비소가 든 드레스를 입겠다고 고
집한다면, 무도회는 마치 대포알처럼 치명적이고 파괴적이 될 것이며
그곳에서 춤추는 이들은 거의 모두 비소 가루의 먹잇감이 될 것이다."
에메랄드그린 색의 유혹적인 매력에 도전하는 것은 참으로 어려운 일
이었다.

1862년 초, 슈어러가 사망한 곳인 세인트 판크라스 교구의 담당
의사였던 힐리어Hillier 박사는 추밀원에 특별 보고서를 올리고자 하였
다. 명망 있는 법의학 교수였던 윌리엄 가이William Guy가 보고서 작성
에 고용되었고, 매우 흥미롭지만 꽤나 분노를 부르는 보고서를 완성
하였다. 그는 17세의 조화 제작자로 버저론의 공방에서 일했던 프랜
시스 롤로Francis Rollo의 죽음에 비소가 중요한 역할을 한 사실을 발견
했으며, 슈어러를 진찰했던 의사가 버저론의 사업체에서 일하는 여성
100명 중 50명 정도에게 치료를 권고했다는 사실도 발견하였다. 후
일 해당 공방은 이슬링턴Islington의 에식스Essex 가에 위치한 훨씬 환
기가 잘되고 덜 붐비는 곳으로 이전했으나, 가이가 직접 만난 대부분
의 젊은 여성들은 여전히 만성적인 비소 중독에 시달리고 있었고 비
교적 나이가 많은 한 여인은 탈모와 더불어 외음부가 감염되어 앉을
수조차 없는 상태였다.

그는 18세 이하의 어린이가 비소 산업에 종사하는 것을 금지하는
법안을 포함해 여러 제안을 했지만, 비소 염료 사용을 완벽하게 제한
할 수는 없었다. 생산의 자유를 제한하여 영국 경제에 해를 끼칠 만한

방법은 쓰지 않았던 것이다. 그는 "만약 나의 연구가 여러 치명적인 사례를 발견했다면, 비소 염료를 사용하는 산업의 완전한 금지를 제안하는 것이 옳다고 생각했을 것이다"라고 덧붙이면서, '사망 사례 단한 건'으로 전체 산업을 억누르는 것은 과도한 조치라고 주장하였다.

다른 위험들과 마찬가지로, 자유를 주장하는 경제 논리는 사람의 건강을 누르고 결국 승리하였다. 건강에 대한 위험을 충분히 신경 쓰지 않는 현상은, 영국에서 위험한 물질을 사용하는 모든 산업에서 비일비재한 일이었다. 예를 들어 성냥 제조에는 인이 사용되었는데, 이는 노동자의 턱뼈를 녹여 괴사에 이르게 하는 끔찍한 증상을 초래하였다. 현존하는 위험이 만천하에 드러났는데도 불구하고 성냥 제조업계는 1890년대까지 공식적으로 규제를 받지 않았다.

녹색 리스를 착용한 후 어깨 주위에 고통스러운 뾰루지나 피부 발진이 나 고생한 사교계 여성들의 불평은 마틸다 슈어러의 사례에 비하면 하찮은 수준이었다. 그러나 이러한 패션의 인기와 녹색의 가시성 덕분에, 의료 전문가들은 그들이 개인 진료 때 목격한 엘리트 계급 여성이 입은 비소 드레스와 비소 중독을 치료하기 위해 무료 병원을 찾아온 노동자 사이의 연결 고리를 파악할 수 있었다. 한 의사는 자신의 병원에 오는 조화 제작자를 보면서, 무도회에서 리스를 착용했다가 눈이 따가워져 충혈된 금발머리 아가씨의 백옥같이 하얀 얼굴빛과 지금 자기 앞에 앉아 있는 두꺼운 각질과 딱지가 가득한 얼굴을 한 가난한 소녀의 모습을 대비하지 않을 수 없었다고 증언하였다.

엘리트 계층의 여성은 유독한 녹색 염료 사용의 제한에 있어 중요한 역할을 했다. 가족을 위해 물건을 사기 전, 여성 소비자들은 패션을 받아들이거나 거부할 권한이 있었으니 말이다. 비록 그들이 조화 제작자와 재봉사가 처한 고통을 알 기는 못했기만, 〈편치〉지의 풍자화는 엘리트 여성들이 양장점이나 모자 가게에서 녹색 의류를 구입하지 않는 것만으로도 치명적인 중독에 대한 알림이 된다고 평가하였다. 소비자의 선택은 효과가 있었다. 1860년대 이후에도 밝은 녹색의 얇은 면 가운이 어딘가에 있었을 수는 있지만, 적어도 내가 본 박물관의 소장품 중에서는 찾을 수 없게 되었기 때문이다.

에메랄드그린 가루가 많은 노동자를 위험에 빠뜨린 것은 자명한 사실이다. 하지만 19세기의 화학자들이 테스트하여 비소 함량이 높다는 것을 발견한 드레스 천에는 여전히 수수께끼가 남아 있다. 천의 위험성은 비소 공포가 불러온 상상력의 산물로 미디어가 과장한 것이었을까? 아니면 우리가 테스트한 천에서 상

그림17 비소를 사용한 녹색 드레스, 약 1860~1865년, 글레니스 머피Glennis Murphy 컬렉션. 사진 아놀드 매슈스Arnold Matthews.

당량의 비소가 휘발된 것일까?

의문을 풀기 위해 호주의 개인 소장품 중 하나인 녹색 실크 드레스(그림 17)를 보다 정밀하게 테스트해 보기로 했다. 드레스의 주인은 바타 신발 박물관에서 열린 〈패션의 희생양〉(2014년 6월~2016년 6월) 전

시회에 옷이 전시될 수 있도록 기꺼이 캐나다로 보내주었다. 더불어 안감에서 작은 조각 세 개를 떼어 파괴 테스트인 총반사 X신 형형 분석Total Reflection X-ray Fluorescence Spectroscopy, TRXF을 하도록 허락해 주었다.

분석 결과, 한 번도 박물관에 소장된 적이 없는 드레스에서 구리, 아연, 납, 철, 브롬, 칼륨, 황, 그리고 미량의 비소가 검출되었다. 150년이 지나는 동안 비소의 양이 자연스럽게 감소했을지도 모른다. 원래라면 제작자와 착용자의 건강을 위협할 만큼의 비소를 함유하고 있었을지도 모른다. 드레스의 녹색 빛은 상당 부분 바래고 누렇게 변색되었는데, 선명한 녹색이었을 때보단 적은 양의 비소가 들어 있을 가능성이 높아진다.

라이어슨 대학교의 패션 연구 컬렉션에 포함된, 1860년대 제작된 또 다른 녹색 드레스에서도 구리와 비소가 검출되었다. 그리고 많은 다른 패션 아이템 역시 테스트해 보면 분명 흥미로운 결과가 나올 것이다. 보다 많은 탐색과 과학적 분석이 요구되는 이유이다.

녹색은 결국 사람들의 혹평 속에 기피하는 색이 되어 유행에서 사라졌다. 1880년대에 나온 《가정 내의 독극물Our Domestic Poisons》을 출판한 토목 기사 헨리 카Henry Carr는 당시 대중이 선명한 녹색을 일컬을 때 일반적으로 "이건 비소를 사용한 녹색이 아니야"라는 수사를 썼다고 언급했다. 녹색의 튀는 느낌과 더불어, 피부에 붉은 염증을 일으키는 성질 때문에라도 결국 사람들은 이를 선호하지 않게 되었다. 의사와 화학자, 여성 단체, 미디어는 소비재에 비소가 사용되는 현실에 대해 강력하게 의문을 제기하였고, 대중에게 비소공포증을 퍼뜨렸다. 그 흔적은 오늘날 우리에게도 남아 있을 정도이다.

그림18 〈부녀자들의 저널Journal des dames et des demoiselles〉, 벨기에판, 강판화에 손으로 색칠한 패션 삽화, 약 1860~1865년경. 저자 소장품.

1860년대 후반부부터는 에메랄드그린 대신 어둡고 푸른빛을 띠는 녹색을 선호하게 되었다. 프랑스의 화학자 귀네의 이름을 딴 베르귀네Vert Guignet, 영어로 비리디언viridian이라고 불리는 녹색이 그 예이다. 이 색은 1859년에 특허를 낸 것으로 비소를 사용한 녹색에 대한 안전한 대체재로 받아들여졌다.

　비소와 다른 독성을 띤 색에 대한 이야기는 아직 한참 남았다. 1860년대 초반 벨기에의 패션 삽화에 소개된 아름답지만 치명적인 녹색 드레스를 입은 미인 옆에 선, 최신 유행색인 보라색 옷을 입은 여성을 보자. 아마 그들은 보라색을 내는 데에도 비소가 들어갈 줄은 꿈에도 몰랐을 것이다(그림 18). 하지만 그 옷은 모두 훗날에서야 비소를 사용한 옷감으로 악평을 떨치게 된, '오트 쿠튀르의 아버지' 찰스 프레데릭 워스Charles Frederick Worth의 양장점인 메종 가겔랭Maison Gagelin에서 만든 것들이었던 것이다.

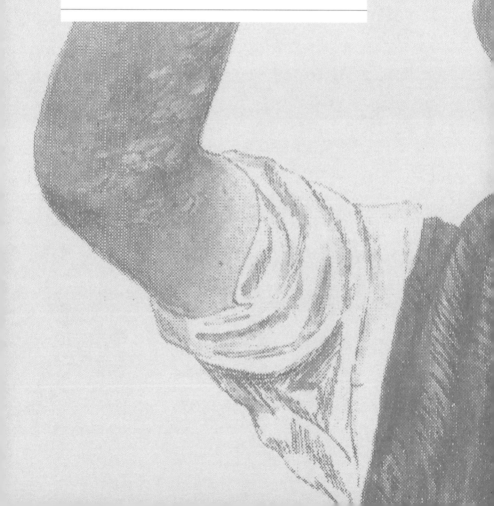

4장

위험한 염색:
아름답고 치명적인 무지개

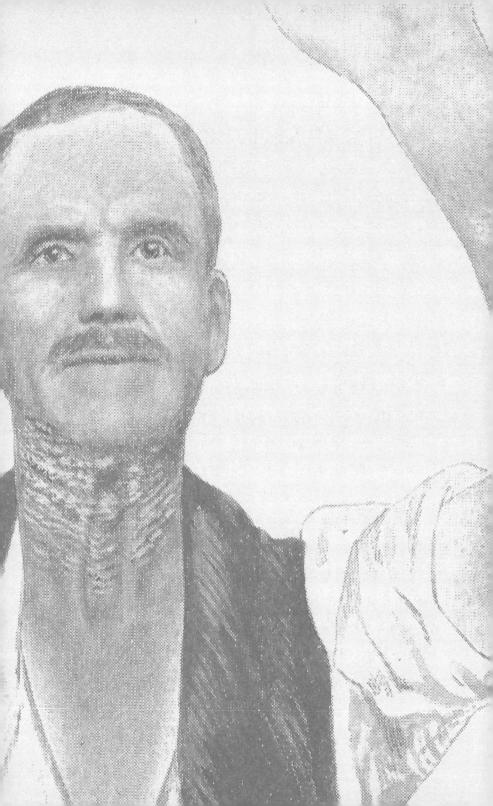

4장

위험한 염색:
아름답고 치명적인 무지개

1904년 3월 20일, 175센티미터의 키에 몸무게는 74.5킬로그램 가량이었던 근육질의 건강한 22세의 판매원이 미국 오하이오주의 털리도Toledo에서 사망하였다. 검시에서 밝혀진 사실은 그가 사망하기 며칠 전에 신발 한 켤레를 샀다는 점이었다. 할인 가격으로 판매되었으며 검은색 유광 앞코에 윗부분은 갈색의 천으로 되어 있었다는 그 신발은, 아마도 바타 신발 박물관의 소장품인 1920년대 미국 남성용 신발과 비슷하게 생겼을 것이다(그림 1).

구입한 신발이 만족스럽지 않았던 그는 저녁에 열릴 댄스파티에 참석하기 위해 시카고에서 구입한 액상 검정 구두약으로 밝은색 천으로 된 윗부분을 염색했다. 그는 이 광택제에 니트로벤젠이 함유되어 있다는 사실은 전혀 모르고 있었는데, 이는 유독한 아닐린Aniline 성분의 일종이었다. 마음이 급했던 그는 구두약이 마르기도 전에 신발을 신었고, 그의 발과 발목에는 자연스럽게 검은 물이 들었다.

댄스파티가 끝난 후 그는 너덧 명의 친구들과 함께 카페에 가서 맥주와 치즈, 크래커를 먹었다. 그러다 몸에 이상을 느낀 그는 결국 그 자리에서 기절하고 말았고, 구토를 하는 바람에 마차에 실려 간신히 집으로 보내졌다. 친구들은

그림1 검은색 유광 가죽에 위쪽이 황갈색 천으로 제작한 남성용 옥스퍼드 부츠, 약 1914~1920년, 발리, 스위스. ⓒ바타 신발 박물관, 토론토 (사진: 데이비드 스티븐슨과 에바 차쿠크).

그가 단순히 취한 것이라고 생각했지만, 몇 시간 뒤 룸메이트가 의사를 불렀을 때는 이미 새벽에 사망한 이후였다. 카페에서 기절한 지 네 시간 반 만에 일어난 일이었다.

당시 산업 보건에 있어 선구적인 전문가였던 앨리스 해밀턴Alice Hamilton은 판매원의 죽음에 다른 요소가 있을 수 있다고 밝혔다. 구두약에 든 니트로벤젠이 알코올음료에 의해 효과가 극대화되었을 가능성이었다. 사망 사건이 발생했고 전문가의 경고가 있었음에도 불구하고 정확히 20년 후, 미시간 대학교의 학생 네 명이 검은색 니트로벤젠 성분 구두약에 중독되는 사건이 또다시 발생하였다.

그중 한 명이었던 치과대학생 조지 스탠퍼드George Stanford는 목숨을 구하기 위해 두 번이나 수혈을 받아야 했다. 보건 당국은 급히 남은 염색약을 수거하는 조치를 취했지만, 이미 황홀한 무지갯빛을 내는 화학 물질 범벅의 염색약으로 인하여 수많은 중독사고가 발생한 이후의 일이었다. 아름다운 색을 갈구하다 벌어진 일련의 사태 때문

에 빅토리아 시대 사람들은 19세기 말부터 "지금도 패션 리더의 레퍼
ㅌ리에서 ㅅㅁ름 ㅜ 위ㄴ ㅁ쯏ㅡㄷㅁㅠ ㅣㄱ ㅎ 뻘긴 ㅐㅇ ㄱ고ㄴ, 누ㅔ온 ㅅㅐㅅㅐ
한 공포, 라일락색은 섬뜩함, 모브mauve(연한 보라색) 색은 괴물과도 같
다"라고 한탄하기 시작하였다.

색은 19세기 내내 논란의 대상이었다. 드레스의 유행 색은 마치
모자의 모양처럼 지속적으로 바뀌었으며, 1850년대 아닐린 염색이
발명되기 전까지도 그러했다. 특정 색에 대한 선호는 여성 소비자가
자신의 사회적 지위와 개인적 취향을 손쉽게 드러낼 수 있는 수단이
었다. 역사적으로 빨강이나 보라와 같이 색감이 진하고 풍부한 색은
구현하는 데 비용이 많이 들었기 때문에 상류층의 전유물이었다. 노
동 계급은 칙칙하고 흐릿하거나 염색이 되지 않은 옷을 입는 데 그쳤
다. 화학 물질로 만든 색이 나오자 싼값에 고급스러운 색을 공급할 수
있게 되어 기존의 계급 관계는 어그러졌다. 그러나 그렇게 만든 색은
유독 물질 범벅이었기 때문에 새로운 염색공포증chromophobia을 유발
하게 되었다.

19세기 말 영국의 유미주의 화풍을 이끈 예술가 제임스 맥닐 휘슬
러James McNeill Whistler는 흰색, 파스텔 핑크, 회색 등 차분하고 조화로
운 색깔로 이뤄진 옷장을 지닌 상류층 여성을 화폭에 담았다. 취향 좋
은 소비자들이 이를 따라, 눈이 아플 정도로 짙고 강렬한 색깔들을 미
학적으로 그리고 의학적으로 거부하게 되길 바라면서 말이다.

1884년 국제 보건 박람회International Health Exhibition에서 런던 세
인트 존스 병원의 피부과 전문의 제임스 스타틴James Startin은 고통스
러운 피부 발진을 일으키는 아닐린 성분을 함유한 스타킹과 장갑 등
의 의복을 전시하였다. 배스의 패션 박물관에 있는, 대략 1885년부터

1895년 사이에 제작된 재거의 발가락 양말과 같은 유물은 독성이 있는 화학적 색에 대한 대중의 우려와 염색하지 않은 천연 색상에 대한 새로운 시장의 수요를 증명한다. 런던의 리버티Liberty 백화점과 같은 고급 소매점은 엘리트 계층 고객에게 공급하기 위한 '예술적인 색'의 직물을 판매했다. 수공예품을 다루던 모리스 주식회사Morris and Co.와 같은 몇몇 디자인 회사는 식물성 천연 염색을 소개하기 시작하였다. 그러나 아닐린은 심지어 그런 예술적인 색마저 근대화된 공장에서 대량으로 생산해낼 수 있었기에 경쟁력이 있었다. 이제 시장은 새로운 취향을 더욱 저렴한 가격으로 공급하는 화학 물질의 혁신이 지배하는 곳이 되었다.

그림2 발가락이 분리된 형태의 발목 길이 양말 한 켤레, 재거 박사의 발가락 양말, 19세기 후반(울 소재). 영국학파, 패션 박물관, 배스 및 노스이스트 서머싯 주의회Bath and North East Somerset Council / 브리지먼 이미지Bridgeman Images.

　재거의 염색하지 않은 울 소재 양말은 건강한 옷을 갈구하던 당시 사회 분위기를 느끼게 하는 흥미로운 사례이다(그림 2). 독일의 동식물 연구가이자 치과 위생사였던 구스타브 재거Gustav Jeager와 같은 이는 대중에게 실크와 면 소재를 권하며, 염색하지 않은 천연의 울 소재 옷만이 피부에 해가 되지 않는다고 믿었다. 건강에 광적인 관심이 보인 작가 조지 버나드 쇼는 그가 시장에 내놓은 제품을 소비한 초창기 고객이었다. 1903년 구스타브 재거는 저서《건강법health-culture》의 한 장 전체에 걸쳐 '위생적인 색이나 염색Sanitary Colours or Dyes'에 대한 장광설을 늘어놓았다. 그는 (꼼꼼히대 자신이 만든) 염색하지 않은 울 제품을 구입해야 하는 이유로 시장에서 위험한 염색제가 여전히 많이 팔리는 현실을 들었다.

> "애석하게도 위생적이고 깨끗한 염색의 중요성을 인지하는 이는 저렴하지만 불결한 염색약을 사용하는 이보다 훨씬 적다. 색이 들어간 스타킹을 신는 숙녀에게 이 문제의 심각성을 보여주기 위해, 신문에 실린 기사 중 한 숙녀의 사례를 소개하고자 한다. 저녁 내내 춤을 춘 한 숙녀가 발에 통증을 느꼈는데 평소와 달리 너무나 큰 고통이었다고 한다. 알고 보니 착용한 스타킹에서 나온 독성 염색약이 발에 난 상처를 통해 몸에 스며들어 중독 증상이 나타난 것이었다. 결국 그녀는 목숨을 부지하기 위해 두 발을 절단해야 했다."

이는 재거가 자신의 물건을 홍보하기 위해 지어낸 일화일 수도 있겠지만, 19세기 염색 산업의 전체적인 문맥에서 본다면 충분히 발생할 수 있는 사례였다. 재거의 건강 양말에 대한 마케팅은 독성 염료에 대한 대중적이고 정치적인 논쟁이 활발히 전개된 1890년대 말에 등장한 것이다. 그보다 30년도 더 전인 1868년에서 1869년 사이에 제조된, 밝은 빨강과 오렌지, 푸크시아fuchsia(적색을 띤 자주색) 색으로 염색한 남성용 양말과 같은 제품(그림 3과 4)은 이를 구입한 사람 중 일부에게 통증을 수반한 피부 발진 및 절뚝거림 등의 증상을 유발하였다.

〈펀치〉지는 양말로 인한 중독 사건을 앞서 소개한 고대 그리스 신

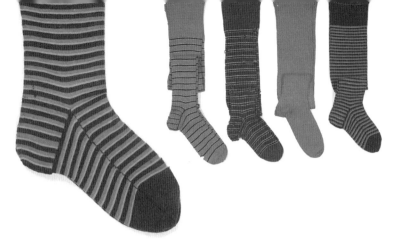

그림3 그림 4의 맨 오른쪽에 있는 자주색, 오렌지색, 검은색의 스트라이프 무늬 남성용 양말의 세부 모습, 1862년. 플랫 홀, 의상 박물관, 맨체스터.

그림4 스트라이프 무늬의 빅토리아 시대 남성용 스타킹. 1860년대(오른쪽의 두 켤레는 1862년). 플랫 홀, 의상 박물관, 맨체스터.

화 속 헤라클레스의 치명적인 셔츠 이야기와 연관 지어 풍자하였다. 해당 기사에는 "무엇이 헤라클레스를 죽였는지 알고 있다. 네소스가 건넨 셔츠는 켄타우로스의 유독한 피로 물든 것이 아니었다. 그 옷은 클로록시니트릭 산, 디니트로아닐린 또는 그와 비슷한 종류의 염료를 써서 선명한 빨간색으로 염색한 옷이었던 것이다. 멋진 색을 내지만 유해한 아닐린 성분으로 지금 영국 대중의 발과 발목에 물집이 잡히게 만드는 색색의 양말에 사용되는 그 염료 말이다"라고 적혀 있었다. 신화적 비유를 떠나서 양말은 별로 중요한 소비재가 아님에도 불구하고 현대 산업의 발전이 야기할 잠재적 피해를 상징하는 물건으로 우뚝 섰다. 런던 〈타임스〉지가 1869년에 언급했듯, "사람이 양말 한 켤레로 중독될 수 있다는, 밝혀진 지 얼마 되지 않은 사실"은 자명한 것이었다. 기사에는 이어서 다음과 같은 질문을 던진다. "고도로 문명이 발달한 오늘날, 양말이 위험하다고 하면 어느 누가 믿겠는가?" 기사는 담담하게 다음과 같은 설명을 이어간다.

"우리 주위에 숨어 있는, 이미 잘 알려진 우연한 중독의 위험
은 너무나 다양한 형태로 존재한다. 벽지의 친장 속 접시, 의
복 그리고 은밀한 추문, 심지어는 파티장 안 미녀의 발그레한
볼 위에도 말이다. 무심히 존재하던 독성은 그러나 한번 인
지하게 되면 바로 우려스러운 일이 된다."

19세기 후반, 일반 대중은 '우연한 중독'이 어디서나 일어날 수 있
다는 사실을 알고 있었다. 너무도 흔하고 평범한 일이었기 때문이다.

보랏빛 홍역

"병의 초기 증세 중 하나는 띠 형태로 나타나는 홍역과 같은
발진으로, 환자의 머리와 목 주위에 나타난다. 발진은 연한
보라색을 띠다 곧 퍼져서 어떤 경우 환자의 몸을 완전히 뒤덮
기도 한다."
—'보랏빛 홍역', 〈펀치〉, 1859년 8월 20일 토요일, 81p

아닐린 염료의 원료인 유독성 화학 물질 벤젠은 석탄 채굴과 그 부
산물에서 유래한 산업화의 유산이었다. 가스등과 가스 난방 같은 석
탄을 사용한 발전은 19세기 초반 고래기름과 양초수지와 같은 천연
조명 원료의 부족 사태를 겪으며 비약적으로 늘었다. 이에 따라 석탄
에서 나오는 끈적이는 검은색 진흙 형태의 콜타르coal tar 부산물이 넘
치게 되었다. 당시 화학자들은 이 진흙을 의학이나 상업 분야에 적용

할 방안을 모색하였고, 말라리아 치료제인 퀴닌을 합성하는 데 쓰거나 염료로 활용될 가능성을 찾아내었다.

화학자 윌리엄 퍼킨William Perkin은 검은 콜타르 용제로 옷감을 보라색으로 염색할 수 있다는 사실을 발견하였다(그림 5). 그가 만든 색은 퍼킨스 퍼플Perkin's purple이라고 명명되었다. 그 유명한 소설가 찰스 디킨스Charles Dickens가 편집했던 인기 잡지 〈올 더 이어 라운드All the Year Round〉에서 이 색깔에 대해 다음과 같이 언급했다. "풍부하고 순수한 색으로 부채, 슬리퍼, 가운, 리본, 손수건, 넥타이, 장갑 할 것 없이 어디나 어울린다. 이 색은 얌전한 숙녀의 안목에 광택을 더해줄 것이고, 그녀의 얼굴 주위를 장식할 수 있는 그 무엇으로도 변할 수 있다. 그녀의 입술부터 발등에 이르기까지, 그리고 그녀의 귓가에는 이런 말이 맴돌 것이다. 오 퍼킨스 퍼플이여, 이 얼마나 예술적이며 특별한 색인가."

그림5 퍼킨스 모브Perkin's mauve 색으로 염색된 드레스 , 1862~1863년. SCM-공업 화학, 과학 박물관 Science Museum, 런던.

성적인 매혹을 연상시키는 모브 색상이 나오면서, 화학자들은 더 큰돈을 벌 수 있었다. 보라색은 19세기 내내 인기 있는 색이었으며 바타 신발 박물관이 소장한 신발이 증명하듯, 여성의 발에 오묘한 매력을 더해주었다(그림 6). 그러나 호화로운 실크 새틴 소재로 된, 아닐린 염색을 적용한 모브 색상의 부츠는 여성의 피부에 밝은 보랏빛을 띤

그림6 19세기 보라색으로 염색한 신발들. 위에서 아래로, 영국, 약 1860년대, 터키에서 제작, 약 1855년~1870년, 프랑스, 약 1830년대. ⓒ2015 바타 신발 박물관, 토론토 (사진: 론 우드).

빨간색 반점을 유발하는 원인이 되었다(그림 7).

앞선 사례 연구에서 언급했듯, 빠르게 인기를 끈 모브 색은 여러 패션 필자들이 마치 전염병과 같은 기세로 퍼져나갔다고 표현할 정도였다. 이들의 눈에는 모자 상점과 보닛을 파는 가게는 지금 바로 위험

장소라고 표시되어도 이상하지 않을, 독성이 만연한 장소였다. 특히
'이 색의 파괴성은 특별히 더 약한 성별에 집중'되었으며, 남성은 보다
가볍게 증상을 앓다가 금방 낫는 수준이었다고도 언급했다. 또 다른
저널리스트는 그렇게 심각하게 위험한 것은 아니라면서 가벼운 열병
이나 패셔너블한 광기 정도라고 치부하기도 했다.

한편 자기 집에서 창문을 내다보면 거리에 이 색이 얼마나 자주 보
이는지에 관해 다음과 같이 언급했다. "퍼킨스 퍼플의 절정기는 손에
서 드러난다. 보라색 손이 건물의 정문 앞에서 악수를 하고, 보라색
손이 마차 안에서 손을 흔들며, 보라색 손은 서로를 위협하기도 한다.
또한 보라색 가운이 4인용 마차에 옹기종기 앉아 있고 운전석까지 차
지했으며, 시골로 가기 위해 기차역을 채운 인파는 마치 수많은 보라
색 새들이 천국으로 이동하는 것 같다." 이런 식으로 묘사되는 빠르
고, 때로는 터무니없어 보이는 유행은 지금도 여전히 존재한다. 19세
기의 평론가들은 새로운 염색이 어떻게 한 여성에게서 다른 여성으로
옮겨가는지, 또는 도시에서 시골로 이동했는지를 관찰하였다. 여전히
우리의 옷에 색을 입히는 화학성 염료는 전 세계적으로 삽시간에 전
파된다.

아닐린 염색은 과학적, 의학적 및 상업적 측면에서 지대한 영향을

끼쳤다. 그중에는 면역학과 화학 요법의 발전도 있는데, 결핵균과 콜레라균은 냄새해 구별할 수 있게 될 것이다. 또한 합성 향수이 시료를 염색을 낳기도 했다. 그러나 그 이면에는 아닐린을 기반으로 한 화합물에 남은 치명적인 독성의 위험이 도사리고 있었다.

이러한 위험에도 불구하고 퍼킨의 발명은 수많은 기념비적인 문헌과 이미지에 반복적으로 언급되었다. 비소가 선명한 녹색의 잎을 만들어낼 수 있었다면, 한 잡지에 실린 찬사에 드러나듯, 아욱 꽃의 '칙칙한 갈색이 도는 보라색'은 퍼킨에 의해 '맛깔스러운 바이올렛 색'이란 신세계를 창조하였다.

1859년에는 프랑스의 화학자 에마뉘엘 베르갱Emmanuel Verguin이 '풍성한 크림슨 레드' 색으로 군복에 널리 사용되게 된 푹신fuchsine을 제조하였다. 바로 그해, 프랑스는 사르데냐와 동맹을 맺고 오스트리아에 맞선 전투에서 연이어 승리를 거두었고, 이 새로운 색은 전투가 치러진 장소의 이름을 따 한동안 솔페리노solferino라고 불리다가 또 다른 승전지인 마젠타magenta라는 이름으로 남게 되었다. 이 눈부신 마젠타 색 가운은 1869년경 파리의 엘리트 계층 재봉사 마담 비뇽Madame Vignon의 작품으로, 이 강렬한 보랏빛을 띤 핑크색이 십 년 넘게 유행했다는 사실을 입증한다(그림 8). 모브 색 역시 상용화되었음을 뜻하는 색상 스펙트럼에 성공적으로 안착하게 되었으며, 이러한 사실은 염색 산업을 독점하게 된 독일의 프리드리히 바이어 주식회사Friedrich Bayer & Co.에서 나온 색상 카드에서 확인할 수 있다(그림 9).

1860년대와 1870년대에 아닐린은 염색제로서 너무나 흥미로운 것이었기에 명탐정 셜록 홈스의 주목을 받았을 정도였다. 프랑스를 배경으로 한 에피소드에서 홈스는 사악한 교수 모리아티로부터 몸을

그림8 마담 비뇽Madame Vignon, 마젠타 색 드레스, 약 1869~1870년, 파리. ⓒ빅토리아 앤드 앨버트 미술관, 런던.

숨기며, "콜타르 파생물을 연구하는 데 몇 달을 허비했다"라고 내뱉었다. 당시에는 직물 산업에 쓰일 새로운 색깔을 발명하고 특허를 내어 돈을 벌고자 한 이들이 넘치던 상황이었다.

아닐린만으로는 완벽한 색을 구현할 수 없었다. 마지막 염색 공정에서 아비산을 사용해야 보다 선명한 색을 표현할 수 있었다. 그렇

게 완성된 결과물은 이루 말할 수 없이 아름다웠으나 비소를 완벽하
게 씻어내는 것은 예상과 달리 불가능했다. 비소는 염색 공장 주변의 분까
토양에도 스며들었고, 결국 마젠타 색을 만들던 공장 주위에 사는 한
여성이 사망하는 사건이 발생했다. 부검 결과 그녀의 장기에서는 비
소가 발견되었고, 그녀가 물을 떠다 마신 우물에서 독이 검출되었다.
1860년대에는 마젠타 유행이 정점에 달했는데, 마젠타 색을 대량 생
산하던 퍼킨 소유의 공장에서 모피 펠트 모자를 캐로팅하는 데 썼던
것과 같은 질산제이수은 용액을 사용한 정황이 나왔다. 퍼킨은 모자
제작자처럼 그가 고용한 노동자 역시 이 중독 증상을 보이게 되자 이
성분의 사용을 중단했다.

혁신의 속도는 19세기 후반에 들어 더욱 빨라졌다. 화학자들은 당
시 유행하던 파랑이나 스칼렛 등의 색을 만들기 위해 각종 제형과 화
학물에 몰두하였다. 변화의 속도로 인해 민간의 및 군의관과 독물학
자, 심지어 수의사까지 건강 문제를 일으키는 특정 색깔의 화학적 구

그림9 퍼킨스 모브 색으로 염색한 숄(1856년)과 아닐린 염색 색상 카드, 약 1910년경, 바이어
주식회사Bayer & Co. SCM-산업 화학, 과학 박물관, 런던.

성을 이해하기 위한 연구에 뛰어들었다.

붉은빛을 띤 오렌지색 염료는 코랄린coralline이라고 불렸는데, 저명한 독물학자인 앙브루와즈 타르디외Ambroise Tardieu와 그의 조수 루생Roussin의 일견 끔찍해 보이는 실험에 의해 그 독성이 알려지게 되었다. 코랄린의 독성을 증명하기 위해, 이들은 우선 중독의 원인으로 추정되는 양말을 끓는 알코올에 넣어 빨간색 색소만 증류해 내었

CORALLIN ON WOOL.

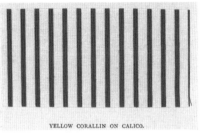

YELLOW CORALLIN ON CALICO.

그림10 붉은 코랄린 염색을 한 울과 노란색 코랄린 염색을 한 면, 직물 견본. F. 크레이스-칼버트F. Crace-Calvert 박사, 〈염색과 광목 인쇄Dyeing and Calico Printing〉(맨체스터: 팔머 앤드 호위Palmer & Howe, 1876년). ⓒ빅토리아 앤드 앨버트 미술관, 런던.

다. 그러고는 그 증류액을 개와 토끼, 개구리에게 각각 주입했으며 결국 세 동물은 모두 죽었다. 실험 기록에는 토끼의 폐를 물들인 빨간색이 '아주 아름다운 스칼렛 색 뉘앙스'를 보여주었다면서, 양말 한 켤레에서 나온 붉은색 색소만으로 다시 한 타래의 실크를 코랄린 색으로 물들일 수 있었다고 되어 있다(그림 10).

이 실험이 일으킨 반향은 컸다. 각각 수의사와 의사이기도 했던 프랑스 리옹의 큰 공장주들이 코랄린 염료가 무해하다는 것을 입증하기 위해 나섰다. 이들은 당시 유명했던 파리지앙 고블랭 직물 태피스트리 공방에서 일하는 두 노동자의 도움을 받아 새로운 실험을 진행

하였다. 타르디외가 실험에 썼던 것과 같은 양말을 구해 알코올에 넣어 증류한 후, 노동자들의 손과 빌을 며칠에 걸쳐 일부러 염색하여 디르디외와 루생이 틀렸고 코랄린은 완벽하게 무해하다는 사실을 입증하려고 한 것이다. 시간이 흘러 이들의 결론은 금이 가기 시작했다. 수년에서 수십 년에 걸친 추적 관찰 결과, 염색 일을 했던 남성들이 급성 및 만성 아닐린 중독Anilinism으로 병든 것이다.

염색은 언제나 위험한 일이었지만, 제1차 세계대전이 발발하자 이 직업의 위험성은 더욱 만천하에 공개되게 되었다. 염색을 할 때에는 원래 조색과 표백 및 염료 정착을 위해 매염제로 엄청나게 다양한 종류의 독성 물질이 사용되었다. 20세기 초반에는 크롬chrome이 가죽 태닝과 염색에 널리 사용되고 있었다. 이 물질은 노동자의 손에 크롬홀chrome hole로 알려진 구멍 같은 흔적을 남겼는데, 이 증상의 별칭은 로시뇰rossignol(밤꾀꼬리) 또는 나이팅게일이었다. 왜냐하면 그 고통이 너무 커서 증상이 발현된 노동자는 밤마다 새처럼 울부짖었기 때문이었다.

직업성 피부병에 관한 논문에 실린 한 이미지는 크롬 증기가 스타킹을 염색하던 한 남성의 팔과 목에 가져온 고통스러운 발진 증상을 시각적으로 보여준다(그림 11). 또 다른 직업병 관련 논문에는 노동자들이 보호 장갑도 없이 원사에서 염료를 손으로 짜내며 염색 일을 하고 있고 기껏해야 굳은일 정도로 부른다고 되어 있다. 논문의 저자는 염색 산업에 종사하는 노동자들이 기관지염과 같은 호흡기 질환, 습진과 같은 피부병, 빈혈 등에 시달리고 있으며 업계 노동자 사이에서는 청색증cyanosis 증상도 보고되고 있다고 기록하였다. 청색증은 산소 부족으로 인하여 입술과 사지 끝이 파랗게 변하기 때문에 붙여진

그림11 스타킹 염색용 크롬으로 인한 피부염, 약 1910년경. 프로서 화이트Prosser White, 〈진피 화효소 또는 직업병으로 인한 피부 감염Dermatergoses or Occupational Affections of the Skin〉(런던: H.K. 루이스H.K. Lewis, 1934년). 거스틴 과학정보센터, 토론토 대학교.

이름이다. 또한 아닐린은 방광암 및 고환암의 발병률을 크게 높이는 원인이 되기도 했다.

19세기에 발전하는 염색 산업의 수혜를 맛보며 형형색색으로 차려입었을 여성은 남성과 비교도 되지 않을 정도로 많은 수가 아닐린 중독에 시달리지 않았을까 추측해 보는 것은 꽤 합리적인 추론이다. 그런데 예상과 다르게 염료의 독성으로 인한 최악의 사례는 일부 아이들 혹은 성인 남성에게서 주로 발견되었다. 빅토리아 시대의 중상류층 여성은 아동과 성인 남성에 비해 차분하고, 우아하며 정적인 태도를 요구받았기 때문이다.

남성과 아이들은 일하고, 걸어 다니고, 심지어 더운 날씨에도 땀을 흘리며 뛰어다닌다. 이들이 입고 있는 셔츠와 양말, 신발, 심지어 모자 밴드는 땀에 흠뻑 젖기 마련이었다. 최근 아디다스 이노베이션 팀의 학술지 연구 결과에 따르면 남성은 밤이 대부분은 분사 이마름 동해 배출하며, 운동을 할 때 여성의 두 배 정도의 땀을 흘린다.

원래 비소를 사용한 에메랄드그린 색이나 아닐린 염색으로 합성한 오색찬란한 색은 피부에 직접 닿는 옷에 사용되는 경우가 거의 없었다. 그러나 빨간색만큼은 오랫동안 남성과 아이들의 양말, 여성의 스타킹, 플란넬 속옷, 페티코드 및 노동자 계급 남성이 입는 셔츠에 사용되었다. 전통적으로 빨간색 염색은 꼭두서니라는 식물의 뿌리나 연지벌레와 같은 곤충으로부터 얻은 염료를 사용했는데, 나방과 같은 해충을 방지하는 역할을 했을 뿐 아니라 색이 오래가고 무엇보다 피부에 안전했다. 의사들은 빨간색을 류머티즘 관절염 예방에 효과가 있다고 추천하기도 했는데, 이런 여러 가지 이유로 당시 대중은 빨간색 플란넬 천을 특별히 위생적일 것이라고 믿어 속옷으로 선호하였다.

독성이 있는 양말

산업화에 따라 빨간색을 내는 아닐린 염색이 피부에 직접 닿는 종류의 옷에도 사용되면서, 점차 심각하고 고통스러운 증상이 보고되기 시작하였다. 땀은 색소를 이동시켜 피부를 물들이기 마련인데, 장갑을 착용하면 손이 붉게 물들어 염색공의 손처럼 되어버렸다.

이 문제에 있어 가장 곤혹스러운 사례 중 하나는 남녀 모두가 발에 신는 검소한 니트 조직의 의류였다. 1860년대 들어 남성용 양말과 여성용 스타킹은 전통적인 염색 방법 대신 합성염료로 낸 눈부신 색깔로 바뀌었는데, 맨체스터의 의상 박물관 소장품으로 아직까지 남아 있는 네 켤레의 남성용 양말 유물을 보면 푹신과 코랄린 색 줄무늬가 사용된 것을 알 수 있다(그림 3과 4). 이 중 두 켤레는 1862년에 생산된 것으로 맨 위에는 밴드를 짜 넣었으며, 자세히 들여다보면 검정과 교차되는 거의 형광색에 가까운 오렌지색과 마젠타 등이 있어 당시 얼마나 선명한 색을 사용했는지 여실히 드러난다.

1861년에 발행된 〈레이디스 뉴스페이퍼Lady's Newspaper〉지는 "알록달록하고 다채로운 스타킹이 갑자기 등장했는데, 그 색이 너무나 밝고 화려하여 대조를 이룬다. 첫눈에 보기에도 이를 신은 사람은 분명 멋진 파티에 참석할 것만 같아 보인다. 빨강과 검정, 빨강과 화이트, 모브와 회색 등은 가게의 진열장 속에 놓이면, 휘둥그레진 사람들의 눈 앞에서 춤을 출 것만 같은 색들이다"라고 했다. 그러면서 이 색들이 사람들의 시선을 너풀거리는 치마 아래로 살짝 보이는 무지개색 발목으로 끌어당길 것이라고도 적었다.

영국에서도 선명하고 화려한 새로운 스타일의 스트라이프와 격자무늬 양말 및 스타킹이 대중적으로 크게 유행하였다. 이에 따라 관련 제품의 생산량도 비약적으로 늘어, 매년 면 소재 제품 25만 켤레와 울 소재 제품 12만 5천 켤레를 수출하기에 이르렀다. 화려한 색상으로 가게 진열장에서 오가는 이의 시선을 사로잡을 수 있도록 계산된 것이 대부분이라고는 하지만, 상당수 제품은 개인적 만족이나 옷차림을 섬세하게 연출하는 용도로만 사용되기도 했다.

부르주아 계급 남성의 밝은색 양말은 구두와 검정색 바지 사이로 아주 잠깐씩만 보일 뿐이거나 아예 발목까지 오는 부츠 안에 숨겨져 있었다. 양말의 색이 실제 밖으로 보이는지의 여부와는 상관없이, 대중 매체와 의학계에서는 색과 관련한 논쟁이 뜨겁게 진행되었다. 그 중 유명한 사례로, 한 영국 국회의원이 집에서 두문불출하며 몇 달이나 소파에 누워 지냈는데 발에 고통스러운 발진이 돋은 사건을 들 수 있다. 르 아브르Le Havre 지방에 사는 한 프랑스 남성은 런던에서 구입한 보라색과 빨간색 스트라이프 양말을 무려 12일간이나 신었고, 발과 발목에 농포와 염증이 생겨 고통스러운 급성 습진으로 빨갛게 가로지르는 줄무늬가 생겨 고통을 겪었다고 한다. 그를 진료한 의사는 문제의 원인을 찾기 위해 양말을 화학적으로 분석하였다. 그 결과 해당 양말의 빨간색에 푹신이 사용되었고, 지금까지 피부와 직접 접촉하는 물건에 사용된 적이 없는 색으로 밝혀졌다.

흥미롭게도 영국의 의학 저널 〈더 랜싯The Lancet〉은 영국산 독극물에 대한 프랑스 의사의 보고서를 게재하기를 거부했는데, 아마도 잘못된 애국심의 발현이었던 것으로 보인다. 이 사건 이후, 한 명망 높은 도시 기업은 막대한 금전적인 희생을 감수하면서까지 6천 켤레 이상의 색깔 양말 주문을 중단했으며 전통적인 염료 사용으로 회귀할 것을 선언하였다. 그러나 모든 생산자가 이렇게 양심적이었던 것은 아니었으며 비슷한 종류의 사건이 계속 발생하였다. 그중 하나는 1871년에 있었던 일로, 보라색과 노란색으로 된 한 신사의 양말이 발에 염증을 일으켜 호랑이 줄무늬 형태의 흔적을 남겼다고 한다.

이러한 문제점에도 불구하고 한 의사는 비꼬는 어투로 "그래서 뭐가 문제인가? 염증의 무늬는 우리의 눈을 즐겁게 하는 측면도 있지 않은가"라고 대수롭지 않게 치부하였다. 그럼에도 불구하고 관련 사례가 프랑스와 영국에 계속 발생하자, 조금은 조롱을 섞은 독자 투고가 〈타임〉지에 실렸다. 그 독자는 확실한 치료를 원한다면 자신처럼 양말과 스타킹 착용을 모두 포기하라고 일갈하였다.

의사들은 왜 특징 소규모 집단에서만 유독 피부 질환이 발생하는지 고민하였다. 문제가 없었던 사람 중에는 독성이 있는 양말을 신은 판사의 경우도 있었는데, 그는 원래 색깔이 있는 양말을 신던 습관이 있었으며 자신은 한 번도 문제가 된 적이 없었다고 했다. 혹자는 독성이 있는 양말을 신기 전에 빨지 않고 신은 사람들이 문제일 것이라고 추측했는데, 면이나 실크 및 울에 염색된 특정 염료는 특히 한여름에 타이트한 신발 속 압력으로 인하여 피부에 압력이 가해지면서 열이나 발생한 땀이 화학적으로 성분에 반응하면서 문제가 생겼을 것으로 보았다.

1868년에는 화학자 윌리엄 크룩스William Crookes가 크롬 성분에 대한 정확한 화학적 구성을 밝혀내려는 시도를 했다. 당시 겨우 18개월 전에 발명된 염색 재료였던 크롬은 마젠타와 섞어 선명한 빨간색을 만들 수 있었는데, 이 부식성 염료를 사용한 노동자들이 염증 문제로 6개월도 안 되어 일을 할 수 없게 되는 지경에 빠졌던 것이다. 크롬 역시 착용자의 땀으로 인하여 양말 착용자 중 소수지만 무시할 수 없는 비율로 중독 사고를 일으키던 참이었다. 안타깝게도 크룩스의 시도는 실패로 돌아갔고, 그는 문제의 소지가 있는 양말을 버리기보다는 비누와 소다로 세탁하여 '발과 시각 세포 모두에 가해지는 자극 성분을 없애고' 신을 것을 권하였다.

영국에서 제조된 빨강, 오렌지, 바이올렛 염료는 노동 계급 남성, 군인, 심지어 어린이에게 지대한 영향을 끼쳤다. 어린이는 스타킹 정도만 신는 성인 남성에 비해 색깔이 있는 옷을 더 많이 입기 때문에 더 위험하였을 것이다. 선명한 빨간색을 선호하던 군인들은 특히 더 문제였다.

1860년 12일, D미고민 알려간 프랑스 체균이 함장이 영국의 아머스항에 정박하여 한 기성복 상점에서 천일홍과 같은 아마란스 레드 amaranth-red와 밝은 빨간색인 카민carmine 색에 어두운 보라색 줄무늬가 함께 짜인 셔츠를 단돈 10실링에 구입한 뒤 세탁하지 않고 내리 5일간 입었다. 그는 프랑스로 항해를 떠나기 직전에야 셔츠를 벗었는데, 이미 피부와 머리카락, 입 안이 온통 빨간색으로 물들어 뜨거운 비눗물이나 알코올로도 없애지 못하는 상태가 되어버린 후였다. 하필 폐렴에 걸려 있던 그는 결국 셔츠를 다시 입을 수밖에 없었고, 고열로 인하여 죽을 만큼 앓으며 땀을 흠뻑 흘리고 말았다. 그러자 함장의 피부가 말썽을 부리기 시작했다. 힘이 넘치고 더할 나위 없이 튼튼한 체질이었던 그는 피부병 때문이라고 해도 거의 죽다 살아났다.

그로부터 4년 후, 한 기사에 더 많은 사례들이 실렸다. 그중에는 빨간 셔츠를 포기하기를 거부한 프랑스 보병의 사례도 있는데, 그는 이렇게 아름다운 물건 때문에 자신이 아프게 되었다는 사실을 믿을 수 없다는 반응을 보였다. 이 모든 사례는 당시 소비자 사이에 널리 퍼져 있던 선명한 색에 대한 욕망, 새로운 색에 대한 지속적인 화학적 기술과 대중을 현혹하는 마케팅이 한데 어우러진 결과이다.

한편 의학계에서는 사례 연구를 통해 염료가 지닌 위험을 소비자에게 알리기 위해 지속적으로 노력하였다. 1884년 국제 보건 박람회 조직은 전통적인 천연염료인 꼭두서니를 사용한 빨간색이나 서양쪽 indigo을 사용한 남색 같은 식물성 염색을 활용한 플란넬 제품을 홍보하였다. 19세기 말에 이르러 대중 사이에 크롬 등 화학 염료에 대한 공포가 더욱 커졌기 때문이다. 1892년, 여성과 아동 건강 전문가였던 에이더 벌린Ada Ballin은 "염색이 된 옷은 어떤 것도 절대 피부에 닿아서는 안 된다"라고 엄중히 선언하기도 하였다. 녹색, 보라색, 빨간색만이 아니라 모든 색깔이 잠재적으로 위험한 것으로 여긴 것이다. 그렇다고 해서 색깔이 패션계에서 완전히 사라진 것은 아니지만, 에드워드 7세(재위 1901~1910) 시대에 유행한 흰색 면 소재 드레스나 모더니스트들이 예찬한 순수한 흰색 페인트 벽은 어쩌면 수십 년에 걸친 의학 지식의 축적과 의생학자의 노력, 대중을 설득하기 위한 전시회 등의 산물이었을지도 모른다. 세균학과 독물학의 발전 역시 전염성 있는 물질을 씻어내고 표백하게 하고, 염색되지 않은 하얀 직물에 대한 수요를 높이는 데 한몫했다.

1890년대가 되자 그렇게 녹색과 마젠타 색에 의한 위험은 줄어들게 되었다. 하지만 새로운 색에 대한 갈증으로 저렴하지만 독성을 품은 또 다른 재료인 니트로벤젠 같은 아닐린 염색을 적용한 제품이 시장에 넘쳤는데, 대표적으로 구두 광택제와 염색 모피, 화장품 등을 들 수 있다.

검은 죽음

"많은 사람들이 애도할 때 그렇듯, 우리는 모두 검은색 옷을 입었다."
— 오노레 드 발자크Honoré de Balzac, 존 하비John Harvey의 《검은 옷의 남자들 Men in Black》, 26p에서 인용

스타일리시한 19세기 여성들이 마치 반짝이는 에메랄드나 모브 색상 가운을 입은 길리풀허 보랏빛 새처럼 보였던 반면, 기계 문명 시대의 민간인 남성은 냉철하고 점잖은 검은색을 선호하였다. 검은색은 티 없이 맑은 흰색만큼이나 유지하기 힘든 색으로 부유층의 특권이었다. 슈트의 경우 저렴한 검은색 염색은 빨리 색이 바래어 지저분한 어두운 녹색이나 노란색으로 변하기 일쑤였다. 광을 내지 않은 검은색 부츠나 구두는 진흙이 튀긴 자국 때문에 회색으로 보였다.

백인 여성은 피부가 타는 것을 막기 위해 장갑과 양산으로 무장한 채 납 성분이 든 액상 진주 유액을 얼굴에 발라 부드럽고 온화한 흰색으로 빛나는 피부를 가지려 했다. 이에 대조되는 벨벳처럼 짙은 검은색은 그들의 남성 파트너들이 여인들을 돋보이게 하기 위해 원했던 것일지도 모른다. 당시 남성들은 할 수 있는 모든 수단을 동원해 외모를 가꾸는 데 시간과 공을 엄청나게 들였다. 남성의 액세서리들은 광택을 낸 강철과도 같이 윤기가 흐르는, 말 그대로 산업사회의 숭고함이 반영된 미학으로 받아들여졌다. 광택을 낸 가죽으로 만든 검정 구두는 자연스러운 윤기가 흐르는 실크 소재 정장 모자와 짝을 이뤘다. 남성 신발에 요구되는 검은색 허세를 제공하기 위해 검정 구두약 산업이 비약적으로 발전한 것은 말할 필요도 없다.

가난하고 대다수의 경우 홈리스였던 구두닦이 소년은 도시의 거리에서 노동의 대가로 아주 적은 돈을 받고 일했던 반면, 부유한 이는 신발만을 전담하는 하인을 두었다. 1877년 사진가 존 톰슨John Thomson이 저서 《런던 거리의 삶Street Life in London》에 담기 위해 촬영한 〈독립적인 구두닦이Independent Shoe-Black〉 사진의 설명에는 당시 경찰이 5실링의 면허 값을 지불하지 못한 소년을 어떻게 박해했는지 묘사되어 있다. 경찰은 불쌍한 소년의 구두닦이 상자를 거리로 차거나 부숴버렸으며 구두약은 쏟아버렸다. 젊거나 건장한 남성은 이런 일에 종사하지 않았다. 구두닦이 소년에 대한 전형적인 이미지는 부르면 곧장 달려와 말도 안 되는 싼값에 구두를 닦는 8세에서 9세 정도 되는 소년으로, 병약한 아버지를 돌볼 수밖에 없는 어머니를 돕기 위해 손을 보태는 처지 정도일 것이다.

남성용 신발은 디자인과 유지 비용, 상태에 따라 그가 어떤 사회적 계층에 속해 있는지 단번에 유추할 수 있게 하는 강력한 지표였다. 오늘날 우리는 싫증 나면 바로 버릴 수 있을 정도로 저렴하고, 심지어 빨아서 신을 수도 있는 신발을 신고 깨끗한 콘크리트 보도를 지나는 일상을 살고 있기 때문에 19세기 사람들의 사치품이었던 신발의 위상을 잊고 산다. 오늘날의 관점에서 보면 19세기의 도로는 위험투성이로 보일 것이다. 지저분하고, 진흙투성이에다 거의 비포장도로였던 길에 말의 배설물과 다른 쓰레기들이 가득한 장면을 상상할 수 있겠는가. 오직 일부의 남성들만이 다른 이의 도움 없이 (혹은 마차 없이) 자신의 신발을 완벽하게 광택이 흐르는 상태로 유지할 수 있었다.

구두닦이 소년과 새로이 보급된 우산, 그리고 몇몇 건축공학이 일군 혁신적인 공간이야말로 재력 있는 부르주아 계급의 보행자들이 파리에서 깨끗한 신발을 유지할 수 있는 방법이었다. 옻칠을 하거나, 래커를 바르거나, 광택을 낸 가죽은 퀴르 베르니cuir verni라고 불렸는데, 이는 보호 기능이 있었다. 몇 겹으로 바니시를 칠해 만든 신발은 방수 효과가 보다 뛰어났고 진흙이 튄 자국도 제거하기 쉬웠다. 그러나 19세기에 바니시를 칠한 가죽은 백랍이나 유독한 가연성 용제를 사용했으며 그 때문에 끔찍한 악취를 풍기기 일쑤였다. 좋지 않은 교통 상황과 날씨를 피하고 싶은 쇼핑객을 만족시킬 새로운 공간이 필요한 시기였다. 혁명 이후 파리에 생긴, 새롭고 화려한 아케이드 혹은 파사주passages는 지붕이 있는 거리로 타일이 발라져 있고 거리를 거니는 사람들을 위해 가스등으로 불을 밝혔다. 또한 데크로퇴르décrotteur, 즉 흙 터는 기계 또는 진흙 제거기mud-remover를 아케이드의 양쪽 끝에 설치해 들어오는 사람이 신발을 씻을 수 있도록 했다.

그럼에도 불구하고 대부분의 파리의 거리는 비가 오면 거의 다닐 수 없는 지경이었다. 그래서 똑똑한 사업가들이 해결책을 제시했다. 이들은 나무 널빤지를 제공해 이용할 때마다 돈을 받는데, 부알리Boilly의 그림에 묘사된 가족처럼 부유한 이들은 임시변통으로 마련한 이러한 다리를 이용해 흙을 밟지 않고 거리를 건널 수 있었다(그림12).

이러한 방책이 있었음에도 불구하고 당시의 신발은 주기적으로 점검이 필요했다. 구두창을 갈고, 솔질을 하고, 가죽에 색을 덧입히거나 광을 내는 작업 등 구두와 부츠의 수명을 늘리기 위한 기술이 계속 필요했다. 특히 어두운색 신발은 자주 검은색 구두약이나 액상 또는 반죽 형태의 왁스를 발라줘야 했다.

한 인쇄물에 파리의 센강 제방에 자리 잡은 관련 산업이 묘사되어 있다. 하찮게 보일 수 있지만 몸단장 서비스를 동물과 사람 모두에게 제공하던 사업가들이 있었는데, 그들이 한 일은 예를 들어 반려견의 털을 깎아주거나 검정 구두에 프랑스식 또는 영국식 손질을 더한 광택을 내주는 것이었다(그림 13). 이 그림에서 노동 계급의 여성은 자신의 신발에 광택을 내는 칠을 하고 있는데, 이는 보다 섬세했던 여성용 신발을 위해 보편적으로 하던 관리 과정이었다.

구두약을 바르는 다양한 작업이 시장에 선보이고 판매되었는데,

그림12 루이-레오폴 부알리Louis-Léopold Boilly, 〈폭우 또는 돈을 지불하는 통행인The Downpo ur or Passez payez〉, 1803년. 루브르 박물관Musée du Louvre, 파리, 프랑스(사진: 에리히 레싱Erich Le ssing / 아트 리소스Art Resource, 뉴욕).

런던은 이러한 신발 관리법의 핵심 생산지이자 수출지였다. 침을 묻혀 광을 낸 신발을 갖는 것이 당대인에게 얼마나 중요했는지, 해당 산업이 얼마나 수익성이 좋았는지를 알 수 있는 사례를 들어보자. 찰스 데이Cahrles Day는 구두약 회사 데이 앤드 마틴Day & Martin의 소유주였는데, 이곳은 찰스 디킨스가 십 대 때 일하기도 했던 회사로 데이가 사망한 1836년에는 당시로서 상상할 수 없을 만큼 큰 금액이었던 35만 파운드의 가치를 지닌 것으로 평가받았다.

그림13 파리 센 강변의 거리 행상인들: 반려동물 미용사, 구두닦이 및 가판대, 19세기 초. 웰컴 도서관, 런던.

초기의 구두약에는 왁스, 수지나 동물 기름, 램프 그을음, 석탄 성분 찌꺼기 등 고약하지만 천연재료가 들어 있었던 반면, 19세기의 화학적 혁신을 거치자 훨씬 독성이 강한 성분이 사용되기 시작했다. 구두약 업계의 거물이었던 찰스 데이가 사망할 당시 독일의 화학자 아일하르트 미처리히Eilhard Mitscherlich는 니트로벤젠nitrobenzene 또는 니트로벤졸nitrobenzol이라고 불리는 노란빛을 띠는 액체를 분리해내는 데 성공하였다. 영국의 화학자 찰스 맨스필드Charles Mansfield는 1847년에 영국의 향수 제조 공방을 위해 이 물질에 대한 특허를 냈고, 미르반 오일Oil of Mirbane 또는 마이르반Myrbane이라는 이름으로 상업적으로 생산했다.

해당 물질은 마치 씁쓸한 아몬드 진액 같은 좋은 향이 났기 때문에, 머리카락 및 얼굴에 바르는 크림이나 비누 등 뷰티 제품에 저렴하게 향을 더하는 데 사용되었고, 심지어 사탕이나 마지팬marzipan(아몬드, 설탕, 달걀을 섞은 것으로 과자나 케이크 표면을 덮는 데 많이 쓰인다 - 역주), 리큐어 등 식품에도 사용되었다. 아닐린 염색이 절정에 이르렀던 19세기 중반에는 벤젠 종류를 주로 염료로서 필요로 했지만, 새로운 염색 기술의 등장으로 니트로벤젠이나 벤젠은 '향기를 내는 질산'으로 취급되면서 드라이클리닝 등에 저렴한 공업 및 산업용 용제로서 널리 사용하게 되었다.

니트로벤젠은 강한 독성을 품은 화학 물질로 혈액 속의 철을 산화시키고 몸을 회색으로 변하게 하는 반면 입술은 눈에 띄게 어두운 블랙베리 같은 보라색으로 물들인다. 오늘날에도 2012년 인도의 러크나우Lucknow에 살던 한 17세 소녀가 니트로벤젠 용액을 마셔 자살을 기도하여 메트헤모글로빈혈증methaemoglobinemea으로 알려진 증상을 보인 지 4일 만에 사망한 사건 등이 발생하기도 한다.

의사들은 19세기 후반 염료 공업에서의 연속적인 니트로벤젠 중독 사건을 기록하기 시작했다. 한 의사는 1899년에 "헤모글로빈이 산소 운반력을 잃은 것으로 보인다"면서 다음과 같은 결론을 내렸다. "뇌사 단계가 되면 돌이킬 수 없는 결말을 피할 가능성이 거의 없어진다." 더욱 치명적인 사고는 이 액체를 옷에 쏟았을 때 발생했다. 한 남성은 시 ▨▨▨ 옷에 ▨▨ 떠나귀 일록을 끼♢는 데 ▨용했으며, 다른 남성은 옷에 니트로벤젠을 쏟은 채 네 시간을 내버려 두었는데, 두 사람 모두 사망에 이르렀다.

당연한 일이겠지만, 이 화학 물질을 합성하는 노동자야말로 가장 심각하게 건강에 영향을 받은 이들이다. 1892년 향기를 내는 염료 화학 물질 사용을 다룬 한 기술 논문에서 니트로벤젠 제조는 "여러 사고와 위험한 폭발이 많이 발생하던" 부문이라고 기록했으며 병든 노동자들이 "입 안에 타는 듯한 자극을 느끼며, 혀가 따끔거리고, 메스꺼움과 현기증, 우울감, 뇌사, 불면, 불안" 등의 증상을 호소했다고 적었다. 또한 이명, 극심한 두통, 경련, 경기 및 피부가 푸르게 변하는 증상이 나타나고 "그들이 내뿜는 숨결에서 씁쓸한 아몬드 냄새가 났다. 44가지 공업 중독 사례에서 14명이 사망했다"라고 기술하였다.

한편으로는 칭송받던 절약 정신이야말로 20세기의 첫 30년 동안 가장 심각한 연쇄 니트로벤젠 중독 사태를 일으킨 주범이었다. 밝은 갈색이나 노란색의 신발에 때가 많이 묻으면 액상 구두약 용액을 발라 검정이나 갈색으로 다시 염색할 수 있었는데, 이 용액을 미국에서는 프렌치드레싱French Dressing이라고 불렀다(그림 14). 이 용액에서 검정색 염료의 접착제로 주로 사용한 것은 유독한 액상 아닐린이나 더 독하지만 그보다 저렴했던 니트로벤젠이었다. 이 용액으로 구두를 적시면 증발 과정에서 인체에 치명적일 수 있는 증기가 발생하였다. 또한 액상 형태였기 때문에 신발 위쪽의 천 부분이나 가죽에도 스며들었고, 땀이 난 발이나 발목의 피부를 통해 몸에 흡수될 수 있었다. 그로 인한 비극은 주로 일생에서 기념할 만한 순간에 자주 일어나곤 했

그림14 숙녀용 구두와 책가방을 위한 빅스비의 로열 폴리시Bixby's Royal Polish for ladies' shoes and satchels와 신사용 부츠를 위한 빅스비의 베스트 구두약Bixby's Best Blacking for Gents' boots 의 광고용 카드, 약 1880년경, 다색 석판 인쇄. 저자 소장품.

다. 예의를 갖춰야 하는 중요한 자리에 최선을 다해 임하려면 구두도 최선을 다해 광택 내야 했기 때문이었다.

한편 구두는 구두 수선 가게나 집에서 광택을 내기도 했는데, 그러한 상황은 보다 일상적으로 아이와 유모가 함께하는 일요일 산책일 수도 있었고, 단지 적절하게 차려입고 사무실에 가기 위한 것이었을 수도 있었다. 프랑스에서 보고된 사례 중에는, "한 건강한 남성이 원

래 노란색이었으나 검은 구두약을 발라 광택을 낸 신발을 신고 장례
식에 참석한 뒤 이내 핑기증이 나면서 청색증 증세를 보였다"라는 기록
이 있다.

청색증, 즉 혈액 내 산소 부족 증상은 신체 말단과 입술이 푸른색
이나 검은색이 되며 발생한다. 프랑스의 의사였던 랑도우지Landouzy
와 브루어델Brouardel은 1900년에 염색한 지 얼마 되지 않은 신발을
신은, 한 가족에 속한 일곱 어린이들의 중독 증상 사례를 기록했다.
해변에서 놀던 3살짜리 여자아이가 먼저 입술이 파랗게 변하더니 넘
어졌고, 이 아이의 4살 위 언니가 몇 분 후에 "엄마, 모든 것이 빙글빙
글 돌아요!"라고 외치며 쓰러졌다. 30분쯤 후에는 5살 남자아이가 같
은 증상을 보였다. 그보다 나이가 많았던 9세, 13세, 14세의 아이들은
더 어린 아이들보다는 증상의 심각성이 덜했지만 입술과 손이 파랗게
되기는 마찬가지였다. 이와 같은 사례는 대중과 의학계의 마음을 사
로잡았고, 이후 비슷한 사례들이 언론에 주기적으로 등장했다.

한편 유독성 신발 염색약의 생산자를 대상으로 진행된 프랑스의
한 소송 기록에 부츠의 독성에 중독되면 어떻게 되는지에 대한 직접
적인 체험이 담겨 있어 눈길을 끈다. 간단하게 W라고만 기록된 한 젊
은 남성은 출근하려고 나서면서 원래는 노란색이었지만 최근에 검은
색으로 염색한, 단추로 여미는 부츠를 신었다. 그는 파리 중심가에 있
는 직장까지 총 3킬로미터를 걸었고 당연히 그의 발에는 땀이 났다.
직장에 도착해 창문 밖을 보고, 그는 한 여성이 노란색의 새 부츠를
신고 지나가는 것을 보았다. 그는 "재미있네, 나는 부츠를 막 검은색
으로 염색했는데"라고 말했다. 그러자 그의 동료들이 한 어린이가 검
은색 구두약으로 염색한 구두를 신고 최근에 사망한 사건을 언급했는

데, 그 말은 나중에 자신에게 어떤 일이 닥친 것인지 파악하는 데 도움이 되었다.

오전 나절에 그는 얼굴과 입술이 모두 바이올렛 색깔로 변했으며, 어지럽고 멍멍한 증상을 느꼈다. 그는 자기가 만난 모든 사람들이 "무슨 일이야? 너 완전 시커먼데" 또는 "어머! 이상해라. 저 사람 입술이랑 귀가 검네. 마치 썩은 시체 같아"라고 말했다고 기록했다. 그가 찾아간 약사는 의사에게 진료 받을 것을 권했으며, 당시 청색증 진단을 받은 이를 의사에게 데려간 적이 있는 한 경감을 우연히 만났다. 맑은 공기를 쐰 뒤, 그가 저주받은 물건이라고 표현한 문제의 염색 부츠를 벗자 상태가 훨씬 호전되었다.

판사는 염색약 한 병을 압수해 화학적으로 분석하게 했는데, 아닐린이 검출되었다. 랑도우지와 브루어델은 이 물질이 얼마나 위험한지 입증하기 위해 법정에서 동물 실험을 진행했다. 이들은 토끼의 털을 부분적으로 깎아낸 후 사고의 원인으로 지목된 용액으로 염색한 가죽 조각을 붙였다. 가죽의 바깥쪽에는 용액을 한 번 발랐고, 뜨거운 물로 적신 젖은 면 띠를 그 위에 둘렀다. 한 시간 후 토끼는 청색증 증상을 보였고 두 시간이 되기 전에 죽었다. 이 실험의 결과 법정에서는 생산자에게 유죄를 선고했으나 공공 보건을 위험에 빠뜨린 죄로 50프랑이라는 미미한 벌금을 물렸을 뿐이었다. 1901년, 주요 염색약 생산 도시였던 리옹의 의대생이었던 줄리앙 트리베Julien Tribet는 그의 학위 논문에서 "아닐린 염색제와 구두 광택약이 위험한 물품이라는 사실을 대중에게 반드시 알려야 한다"라고 주장하면서, 정부 차원에서 이들 제품을 주의 깊게 분류하고 판매를 규제할 것을 촉구하였다.

이러한 염색약들은 분명 다른 사람들의 구두와 부츠를 닦는 궂은 일을 하던 이들, 즉 구두 수선공, 구두닦이, 구두 판매직 등 대중의 관심 밖에 있던 노동자의 건강에 악영향을 끼쳤을 것이다. 1902년의 법정 기록을 보면, W 씨가 새 구두를 살 때 그를 도왔다는 판매 직원의 증언이 나온다. 그는 유독 성분이 든 광택제의 병을 열었을 때 그 냄새에 질식할 정도였다고 말했다.

이들을 보호하기 위한 법안이 마련되기까지는 그로부터도 한참이 걸렸다. 1927년 3월, 시카고의 보건 당국은 유독성 용제가 든 모든 가죽 염색약의 판매를 금지하였다. 또한 '모든 슈즈는 염색한 후에 반드시 72시간 이상 옥외에 두어 말린 다음에 신어야 하고, 해당 염색약을 캔버스나 새틴 같은 천으로 제작된 신발에 사용해서는 안 된다'라고 명시된 주의 라벨을 달도록 했다. 또한 이러한 경고 내용이 적힌 플래카드를 모든 신발 가게와 구두 수선 가게, 구두 닦는 가게에 걸도록 하였다. 그러나 이러한 경고는 문맹이나 이민자 출신 구두닦이에게는 별 도움이 되지 않았는데, 한 의사가 언급했든 사실 노동자의 상당수가 영어를 구사하지 못했기 때문이다.

1920년대와 1930년대에는 머리카락에서 새로운 문제가 나타났다. 남성과 여성을 막론하고 패셔너블한 머리색을 위해, 혹은 흰머리를 감추기 위해 염색을 하기 마련인데, 머리카락 염색약에 사용된 새로운 화학 물질이 끔찍한 사고를 일으킨 것이다. 같은 시기, 저렴한 토끼 모피나 자투리 조각을 값비싼 모피와 비슷하게 만들기 위해 사용하던 염색약이 고통스러운 모피 피부염의 원인으로 지목되었다. 이렇듯 위험하지만 여전히 합법적으로 판매되던 제품들은 미국 농무부가 주관하여 각종 고문 기구 등이 나열된 〈미국 공포의 방American Chamber of Horrors〉이라는 전시회에 진열되었다.

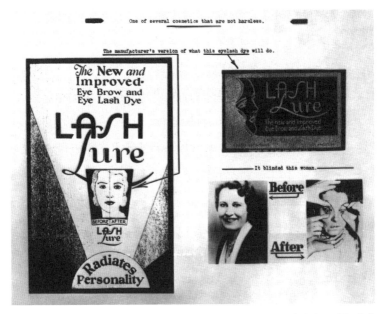

그림15 속눈썹과 눈썹 염색약에 든 아닐린 염료로 실명한 브라운 부인의 사고 전후 사진, 1933년. 식품의약청 자료실 제공.

이 전시는 1933년 시카고 국제 박람회Chicago's World Fair에서 처음 선보인 것으로, 워싱턴 D.C.에서도 열린 바 있다(그림 15). 이 전시회에서 고발한 제품 중 하나는 래시-루어Lash-Lure란 상표의, 속눈썹 및 눈썹 염색약이었다. 그전까지는 볼 수 없었던 획기적인 제품이었기 때문에 이 제품은 20세기 초반 중산층 여성들 사이에서 큰 인기를 끌었다.

1933년 헤이즐 페이 브라운Hazel Fay Brown 부인은 지역 학부모회의 만찬에 초대를 받게 되어 주 학부모회 잡지에 실릴 사진을 찍었다. 한 시간 후 그녀는 머리 모양을 다듬기 위해 미용실에 갔는데 그곳에서 눈썹과 속눈썹을 염색하라고 설득했다고 한다. 곧바로 눈이 아프기 시작했고, 다음 날 아침에는 눈을 뜰 수도 없는 상황이 되었다. 그녀는 몇 달이나 병원에서 고생을 했는데, 각막이 벗겨지고 안구에 구멍이 나서 그녀의 매혹적인 푸른 눈은 영원히 시력을 잃고 말았다. 그녀는 래시-루어에 들어 있는 파라페닐렌-다이아민paraphenylene-diamene 종류 아닐린 성분 때문에 알레르기 반응을 보인 것이다.

〈공포의 방〉 전시회에서는 해당 제품의 위험성을 알리기 위해, 사고 전과 후의 브라운 부인의 사진을 전시하였다. 〈타임 매거진Time Magazine〉은 당시 미국 영부인이었던 엘리너 루스벨트Eleanor Roosevelt가 브라운 부인의 사진을 가슴에 묻으면서 차마 볼 수가 없다며 울었다고 전했다.

한편 52세의 또 다른 여성이 미용실에서 일하던 자신의 딸이 래시-루어를 발라준 지 8일 후 사망한 사건을 비롯하여, 〈미국 의학 협회 저널Journal of the American Medical Association〉에만 최소 17건의 비슷한 사례가 보고되었다. 이 사악한 성분은 미국에서 모피와 펠트를 염색하는 데도 사용된 것인데, 시장에서 우르솔Ursol이라는 이름으로 유통되고 있었다.

이 제품은 120명 중 한 명꼴로 중독 증상이 나타나 강력한 접촉성 알레르기 유발 성분으로 결론 내려졌지만, 이 물질이 광범위하게 사용되기 전인 1906년에 통과된 미국 법안은 이를 머리카락 및 눈썹 관련 제품 조제용 물질로 사용하는 것을 금지하지 않았다. 제조사가 이 성분으로 병을 치료한다는 허위 사실을 주장한 것은 아니라는 이유에서였다. 이러한 법률상의 미비함 때문에, '안구를 머리통에서 빼내 태워버릴 수도 있는 부식성 미용 제품'인 래시-루어는 1936년까지도 전국의 상점에서 판매되었다.

2011년 영국 신문 〈더 가디언The Guardian〉의 뷰티 칼럼니스트 샐리 휴즈Sali Hughes는 '염색약이 당신을 죽일 수도 있을까?Could Your Hair Dye Kill You?'라는 제복의 기사를 썼다. 그녀가 기사를 쓴 시점은 스코틀랜드의 17세 소녀 타바사 맥코트Tabatha McCourt가 염색약에 들어 있던 p-페닐린다이아민p-phenylenediamine 또는 PPD라고 불리는 성분에 대한 다수의 부작용으로 사망한 지 한 달이 지난 후였다. 휴즈 자신도 원래 빛나는 검은색 머리카락을 가지고 있었으나 단골 미용실의 권유로 머리를 염색한 후 비슷한 알레르기 반응을 겪고 입원한 경험도 한몫했을 것이다.

비록 색조 화장품에 사용하는 것은 금지되었지만, PPD는 오늘날에도 로레알L'Oréal, 클레어롤Clairol과 에이본Avon 등 유명 제조사의 제품을 포함한 99퍼센트에 달하는 머리카락 염색약에 사용되고 있다. 이유는 새치를 효과적으로 물들여 주기 때문이다. 미용용품에 사용되는 수많은 다른 독성 성분들, 예를 들어 립스틱과 옷 속의 납 성분부터 염색약에 든 PPD 성분에 이르기까지, 진즉에 역사 속 유물이 되었어야 할 오염 물질들은 여전히 우리 삶의 수많은 영역에 상당수 존재하고 있다. 각 제조사들의 경제적 필요성과 미용에 대한 사회적 필요성이 그것들을 여전히 우리 곁에 존재하게 하는 것이다. 빅토리아 시대 남성이 부츠를 염색하고 광택을 내기 위해 구두를 손질하는 곳으로 몰려들었듯이, 대부분의 여성은 자신의 새치 섞인 머리카락을 사회적으로 적절하다고 여겨지는 색으로 염색해야 한다는 압박을 받고 있는 것이다.

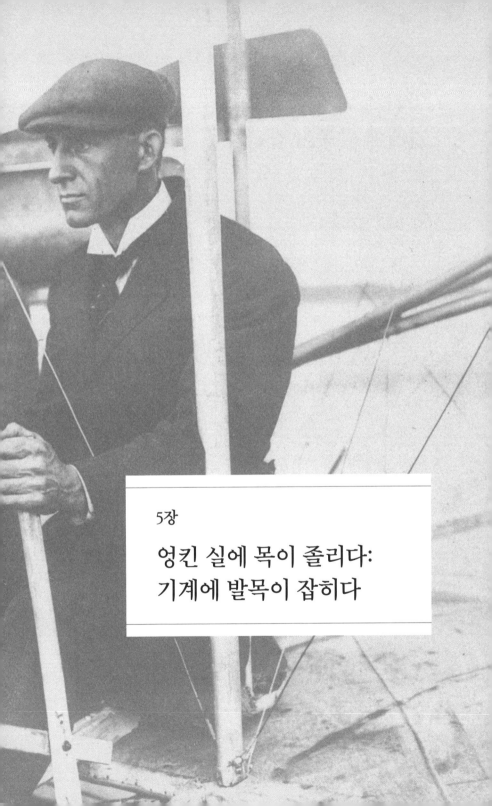

5장

엉킨 실에 목이 졸리다:
기계에 발목이 잡히다

엉킨 실에 목이 졸리다: 기계에 발목이 잡히다

"꾸밈이 위험이 될 수도 있다."

– 거트루드 스타인Gertrude Stein, 이사도라 덩컨Isadora Duncan의 사망 소식을 듣고

1927년 9월 14일 저녁, 프랑스의 대표적인 휴양 도시인 니스Nice 에서 미국의 저명한 무용수 이사도라 덩컨이 스포츠카 조수석에 올라 탔다. 차가 움직이기 시작하자, 그녀는 트레이드마크였던 빨간색의 긴 실크 숄을 목에 두 번 감은 뒤 왼쪽 어깨로 넘기며 습관적으로 하던 말을 외쳤다. "아듀Adieu, 나의 친구들, 나는 영광을 향해 떠나요!" 프 랑스어로 '아듀'는 원래 다시는 보지 않을 작별을 할 때 쓰는 인사말이 었다. 잠시 후 그녀는 숄에 목이 졸려 사망했고, 마지막 인사는 그 뜻 대로 이루어져 버렸다.

차체가 낮은 오픈카 형태였던 아밀카Amilcar 사의 스포츠카는 좌석이 스포크 휠spoke wheel(스포크라고 불리는 강철선이 중심과 타이어를 연결한 휠로 현재는 오토바이에 주로 쓰인다 - 역주)과 위험할 정도로 맞닿아 있다. 그리고 왼쪽에 위치한 이 차의 조수석은 핸들을 잡은 운전사보다 약간 뒤쪽에 자리하였다. 그녀를 제대로 볼 수 없었던 기사가 무심코 차를 출발한 사이에, 덩컨은 숄을 어깨 뒤로 넘겼고 숄 끝의 술 부분이 차체 뒤쪽 흙받이와 차체 사이로 미끄러져 들어가, 디스크 브레이크와 바퀴의 스포크 사이에 감겨버렸다. 숄은 차축에 감겨 그녀를 차 뒷바퀴 쪽으로 끌어당겼고, 프롬나드 데 장글레Promenade des Anglais(영국인 산책로라는 뜻의 니스의 해변 산책로 이름 - 역주)를 따라 달리던 스포츠카가 덩컨의 목을 낚아챘다. 어떤 기록에 따르면 그녀는 목이 졸린 채로 도로 위에 내팽개쳐졌다고도 한다.

어떤 경우든 너무 순식간에 일어난 소름 끼치는 사망 사고였음에 틀림없다. 목격자의 기록에 따르면 목을 조이는 힘이 너무 빠르고 강했고, 친구들은 흐느껴 울며 두꺼운 실크 숄을 바퀴에서 자르려고 미친 듯이 뜯어내어 그녀의 찢긴 살chairs déchirées을 꺼내려 애썼지만, 이미 사망한 그녀의 목에 난 상처에서 떨어진 피가 자동차의 발판에 떨어지고 있었다.

거트루드 스타인은 몰인정하게도, 너무나 유명한 이 사건은 말 그대로 그녀의 멋 부린affected 옷차림이 불러일으킨 패션 참사라고 단호히 평가하였다. 스타인의 논평은 어쩌면 〈뉴욕 타임스New York Times〉지가 표지 기사로 이 사고를 전하며 선택한 단어 때문이었을지도 모른다. 기사에는 "슬프게도affecting, 덩컨은 늘 입던 평범하지 않은 의상처럼 시시각각 색이 변하는 듯 보이는 화려한 색상의 커다란 실크

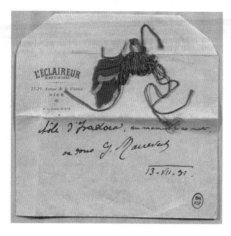

스카프를 목에 두르고 있었다"라고 적혀 있었다.

삶과 죽음 사이에서 그녀의 의상 선택이 비범하고 특이한 것이었는지에 관한 논란과는 별개로, 덩컨이 당한 사고의 전말은 진정 참혹한 것이었다. 그녀가 둘렀던 숄의 조각은 지금도 프랑스 국립 도서관 Bibliothèque Nationale de France의 예술 및 공연 컬렉션에 보관 중인데, 니스의 신문사 레클라리외L'Éclaireur의 주소가 인쇄된 봉투 안에 들어 있다(그림 1). 이 조각은 그녀가 사망 당시, 언론인이자 그녀의 친구였던 조르주 모르베르Georges Maurevert가 모아두었던 것으로 보이는데, 봉투에 그의 이름과 함께 '이사도라가 사망 당시 둘렀던 숄'이라고 적혀 있기 때문이다.

자료로 보존된 이 숄은 우리 인간의 연약함을 보여주는 가슴 아프고 시적인 유물로 비닐 봉투에 담긴 채, 이와 비슷한 수준으로 충격적인 기억의 조각 옆에 보관되어 있다. 바로 그녀의 세 살짜리 아들 패트릭Patrick의 머리카락 한 줌이다. 패트릭은 여섯 살이었던 누나 데어드리Deirdre와 함께 익사했는데, 1913년에 그들이 타고 있던 차가 센강에 빠지는 사고가 났던 것이다. 그녀를 죽음에 이르게 한 숄의 조각은 당연히 그 충격적인 죽음을 떠올리게 하며 사고 당시의 폭력성을 재현한다. 마치 그녀와 한 몸인 것 같았던, 터퀴스 블루와 노랑, 크림슨색으로 짜인 숄은 칼날에 찢겨나갔고 숄을 둘러싼 장식 술 부분의 긴 덩굴손은 그녀의 목을 졸랐다. 그러나 이 패션의 순교자가 남긴 유물은 숄만이 아니었다. 그녀의 친구와 추종자는 유명 무용수였던 그녀의 옷을 갖고 싶어 했는데, 덩컨이 입양한 딸 어마Irma는 이 숄에서 잘라낸 술 부분의 일부를 검은색 줄이 선명한 부고 봉투에 넣은 후 D 자로 표시해 보관하였다.

덩컨의 유품은 그녀가 사망한 지 한 달 후에 경매로 처분되었다. 죽음을 부른 숄은 한 무명의 젊은 미국 여성에게 2,000달러에 팔렸는데, 그녀는 하와이 파인애플 농장의 상속인이었다고 한다. 당시는 고가의 스튜드베이커Studebaker사 자동차 한 대가 1,895달러에 판매되던 시절이었다. 그보다 저렴한 쉐보레Chevrolet사의 자동차는 525달러였으니, 숄에 얼마나 큰 투자를 한 것인지 알 수 있다. 숄 전체를 볼 수는 없지만, 덩컨의 친구 메리 데스티Mary Desti가 소유하고 있던 술 장식의 일부가 어바인Irvine의 캘리포니아 대학교의 특별 소장품으로 보관되고 있다.

프로 무용수였던 덩컨은 아밀카 스포츠카를 탈 때도 그녀가 살았던 시대의 사람들이 오픈카를 탈 때 주로 입던 실용적인 먼지 방지용 재킷과 모자, 고글 대신에 풍성하고 부피가 큰 숄을 둘렀다. 그녀와 함께 있던 남성인 베르나르 팔체토Bernard Falchetto는 잘생긴 프랑스계 이탈리아인으로, 카레이서이자 정비공이었다. 덩컨은 고급 자동차 브랜드의 이름을 따서 그를 부가티Bugatti라는 별명으로 불렀다. 그는 차가 그리 깨끗하지 않은 것을 사과하면서 덩컨에게 자신의 가죽 코트를 입으라고 권했지만 덩컨은 사양했다고 한다. 혹자는 당시 50세였던 그녀가 자신보다 어린 기사에게 호감을 느껴서 멋지게 입고 싶어 했다고 상상하기도 한다. 하지만 덩컨의 숄은 단순히 패션 아이템만은 아니었다. 그도 그럴 것이 그녀는 오랜 기간 술이 달린 화려한 숄을 즐겨 착용해 이 스타일은 그녀만의 트레이드마크로 굳어져 있었기 때문이다.

또한 1927년 당시에는 술이 달린 숄이 대중적으로 인기 있는 아이템이기도 했다. 덩컨이 사망하기 한 달 전, 프랑스의 한 패션 저널은 매장의 진열장을 장식하고 있는 "마치 요정이 된 것 같은 느낌을 주는" 핸드페인팅 직물에 대한 기사를 냈으며 "풍성하고 반짝이는 실크 소재에 같은 색의 술 장식이 달린 숄"은 "요염한 자매들을 부러움에 기절할 지경으로 만들 것"이라는 내용도 있었다.

덩컨의 옷은 〈뉴욕 타임스〉지의 표현대로 '시시각각 색이 변하는' 종류의 소재는 아니었지만 러시아에서 망명한 예술가 로만 샤토프 Roman Chatov(로마 샤토프Roma Chatoff라고도 표기)가 그의 작업실에서 직접 손으로 색을 칠한 오리엔탈풍의 작품이었다. 미국인 친구 메리 데스티가 숄의 제작을 도왔으며 1927년 5월 1일에 덩컨에게 특별한 선물로 숄을 건넸다. 5월 1일은 앞서 세상을 떠난 그녀의 아들 패트릭의 생일로, 슬픈 날에 그녀를 위로하기 위한 선물이었다. 이국적인 느낌의 숄은 한 세기 넘게 유행을 넘나들었다. 러시아와 동양에서 영감을 받은 숄은 주로 어깨에 둘러서 착용했으며 1910년대와 1920년대에 유행한 단순한 원통형 드레스의 실루엣을 보다 우아하게 만들어주었다.

핸드페인팅 숄은 선명한 아닐린 염료로 제작되었으며, 러시아 혁명 이후 망명해 파리에 고급 공방과 상점을 연 러시아인들이 전문적으로 만들던 아이템이었다. 덩컨의 숄은 2야드(약 1.82미터) 길이에 60인치(152.4센티미터) 너비를 한 무게감 있는 크레이프 소재로, 커다란 노란 새가 거의 전체를 뒤덮고 있었고 파란색 과꽃 무늬와 검은색 한자 무늬가 들어간, 그야말로 작품이었다고 한다. 우리는 파리에 남아 있는 조각을 통해 원래 무늬를 아주 조금만 들여다볼 수 있을 따름이다.

평소 과장해서 이야기하는 버릇이 있다고 알려진 데스티는 이 숄에 대해 '이사도라의 삶의 빛'이라고 말했다. 또한 그녀가 이 숄을 선물 받았을 때 기쁨에 젖어 열광하며, "오 메리, 이건 마치 새로운 삶, 그리고 희망과 행복과도 같아. 이런 건 본 적도 없어. 왜냐고? 이건 마치 살아 있는 것 같잖아. 숄이 마치 살아 있는 것처럼 흔들리는 걸 좀 봐. 메리, 자기야, 이 숄은 절대, 절대 나를 떠나지 않을 거야! 항상 이렇게 부드러운 빨간색으로 겹쳐져서 내 슬프고 불쌍한 마음을 따뜻하게 만들어주겠지"라고 말했다고 한다.

그녀는 덩컨이 이 숄을 백 가지 다른 방법으로 걸쳐 보고 거울 앞에서 한참을 춤을 추었다고 전하며, 덩컨이 "얘, 이 숄은 마법 같아. 여기서 전율의 파도가 느껴져. 이런 빨강이라니, 심장에 흐르는 피의 색이야"라고 말했다고 회상하였다. 그러나 겨우 넉 달 후, 숄은 경찰에 제출된 증거가 되었으며 데스티는 이 저주받은 숄이 "(덩컨의) 귀한 피로 물들었다"는 것을 인정해야만 했다. 덩컨이 너무나 좋아해서 어딜 가든지 항상 착용했다는 숄은 그녀가 사망한 후 작은 조각으로 잘려 경매에 넘겨져 사라져버렸다. 또 다른 비극이 아닐 수 없다.

이 치명적인 숄의 매력은 여전히 뚜렷하게 남아 있다. 텔레비전 프로그램 〈시어터 오브 패션Theatre of Fashion〉의 복식학자 앰버 제인

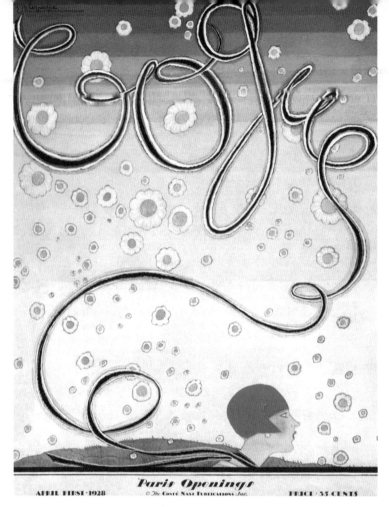

그림2 조르주 르파프Georges Lepape, 이사도라 덩컨이 죽은 지 6개월 후, 소용돌이치는 스카프가 그려진 〈보그〉지 표지, 1928년 4월호. 르파프/보그 ⓒ콘데 나스트Condé Nast.

부차드Amber Jane Butchart는 덩컨의 사망 후 6개월이 지난 시점에 〈보그〉지의 표지로 사용된 조르주 르파프의 일러스트에서 그녀의 사고가 떠오른다고 말했다(그림 2). 르파프가 상상하길 이 치명적인 숄은 검은색과 흰색의 소용돌이무늬를 그리면서 플래퍼flapper(1920년대 스타일을 대변하는 신여성으로 단발머리에 깊이 눌러쓴 모자가 특징 - 역주)의 목에서 솟구쳐 올라 공중제비를 돌며 잡지의 제목을 그린다. 원래 르파프르는 해당 잡지의 표지로 자동차를 자주 그렸는데 이 그림에는 자동차에 대한 직접적인 표현이 없다. 그러나 공중을 가득 채우고 빙글빙글 돌아가는 꽃들, 그리고 입을 벌리고 있는 빨간색 클로슈cloche(종처럼 생겨서 깊이 눌러쓰는 형태의 여성용 모자 - 역주) 모자를 쓴 여인의 표정에서는 빠른 속도감이 연상되며, 여성의 흥분은 단지 파리의 봄 컬렉션에 대한 것이 아닐 수 있다.

덩컨이 사망하기 1년 전인 1926년, 독일과 미국의 심리학자들은 사고경향성accident prone이라는 용어를 만들었다. 특정 사람들이 사고를 당할 확률이 특별히 높다는 이 이론은 부분적으로는 20세기 초의 첫 20년간 기하급수적으로 늘어난 자동차의 대중화와 그에 따른 사고에 대한 우려에서 나온 것이었다. 미국에서 자동차 사고로 인한 사망 건수가 1906년 374건에서 1919년 10,000건까지 증가했던 것이다. 덩컨의 사망이 발표되었던 날, 〈뉴욕 타임스〉지는 문제가 많았던 그녀와 자동차의 관계를 언급하며 '그녀 인생의 많은 사고들'이라는 제목으로 그녀의 두 어린 자녀를 죽음에 이르게 하고 그녀를 다치게 했던 1913년과 1924년의 사고를 다루었다. 기술자들은 이 신기술을 더 안전하게 만들 수 있는 방법을 찾아냈지만, 교통사고는 계속해서 늘어났다.

때로는 직물이 자동차에 위험할 수 있다는 사실도 기억할 필요가 있다. 오늘날 우리는 사고 상황에서 운전자와 승객을 보호하기 위한 안전벨트라는 직물에 크게 의존한다. 성인은 고정 고리가 있는 좌석 벨트를 착용하고 어린이는 다섯 개의 고정 포인트가 있는 벨트가 달린 유아용 카시트에 태우면서, 우리는 직물이 우리의 생명을 구할 수 있다는 사실에 감탄한다.

현대 의학 역시 기석을 보여주었다. 2001년 에든버러 중심가에서, 자전거 인력거를 탄 한 21세 여성의 스카프가 스포크 휠에 걸렸다. 이 사도라 덩컨과 아주 비슷한 사고 상황에서 그녀는 후두부와 설골이 파열되고 외부 경동맥에 부상을 입었지만 살아남았다. 그녀를 살려낸 응급 구조 요원과 외과 전문의들은 그녀의 부상을 이사도라 덩컨 신드롬이라고 불렀으며, 이들의 지식 덕분에 그녀는 의류로 인한 비극적인 묶임 사고의 최초이자 유일한 생존자로 기록될 수 있었다.

사고의 간략한 역사

사고는 주로 예측할 수 없고 즉각적이며 폭력적이다. 이 때문에 언론은 사고를 선정적으로 다루거나 때로는 미화하기도 한다. 위험을 회피하는 것이 중요한 현대 사회에서는 사실 거의 병적으로 사고를 보고하고 분석과 예방에 집착한다. 사고를 다룬 끔찍한 글과 이미지, 심지어 영상은 디지털 미디어를 통해 순식간에 전 세계로 퍼진다.

또한 현대의 위험 사회는 우리를 사고로부터 지키기 위해 각종 통계 자료와 보험 정책을 만들어냈다. 전 세계적으로 위험과 질병을 최소화하는 작업 환경은 단순히 목표를 넘어서 법으로 지정되는 경우가 많다. 그러나 문화권이나 역사적 시기에 따라 사고 발생에 대한 사고 방식은 현저히 다르다. 예를 들어 농경 기반의 부족 사회나 산업화 이전의 사회에서는 사고를 신의 영역이라고 생각했다. 누구나 단지 운이 없어서, 또는 운명에 따라 죽을 수 있었다. 그러나 산업혁명이 일

하나고 계약 기반의 고용 형태가 늘어나면서, 사고에 대한 사회적 책임을 강조하는 현대적 법의식이 발전되었다. 사고에 대한 의식 변화의 흐름 속에서 의류에 관한 인식도 변화하게 되었다.

1897년의 노동자보상법Workmen's Compensation Act과 같은 법안이 영국에서 통과되기 전까지, 노동자는 업무상의 위험을 노동 계약의 일부로 강요받았다. 당시 계약서에는 "피고용인은 고용인에게 두 사람 간에 약속된 바에 따라 노동을 제공할 때 모든 일반적 위험을 감내해야 한다"와 같은 구절이 명시적으로 기록되었다. 다시 말해 돈을 받는 대가로 노동을 한다면, 설사 그것이 치명적인 위험을 초래하는 일이라 할지라도 노동자가 자발적으로 한 행위라고 합의한다는 것이다. 기업이 이윤을 우선시하면서 노동자의 사고나 부상에 대해서는 거의 보상이 이루어지지 않았던 당시의 사회 구조를 감안하면, 노동 계급의 남성이 장애나 어려운 상황에 놓였을 때 할 수 있는 것은 그저 참고 견디며 자신의 일자리를 '자유로운 계약의 주체'로서 유지하기만을 바라는 것이었다.

이러한 태도는 작업장 내 사고를 규제하려는 시도에 걸림돌이 되었다. 당시의 노동자는 일건 자신들이 고용주에게 무력하여 여성이나 어린애 취급을 받는 불쌍한 수혜자로 보이는 것을 원치 않았다. 이러한 걸림돌에도 불구하고, 노동자를 만성적으로 중독시켰던 화학 물질처럼 사고의 원인이 된 기계는 19세기 말부터 규제를 받지 않았던 것들까지도 점차 유해한 것으로 인식되었다.

이 장과 다음 두 장에서는 약 1750년경부터 현재에 이르기까지, 유행했던 직물과 옷이 원인이 된 개인적 및 산업적 사고를 다룰 것이다. 이러한 사안에 대한 법적, 의학적 및 통계적 자료가 상당량 있는

데, 이는 당시 급증하던 인쇄물 문화가 사망 사고를 알리는 데 열을 올렸던 까닭도 있다. 당시의 신문은 거의 모든 페이지마다 사고에 대해 소름 끼칠 정도로 상세하게 기록했는데 현대의 독자라면 속이 메스꺼워질 수준의 것이었다. 이러한 선정적인 '죽음에 대한 포르노그래피'는 신문의 판매 부수를 올리는 데 일조하였다.

상세한 사례를 연구하기 전에, 보다 보편적인 질문을 던질 필요가 있다. 옷과 액세서리는 어떤 사고를 유발했으며, 시간이 흐름에 따라 어떤 양상으로 전개되었는가? 다수의 문화권에서 비슷하게 발견되는 독이 묻은 옷에 관한 신화와 달리, 의류로 인해 발생한 대부분의 사망 사고는 엄밀히 말하자면 최신 기술에 따른 물건이 원인이 된 것이 대부분이다.

산업혁명 전에도 분명 옷으로 인한 사고는 발생했다. 예를 들어 1559년 8월, 조지 리드요크George Rydyoke라는 남성은 돌풍이 불어 자신의 풍차 축에 셔츠가 걸렸고, 옷과 돌아가는 풍차 바퀴 그리고 바람 부는 날씨 때문에 치명상을 입었다. 리드요크는 바퀴에 쓰라린 상처를 입었고, 팔과 갈비뼈 두 개가 부러져 결국 사망에 이르렀다.

그러나 지금부터 내가 논할 사고는 18세기부터 일어난 것들로, 직접적으로나 간접적으로 새로운 산업 기술로 인해 발생한 것이다. 원래 고급 패션에 속했던 고가품이 대중의 손에 들어가면서 발생한 사고들이다. 이 장에서는 엉킴 및 추락으로 인한 사고를 다루고자 한다.

덩컨의 숄에 얽힌 사고에서 알 수 있듯이, 엉킴 사고는 주로 너무 많은 양의 직물이 인체의 취약한 부분이나 움직이는 부분에 둘러져서 발생하며 목과 다리가 특히 위험 부위이다. 이렇게 과도한 양의 천에 걸리면 우리 몸은 압박되거나 부상을 입는다. 16세기의 불쌍한 풍차

208

노동자의 후손들 역시 회전 기계와 같이 일하면서 그로 인해 죽음을 맞이한 것이다.

그중 프랑스의 자료 기록에서 일인칭 시점의 장부에 나오는 사례를 하나 소개하고자 한다. 스위스 근처인 프랑스 동부의 도시 퐁타를리에Pontarlier의 경찰서에서 작성된 공식 경찰 기록에, 40세의 일용직 쥘스 투르니에Jules Tournier가 회전하는 구동렬drive train 손잡이에 엉켜서 신체가 심하게 훼손되었다는 보고가 있다. 투르니에에게 치명상을 입힌 접동 축계 및 벨트는 기계에 동력을 분배하기 위해 산업혁명 이후 계속 사용되어 온 것이다. 이 구조의 빠르고 지속적인 회전은 전부터 자주 사고의 원인이 되곤 하였다. 투르니에의 동료인 19세의 노동자 테오필 팔루스Theophile Paulus의 증언에 의하면, 그는 1882년 6월 10일 오전 6시에 죽은 동료와 함께 널빤지를 보관하기 위해 격납고 위로 올라갔다. 작업을 끝낸 다음 사다리를 타고 내려가려면 회전하는 축 아래를 통과해야 했는데, 투르니에는 몸을 충분히 숙이지 않았다가 옷이 축에 붙들려서 끌려갔다. 그는 상황을 목격한 순간 울부짖었으나 너무 늦은 것이었다. 2~3분도 되지 않는 시간 동안 투르니에의 몸은 완전히 산산조각이 났다. M.M. 반델 프레르M.M. Vandel Frères 소유 공장의 감독관은 "이 불행한 자의 몸은 조각나 바닥에 널려 있었으며 경찰이 도착했을 때는 축 주위에 말려 있는 옷만 발견되었고, 신체의 잔해는 모아서 병원으로 가져갔다"라고 증언하였다. 경찰 조사 결과, 사고를 피하기 위해서는 엄청난 주의가 필요했다는 결론이 났는데, 축이 땅에서부터 불과 1미터 정도밖에 떨어져 있지 않았기 때문이다. 그 아래로 지나가기에 충분할 만큼 몸을 굽히려면 노동자는 손과 발을 모두 써서 기어가야만 했다.

산업 재해는 남성만의 일이 아니었다. 여성 역시 공장에서 일하고 있었다. 남성은 다양한 종류의 직업장에서 사망 사고로 인하여 비명횡사했던 반면, 대부분의 여성 공장 노동자들은 기계로 인하여 죽음을 당했다. 여성의 긴 머리카락은 기계 구동축 근처에 갔을 때 특히 위험했는데, 예상할 수 있듯이 축에 쉽게 휘감겼기 때문이다.

영국의 공무원 힐다 마틴데일Hilda Martindale이 1906년에 쓴 보고서에 따르면, "축에 의한 두피 박리 부상 중 어떤 사례에서는 응급 처치에 대한 지식이 너무나 부족했던 나머지 박리된 두피가 축에 한 시간이나 걸려 있기도 했다"라는 기록이 있다. 여성의 옷 때문에 발생한, 본차나 공장에서 발생한 또 다른 사고 역시 끔찍하기는 마찬가지다. "뼈 제거 기계에 재료를 넣는 일을 하던 이 가엾은 여인은 불행히도 기계에 너무 가까이 다가가, 옷이 바퀴에 걸려 들어갔다. 그 결과 그녀는 기계로 빨려 들어갔고 무자비한 기계에 허벅지 살이 말 그대로 꽉 끼어버렸다. 이 사건에서 또 하나의 슬픈 부분은, 그녀가 사고 당시 임신 중이었다는 것이다."

여성의 경우 옷, 장신구, 머리카락이 공장 환경과 맞지 않아 위험 요소가 된 반면, 남성은 넥타이에 목이 졸리거나 셔츠의 커프스가 기계에 걸려서 취약한 부위인 팔다리와 목이 순식간에 위험한 상황에 처하는 경우가 많았다.

노동 계급은 새로운 산업 공정 및 기술적 발전이 만들어낸 위험에 불균형적으로 노출되어 있었다. 이 지점에서 놀라운 것은 원래 전통적이었던 것들의 발전인데, 예를 들어 칼처럼 곧게 주름을 잡은 스코틀랜드 남성들의 옷 킬트kilt는 원래는 용감한 하이랜드(스코틀랜드 북부를 지칭하는 말)의 전사들이 입던 것으로, 민족적 자부심과 국가적 정체성을 기리기 위한 것이었다. 16세기와 17세기에 스코틀랜드 부족의 하층 계급 남성들은 저렴한 격자무늬 천을 허리에 두르는 형식의 브레칸breacan이라는 옷으로 덤불로부터 몸을 보호했다. 다른 문화권의 사람들이 보기에는 마치 스커트처럼 보이기도 했다.

반면 족장이나 사회적 지위가 높은 이들은 신사다움을 나타내는 바지를 입거나, 스타킹과 함께 반바지를 착용하는 것이 일반적이었다. 1727년 랭커셔 출신의 영국 퀘이커교도로 철기 제조업자였던 토머스 롤린슨Thomas Rawlinson은 철광석을 제련하기 위해 인버네스Inverness 지방의 맥도넬MacDonells 가문의 숲을 임대하였다. 그는 목재를 베거나 용광로에서 일할 하이랜드 출신 노동자를 고용했는데, 그들이 입은 긴 격자무늬 옷은 강도 높고 위험할 수도 있는 노동을 하기에는 영 거추장스럽고 불편해 보였다. 그는 군복 전문 재단사를 고용해 이들에게 보다 짧고, 박음질로 주름을 잡은 스커트를 만들어주었다. 롤린슨 본인과 고용주인 맥도넬도 이 옷을 입자, 부족 남성들이 따르기 시작하였다. 이 옷은 필리베그philibeg라고 불렸고, 오늘날 우리가 아는 약식 킬트로 정착하였다. 즉 킬트는 사실 초기 산업혁명의 산물로 영국의 실업가가 직원을 위해 디자인한 옷이며, 하이랜드 사람들에게 있어 '덤불 속뿐 아니라 공장에서도 입을 수 있는 옷'이 되었다.

일할 때 입는 옷은 기능적으로 디자인된다. 이러한 디자인은 노동자들이 몸을 자유롭게 움직이도록 해주어야 할 뿐 아니라 입은 사람을 직업상의 위험으로부터 보호해 줄 수 있어야 한다. 예를 들어 대장장이와 편자공은 두꺼운 가죽 소재 앞치마와 무겁게 징을 박은 부츠를 신는데, 이는 뜨거운 금속 및 성미가 고약한 짐승과 함께 일하기 때문이다.

사회가 고도화되고 새로운 직업이 생겨남에 따라 소재 공학과 생리학, 인체 공학을 통해 보다 정교한 보호 장비가 디자인되었다. 앞치마는 잿집, 고글, 마스크 및 먼지를 막아줄 호흡 보조기도 이어졌고, 누출된 재료나 감전의 위험으로부터 작업자를 보호해 줄 특수 신발이 생겼으며, 방탄조끼도 발명되었다. 여기에 화학 물질, 화염, 세균 및 방사능 등을 막아줄 위험 물질에 대한 방호복도 등장하였다. 군복과 군용 물품은 이러한 기술적 발전에서 중요한 역할을 담당했으며, 하이테크 스포츠용품 역시 비슷한 발전을 이루었다. 선수가 더 빨리 헤엄칠 수 있게 해주는 상어 슈트shark suits(상어의 피부 구조를 본떠 물의 저항을 줄인 전신 수영복 - 역주)는 논란의 대상이 되기도 하였다. 우주복은 혁신의 측면에서 기술의 정점에 위치한 옷으로, 인간이 가혹한 환경에서도 살아남을 수 있도록 해주며 살과 피로 이루어진 연약한 인간의 몸이 극한의 무중력 환경에서 기적처럼 버틸 수 있게 한다.

옷에 적용되는 과학적 혁신이 우리의 신체 능력을 향상시키는 물리적 기술의 적용을 강조하는 반면에, 패션은 고의적으로 몸의 기능을 제한하고 비실용적인 부분을 강조하는 경우가 많다. 사실 역사 속에서 패셔너블하다는 것은 시각적인 표현을 위해 편의성과 이동성은 희생되는 경우가 대부분이었다. 패션을 향유할 수 있는 부유층은 아름다움을 위해 팔을 움직이기에는 불편한 아래로 길게 늘어진 소매가 달린 옷을 입고, 굽이 높은 구두를 신고, 머리에는 파우더를 뿌린 높은 가발을 쓰고, 빳빳하게 풀을 먹인 칼라를 착용하였다. 이들에게는 무거운 물건을 옮기는 일 따위의 육체노동과 요리나 청소, 옷 입기, 머리 손질 등의 작업을 대신해 줄 하인이나 노예가 얼마든지 있었기 때문이다. 이들이 지저분한 거리를 지날 때는 값비싼 옷이 더러워지지 않도록 마차나 말, 가마 등을 타고 이동했다.

기술은 고급 패션에서도 핵심적인 역할을 했지만, 보통은 신체의 취약한 부분을 보호하기 위한 목적이 아니라 더 많은 양의 직물을 보다 저렴하게 생산하거나 자연 상태의 신체 부위, 즉 머리, 목, 엉덩이, 허리, 둔부 또는 코드피스codpiece(15~16세기 유럽 남성들이 바지 앞 성기 부분에 차던 장식용 천 - 역주)의 실루엣을 강조하거나 면적을 줄이기 위해 모양을 보정하는 목적으로 적용되었다.

너무 크거나 불편할 수 있는 옷, 숄, 부채 및 양산을 우아함으로 위장하는 능력은 역사적으로 여성의 중요한 업적이었다. 의상의 우아함과 신체적 규율은 여성의 사회적 지위, 취향 및 부유함을 드러냈다. 한편 수전 히너Susan Hiner는 저서《모던함을 위한 액세서리Accessories to Modernity》에서 산업이 재화의 생산과 소비를 보다 저렴하게 만들어 원래 엘리트 계급의 전유물이었던 패셔너블한 물건을 하위 계급이 취할 수 있게 만든다고 지적하였다. 만약 편하면서도 패셔너블함을 잃지 않은 킬트와 같은 옷이 18세기의 노동자를 위해 제작되었다면, 아마도 여성들은 공장의 복장 규정과 유행 사이에서 선택지가 더 많았을 것이다.

통제하는 옷: 호블 스커트

"네, 가슴에는 자유를 주었지만 다리에는 족쇄를 채웠죠.Oui, je libérais le buste mais j'entravais les jambes."

– 폴 푸아레Paul Poiret, 〈시대에 옷을 입히다En habillant l'époque〉 (파리: 그라세 Grasset, 1930년, 53p)

덩컨의 위험한 꾸밈에 대한 거트루드 스타인의 언급에서 드러나 듯, 위무인은 사건이 낭자하는 이니지만 관찰자 본인도 삭충 사고에 대해 도덕적 판단을 내릴 자격이 있다고 생각하는 경향이 있다. 하여 누구에게나 일어날 수 있는 일이라고 진지하게 경고하는 작가가 있는 반면, 어떤 이는 조롱조로 사건을 과장하거나 도발적인 옷을 입은 여성 순교자들은 피해를 입을 만했다는 식의 주장을 늘어놓기도 한다. 상당수의 초창기 논평은 특히 종교적 색채가 강했다. 그러나 의사, 의상 개혁가, 위생학자 및 샬럿 퍼킨스 길먼Charlotte Perkins Gilman과 같은 페미니스트는 여성의 건강을 파괴하고 움직임에 제약을 더하는 패션을 지속적으로 반대하였다.

이러한 도덕적 판단은 옷을 역사적, 문화적 맥락에서 읽지 못한 것으로, 사회경제적 및 정서적 맥락은 고려하지 않았다. 극단적인 패션이 착용자에게 제공하는 시각적 및 촉각적 매력 역시 무시당하기 일쑤였다. 이러한 관점에서 보면 스커트는 완벽한 예시 사례가 될 것이다.

우리는 몸을 옥죄는 코르셋과 신발에 대한 의학 문헌에는 익숙하나, 다리에 대해서는 생각해 본 적이 거의 없다. 중세에는 남성용 양말이 발전하여, 남성은 다리를 드러내기 위해 두 갈래로 갈라진 옷을 입었던 반면, 여성은 여성성을 드러내기 위해 긴 스커트 착용이 권장되었다. 남성이 스커트를 입는 것은 다른 문화권에서의 일이거나 공장에서 노동을 하기 위한 경우에 국한되었다. 한편 여성이 바지를 입는 것은 20세기 초에 페미니스트 의상 개혁가들이 풍성한 실루엣의 여성용 바지인 블루머bloomer와 같은 옷을 도입하려고 시도했으나 50년 넘게 성공을 거두지 못하였다. 20세기 초까지 스포츠나 오트 쿠튀르의 경우를 제외하고 여성이 바지를 입지 않았다는 사실은 그만큼 조롱과 저항이 심했다는 뜻이다.

　1880년대는 의상 개혁가들이 탐미주의 운동의 산물인 헐렁하고 늘어진 가운을 필수 복장으로 만들려고 시도하였고, 주류 패션에서 유행한 무릎 아래에 내부 띠를 두른 폭 좁은 스커트는 여성의 움직임을 방해하는 것으로 간주한 시기였다. 한 의상 개혁가는 1880년에 다음과 같이 이야기했다. "내가 이야기를 나눈 대부분의 사람들은 걷는 데서 오는 즐거움이 없어졌다고 한다. 체력이 좋지 않은 사람들은 몇 발짝 걸을 때마다 무겁고 폭이 좁은 스커트가 주는 피로감을 심각하게 느낀다는 것이다."

　행동을 제약하는 스커트가 유행 전선을 넘나들고, 아방가르드 시대를 살았던 여성은 배우를 비롯하여 몸매를 온전히 드러내는 시스sheath(칼집이라는 뜻) 스커트 또는 고대 그리스 의상을 연상시키는 디렉투아르Directoire(프랑스 혁명기 총재 정부 시대의 양식) 스커트에 몸을 밀어 넣어야 했다. 이러한 몸에 착 달라붙는 스커트는 종아리와 허벅지를 드러내는 슬릿이 있어 밝은 색깔의 스타킹을 과시하는 한편, 착용자의 다리가 자연스럽게 드러나 선정적으로 느껴졌다. 스커트가 타이트해질수록 이를 입고 걷기도 힘들어질 수밖에 없었다. 그리고 이는 여성의 이동성을 교묘하게 제한하는 스타일인, 호블 스커트로 대체되었다.

　호블 스커트hobble skirt, 프랑스어로 주프 엉트라베jupe entravée는 발목 쪽으로 갈수록 통이 좁아지는 스커트로 입은 사람의 보폭을 제한하여 절뚝거리는hobble 것처럼 보이기 때문에 그 이름이 붙여진 옷이다. 비행기를 타고 자유롭게 하늘을 날았던 최초의 여성에게서 영감을 받은 스커트로도 알려져 있다.

　1908년 유럽에서 라이트 형제의 사업 대리인을 맡고 있던 하트

그림3 노끈으로 스커트를 감은 하트 O. 버그 부인, 윌버 라이트와 함께한 최초의 비행기 승객
이 되었다. 1908년 9월. 스미소니언, 미국 국립 항공 우주 박물관National Air and Space Museum
(NASM 2002-11883).

O. 버그Hart O. Berg 부인은 시험 비행에 동행해 달라는 윌버 라이트
Wilbur Wright의 부탁을 받고 매우 기뻐했다. 프랑스 북서부의 르망Le
Mans에서 출발이 예정되었던 이 비행은 유인 항공의 지속성을 입증하
기 위한 것이었다. 이들은 홍보에 공을 들였고, 프랑스 관중과 언론이
이 시범 비행을 보기 위해 구름처럼 몰려들었다. 버그 부인은 승객으
로서 하늘을 난 최초의 인물이 되었고, 1908년 10월 7일 윌버 라이트
의 옆에서 2분 7초 동안 활공하였다.

　한 사진을 보면 그녀의 실용적이면서도 유행을 따르는 테일러드
슈트tailored suit와 얇은 스카프를 지탱해 주는 스타일리시한 모자를 확
인할 수 있다(그림 3). 그녀의 스커트는 무릎 아래를 튼튼한 노끈으로
묶어서 바람에 날리거나 기계 부품에 휘말리는 사고를 방지하도록 했
다. 일화에 따르면 버그 부인이 비행기에서 내릴 때 절뚝거리는 걸음

걸이를 보고, 폴 푸아레Paul Poiret와 같은 유명한 패션 디자이너가 영감을 얻어 호블 스커트를 만든 것이라고 한다.

이 스커트의 최초 버전은 버그 부인과 비슷하게 다리 주위에 밴드나 천 조각을 두른 형태였다고 하는데, 사실일 수도 있다. 1910년의 〈뉴욕 타임스〉지 기사를 보면 이 옷을 비행기 스커트라고 부르면서, 사회적인 열망에 관한 다음과 같은 질문을 은연중에 내비친다. "비행기 스커트를 입는 모든 여성들이 비행기를 소유하고 있지는 않다. 그렇다면, 그들이 비행용 옷을 지속적으로 받아들인 결과는 어떻게 될 것인가? 이들은 걷기를 거부할 것인가, 날아다니는 것을 배울 것인가?" 그 기원이 무엇이든 간에 호블 스커트는 언론의 부정적인 시선을 받게 되었다. 프랑스에서는 호블 스커트를 두고 끔찍한 미국식 혁신이라고 정의하는 데 주저함이 없었다.

한편 스커트의 특이한 실루엣은 미국의 상징과도 같은 코카콜라 병 모양에 영감을 주어서, 아래쪽으로 갈수록 가늘어지다가 살짝 퍼지는 모양의 용기가 1915년에 특허로 등장하였다. 패셔너블한 여성의 몸은 한 손으로 그 다리를 잡을 수 있는 용기로 변신해 그녀의 머리에 난 구멍을 통해 달콤한 내용물을 마실 수 있게 되었다.

잘록한 호블 스커트는 대략 1910년부터 1914년 사이에 유행했으며, 말과 당나귀의 앞다리를 꽉 묶어 행동을 통제하는 데 쓰던 족쇄에서 이름을 따왔다. 호블은 원래 동물에만 사용하던 단어였던 것이다. 역사적으로 이와 비슷하게 다리나 팔의 움직임을 제한당한 이들은 노예나 범죄자 또는 미치광이뿐으로 이들에게는 구속복 또는 튼튼한 옷strong clothing이라고 불리는 옷을 입혔다. 실제로 호블 스커트는 다리가 제 기능을 거의 하지 못하게 만들었다. 무릎 아래로 상당히 꼭 맞

IL A ÉTÉ PRIMÉ

Robe du soir

그림4 프란시스코 자비에 고세Francisco Javier Gosé, "그는 상을 받았다!He won a prize!" 호블 스커트 이브닝 가운, 〈가제트 뒤 봉통〉, 1914년 3월. 로열 온타리오 박물관 도서관 제공.

는 실루엣에 발목 둘레를 단단히 잡아주어, 밑단의 지름이 채 1미터도 되지 않았다.

　　1914년 프랑스의 고급 잡지인 〈라 가제트 뒤 봉통La Gazette du Bon Ton〉에 실린 패션 삽화는 노예의 상징에서 패션으로 넘어온 미학의 에로티시즘과 하렘으로 대표되는 오리엔탈리즘을 포착한 것이다(그림 4). 청록색의 머리를 한 여성이 투피스로 구성된 이브닝 가운을 입고 있는데, 이 옷은 다리 주위를 타이트하게 감싸고 있으며 커다란 사파이어 브로치로 여며져 있다. 이 브로치는 신발의 버클 및 목걸이와 디자인이 같으며 그녀의 팔을 휘감은 띠 역시 비슷한 브로치로 고정되어 있다. 그녀는 "그는 상을 받았다Il a été primé"라고 이야기하며 우아한 순종 개의 머리를 토닥여주고 있다. 이는 시각적 농담의 일종으로 이 여성의 차림새와 길게 늘어진 드레스 밑단 장식이 마치 개와 비슷한 느낌을 주는 데서 나온 것이다.

20세기 초 유행했던 도그 쇼는 파리의 큰 공원인 볼로뉴 숲Bois de Boulogne에서 열렸는데, 부유하고 점잖은 집안의 여성들이 그들과 같은 순종 개를 데리고 나와 자동차 품평회concours d'elegance처럼 전시하였다. 견주와 개가 한 쌍이 되어 평가받았는데 가장 훌륭한 쌍에게 상이 주어졌으며, 우승한 이는 당시 패션 언론이 사진을 찍었다. 〈봉통〉지에 실린 삽화를 보면 여성이 입은 이브닝 웨어는 어쩌면 그녀가 자신의 개와 함께 숲으로 마음대로 뛰쳐나가지 못하게 하려는 것이었을지도 모르겠다.

그러나 모든 여성들이 호블 스커트의 이러한 상징성이나 이동성을 제한하는 특징을 환영한 것은 아니었으며, 호블 스커트는 언론의 놀림거리로도 자주 등장하였다. 이보다 조금 이른 시기에 나온 풍자화 엽서에는 호블 스커트를 입은 년bitch이란 표현이 등장한다. 또한 프랑스 동물학대 방지 협회Society for the Prevention of Cruelty to Animals in France에서 주최한 가면무도회에서는 많은 남성들이 호블 스커트를 입고 우스꽝스러운 모습을 연출하였다. 1910년 프랑스의 한 교외에서는 장난삼아 호블 스커트를 입은 여성을 위한 포대 뛰기 대회가 열렸다. 정말 뛰려고 시도한 참가자도 있었지만 많은 이들은 캥거루처럼 두 발로 폴짝폴짝 뛰는 데 그쳤다고 한다(그림 5).

그림5 호블 스커트 착용자를 위한 포대 뛰기sack-race, 〈일러스트레이티드 런던 뉴스Illustrated London News〉, 1910년 8월 13일. 저자 소장품.

　　호블 스커트가 여성 참정권 운동의 중요한 시기에 등장한 것은 우연이 아니었다. 한 기사에서는 왜 여성들이 마치 '일본 인형'처럼 걷고 싶어 하는지 의문을 표하면서, "만약 여성이 주지사나 대통령직에 출마run for하려 한다면 차를 부르러 달려갈run for 수도 있어야 하고 자동차에 올라탈 수도 있어야 하는데, 법적인 자유를 원한다면 옷으로 스스로를 구속하는 일은 없어야 한다"라고 지적하였다. 주요 페미니스트 작가이자 운동선수였던 샬럿 퍼킨스 길먼Charlotte Perkins Gilman은 1910년부터 1915년까지의 여성 드레스에 대해 광범위하게 비판하면서, 스커트라는 옷 전반의 폐단에 대해, 특히 호블 스커트에 대해 다음과 같은 통렬한 고발의 글을 썼다.

"스커트를 입어도 물론 느긋하게 앉아 있을 수도 있고 멋진 포즈로 잠시 서 있을 수도 있다. 그러나 다리를 최대로 활용해야 하는 움직임의 경우 스커트를 입은 여성은 물리적으로 제한을 받으며, 정확히 말하자면 남성이 하는 만큼 움직이지 못하게 된다. 고상하게 수다를 떨며 걷는 것이 여성스러운 행동으로 여겨지는 것은 오직 스커트를 입었기 때문이며 성별과는 전혀 관계가 없다.

최근 들어 우리는 물리적 손해를 부르는 옷 중 가장 노골적이고 터무니없는 사례를 목도했는데, 바로 호블 스커트라고 알려진 옷이다. 지금은 다행히도 여성 운동가의 노력에 의해 완화되었지만, 일부 여성은 스커트라기보다는 바지통에 가까울 정도로 몸에 꼭 맞는 옷이 주는 제약을 기쁘게 받아들여 문제이다. 그로 인한 극단적인 결과는 여러 건의 사망 사고로, 다리를 뻗어 큰 보폭으로 걷거나 뛰어야만 하는 상황에서 그 능력이 완전히 차단되어 발생한 것이다."

길먼의 주장이 과장된 것으로 생각할 수도 있겠지만, 실제로 호블 스커트는 몇몇 사망 사고에 직접적인 원인이 되었다. 언론이 이 사고를 다루지 않은 것이 역설적이지만, 1910년 9월에 파리 근처에 있는 샹티이Chantilly 경마장에서 마구로 다리를 묶어 두지 않은unhobbled 말이 관중 사이로 도망친 사건이 있었다. 그리고 호블 스커트로 다리가 묶여 절룩거린hobbled 한 여성이 스커트의 타이트함 때문에 달릴 수가 없어서 말에 깔렸다. 그녀는 머리카락이 말의 편자에 끼는 바람에 말에 끌려 나가 종국에는 두개골 파열로 사망하였다. 일 년 후 뉴욕주

북부에서는 18세 여성 아이다 거예트Ida Goyette가 에리Erie 운하에 놓인 다리를 건너다 스커트 때문에 밟을 헛디뎌 마침내 낮은 울타리 너머로 떨어지는 사고도 발생하였다. 그녀는 구조되기 전에 익사하고 말았다. 다행히 모든 사고가 이렇게 치명적이었던 것은 아니었지만, 모든 희생자는 팔다리가 부러지는 상처와 자존감에 난 더 큰 상처를 감내해야 했다.

근대의 교통수단도 새로운 과제에 직면했는데, 여성의 차량 탑승 문제와 관련한 것이었다. '새로운 스커트와 우아한 몸짓The New Skirt and the Poetry of Motion'이라는 제목을 단 〈펀치〉지의 캐리커처는 한 여성이 더 빨리 움직이기 위해 우스꽝스럽고 어색하게 깡충거리는 모습을 담았다. 그녀는 발부리에 걸린 그녀의 친구 마벨Mabel에게 더 서두르라고 재촉하고 있는데, 왜냐하면 뛰는 것만으로는 절대 기차를 잡지 못할 상황이었기 때문이다. 한 코믹 엽서 시리즈에는 호블 스커트를 '속도 제한 스커트'라고 부르며 남성들이 호블 스커트를 입은 여성을 울타리 너머로 끌어올리는 장면이 그려져 있기도 하였다. 한 목사는 자신의 교회에서 여성들이 이 옷을 입지 못하게 금지하면서 '걸어다니는 풍선', '미치광이' 및 '무신론자'라며 악담을 퍼부었다. 반면 다른 목사는 이 옷을 입는 여성이야말로 '좋은 부인'이 될 것이라고 말했는데, 패션에 대한 취향이 단정해야 사회적으로 최고의 여성이 된다는 논리를 들었다.

호블 스커트가 야기한 도덕적 논쟁과 더불어, 신문에서는 다수의 추락 사고를 보도했다. 특히 시내 전차를 탈 때 어려움이 컸는데, 1913년에 찍은 사진에서처럼(그림 6) 약 50센티미터 정도 되는 폭의 가파른 계단을 여성들이 쉽게 오를 수가 없었기 때문이다. 뉴욕 경찰

GETTING ON BROADWAY CAR

그림6 1913년 7월 11일 뉴욕 브로드웨이 거리의 전차에 타려고 19인치 높이의 계단을 오르고 있다. 조지 그랜섬 베인George Grantham Bain 컬렉션, 의회 도서관.

관이었던 톰슨Thompson 중위는 그가 이 새로운 패션을 아직 몰랐던 1910년, 시내 전차를 잡으려다가 역 출입구에 뭉쳐 서 있던 사람들에 밀려 넘어져 당황한 여성을 두 번이나 일으켜 세워주는 경험을 했다. 그는 여성에게 스커트 아래에 슬릿을 만들라며 주머니칼을 빌려주었는데, 알 수 없는 이유로 분노한 숙녀에게서 '몹쓸 놈'이라는 말을 들어야 했다. 어안이 벙벙해진 그에게 동료들이 여성 잡지 속 호블 스커트

그림7 1912년 4월 브로드웨이에 소개된 새로운 호블 스커트 차량. 1914년에 찍은 엽서 사진. 저자 소장품.

를 빨간 색 동그라미를 그려 보여주었다.

그로부터 2년 후, 뉴욕의 철도회사에서 차량 중간에 편리한 문을 달고 계단을 없앤 새로운 디자인의 차량을 출시하면서 호블 스커트를 입은 여성들은 결국 최후의 승자로 웃게 되었다(그림 7). 도시 교통수단의 디자인은 새롭게 유행하는 옷을 입은 여성들의 수요를 고려해야 한다는 압박을 받았고, 결국 모든 사람의 접근성을 향상시키게 되었다.

하지만 여전히 사고는 자주 일어났다. 배우 에바 스튜어트Eva Stuart는 택시에서 내리다가 머리를 보도에 부딪혔으며, E. 반 쿠첸E. Van Cutzen 부인은 자신의 전기 소형차에서 내리다가 비슷한 사고를 당했다. 이어서 두 명의 파리 여성이 택시에서 내리다가 다리가 부러지는 사고를 당한 후, 파리의 주요 남성 재봉사 및 패션 디자이너들은 이 스커트를 그로테스크하고 위험한 사회악이라고 선언하면서 '대서양 건너에서 태어나 우리에게 온 것'이라며 은연중에 미국을 비난하였다.

그러나 〈가제트 뒤 봉통〉과 같은 엘리트 계층을 대상으로 한 프랑스 잡지에 등장한 스커트를 보면 이러한 주장은 사실이 아니었다. 이 옷이 처음 만들어진 국가가 어디였든 간에, 그 타이트한 모양새는 여성들을 위험으로부터 도망치지 못하게 만들었다. 파이어 레이디fire lady로 알려진 새러 H. 크리스토퍼Sarah H. Christopher 부인은 봉제공 소녀들에게 "베틀과 재봉틀에서 벗어나 아찔한 비상계단을 용감하게 오르내리려야 한다"라고 가르친 바 있다. 146명의 뉴욕 봉제공을 죽음에 이르게 한 몹시 비극적인 사건인 1911년의 트라이앵글 셔츠웨이스트Triangle Shirtwaist 화재 이후, 소방 훈련은 필수로 여겨지게 되었다. 1913년까지 노동 계급의 공장 직공은 프랑스산 하이힐과 싸구려 볼가운, 호블 스커트를 입었다. 크리스토퍼 부인은 호블 스커트를 극단적이고 괴상한 스커트라고 칭하며 봉제공들에게 다음과 같이 경고했다. "어느 날 창문에서 연기가 피어오르고 뒤에 있는 소녀들이 밀치기 시작하면, 당신은 그 좁은 스커트 안에 무릎이 묶여 넘어질 것이다. 말로 다 하지 못할 공포일 거라는 뜻이다. 이는 당신 하나만의 생명에 관한 게 아니다. 당신 뒤에 있는 모든 소녀, 길을 막고 있는 당신 위로 넘어질 그 모든 소녀의 생명에 관한 이야기다."

또한 그녀는 거짓된 단정함에 대해 걱정하지 말라고도 일렀다. "생명이 위험에 처했을 때 사람들은 당신의 다리에 관심이 없다. 시체 안치소에 있는 시신이 되기보다는 비상계단에 다리를 올리는 편이 좋을 것이다." 목이 졸리고, 엉켜서 일어난 사고들, 그리고 착용한 사람을 넘어지게끔 만드는 옷은 패션에 대한 열망과 움직이고 일하기 좋은 의상의 지점이 상충한다는 것을 보여준다. 그러나 많은 경우 스타일은 실용성을 이기고, 이런 경향은 오늘날까지 지속된다는 점에서 패션의 강력 생명력을 느낄 수 있다.

6장

인화성 섬유:
불타는 튀튀와 가연성 크리놀린

6장
신화성 섬유:
불타는 튀튀와 가연성 크리놀린

"무용수는 극장 안을 이상적인 세계와 현실적인 세계로 나누는 불길에 스쳤다. 전설 속 정령 실피드Sylphid를 표현한 가벼운 의상은 이제 막 날아오르려는 비둘기의 날개처럼 파닥거렸다. 불꽃은 푸르고 흰 혓바닥을 날름거리며 그 연약한 물질에 닿았다. 순식간에 화염이 번졌고 불과 몇 초 만에 그녀는 붉은 불꽃 속에서 반딧불처럼 춤췄다. 그러고는 공포에 질려 미친 듯이 무대 끝을 향해 달려가면서, 불붙은 의상에 의해 산 채로 태워졌다."

– 테오필 고티에Théophile Gautier, 《저주의 눈초리Jettatura》, 1856년

고티에의 소설은 한 발레리나의 화재 사고에 내포된 아름다움과 공포를 포착하고 있다. 이 죽음은 허구의 것이지만, 19세기 내내 여러

무대에서 비슷한 사고들이 발생했다. 위의 구절은 영국의 발레리나 클라라 웹스터의 죽음에서 영감을 받은 것으로 알려졌다. 그녀의 의상에 불이 붙은 것은 1844년, 그녀가 드루리 레인Drury Lane 극장에서 궁정 노예 젤리카 역을 연기할 때였다.

얄궂게도 무용수들은 하렘의 목욕탕에서 서로에게 장난스럽게 물을 끼얹는 연기를 하고 있었다. 욕탕을 상징하는 움푹 꺼진 조명에는 보호 장치가 없었고, 그녀의 스커트에는 속절없이 불이 붙었다. 다른 무용수들은 불이 번질까 봐 겁에 질린 나머지, 그녀를 구하려고 나설 수 없었다. 고티에는 파리의 신문에 쓴 부고에 다음과 같이 썼다. "아름다운 머리칼은 붉은 뺨에서 불탔고, 순결한 옆모습은 일그러졌다. 차라리 죽는 것이 나았을 것이다."

이 냉정한 묘비명은 무용수가 무대에서 보여준 관능적이고 환상적인 판타지와 그녀들이 견뎌야 했던 위험천만한 근로 조건 사이의 차이를 날카롭게 요약한다. 빅토리아 시대 언론 특유의 소름 끼치도록 자세한 묘사에 따르면, 당시 사고 조사 현장에 있던 사람들은 아름다운 발레리나의 시체가 그처럼 짧은 시간에 심하게 훼손될 수 있다는 사실에 놀랐다고 한다. 시신은 너무 심하게 불탄 나머지 시신을 관에 넣을 때 신체의 일부가 관을 옮기는 사람의 손에 떨어졌고, 이 때문에 시신에 옷을 입히는 것도 불가능해졌다. 조사 결과 사고는 우발적인 것이었다는 결론이 났고, 극장 직원 중 누구도 책임을 지지 않았다. 1분 가까운 시간이 흐르는 동안 누구도 불에 타는 발레리나를 구하지 않았고, 목욕탕 신이었는데도 불구하고 무대 옆의 소화용 양동이는 비어 있었다. "오, 이 쓰디쓴 조소여! 근처에 진짜 물이라곤 한 방울도 없었다니!"

클라라 웹스터에게 일어난 사고는 전체의 일부에 불과했다. 18세기부터 19세기 초까지 부엌, 성지, 사회, 기준에서 일어난 변화는 남성복과 여성복 모두에 커다란 변화를 가져왔다. 남성은 어둡고 민주적인 검은 슈트를 입은 반면, 엘리트 여성은 보다 가벼운 분위기의 옷을 입었다. 새로운 양식의 여성복인 흰색 엠파이어empire 가운은 옆에 선 남성 슈트와 대비되어 시각적이고 이데올로기적인 방식의 물질적 포장으로 비춰졌고, 남성과 여성의 젠더 격차는 보다 강화되었다.

18세기의 마지막 20년 동안에는 격식을 덜 차리는 스타일이 유행하였다. 따라서 무겁지만 불에 잘 견디는 성질의 실크는 당시 유행하던 정교한 짜임새의 인도산 흰색 면 모슬린으로 대체되었다. 면 모슬린의 인기는 조명 기술의 혁신과 관련되어 있었다. 스팽글spangle과 시퀸sequin이 달린 18세기 패션은 깜박이는 촛불 아래 있을 때 더욱 빛이 났다. 그러나 19세기 들어 더 밝고 균일한 가스 조명이 등장하자 다른 효과가 필요해졌다. 공장, 거리, 쇼핑 아케이드, 특히 1817년 런던 드루리 레인Drury Lane과 코벤트 가든Covent Garden의 무대를 비추는 데 사용되기 시작한 기체 성분처럼 가볍고 하늘거리는 여성들은 속이 내비치고 가스등 아래서 하얗고 눈부시게 빛나는 소재로 몸을 감쌌다.

산업혁명이 야기한 더러운 세상에서 흰 옷은 순수함과 더불어 고결한 정신, 고전적 이상을 품고 있었다. 다만 멋지게 차려입은 여신들이 걸치던 섬유는 몸에 달라붙고 반쯤 속이 비치는 것이었기 때문에 보다 세속적인 섹슈얼리티를 함유하고도 있었다. 더불어 이러한 이른바 민주적인 이미지를 만드는 데 사용된 원자재의 경제적 및 인적 비용은 훨씬 더 추잡스러운 것의 산물이었다. 18세기 말과 19세기 초반에 늘어난 면 수요를 충족시킨 것은 다름 아닌 미국 남부 대농장의 노예 노동이었기 때문이다.

여성과 어린이는 영국(英國)에서 들어온 원재료로 실을 자아서 옷을 만들기 위해 면 먼지로 뒤덮인 위험한 공장에서 살인적인 시간 동안 기계를 돌려야 했다. 한편 세탁부가 더러운 침구를 세탁하고, 숙녀용 드레스와 신사용 셔츠를 유행에 맞게 하얗고 빳빳하게 유지할 수 있도록 풀을 먹이는 일을 하는 것도 사회문제를 낳았다. 그들이 쓰는 전분은 독한 성분은 아니었지만, 이는 사람이 먹어야 하는 옥수수와 밀을 산업용으로 사용한다는 의미였기 때문이다. 근대 초기에는 가난한 자의 입에 들어가야 할 전분이 부자들의 몸치장을 위한 패션에 어마어마한 양을 빼앗겨야만 했다. 이에 따라 영국에서는 밀로 전분을 생산하는 것을 1800년과 1812년 두 차례에 걸쳐 금지하였다. 1800년 '영국의 검고 사악한 공장의 심장부'로 일컬어지는 프레스톤 교구의 목사는 "이 나라에서는 음식으로 사용되는 것보다 더 많은 양의 밀이 방직기를 통해 면과 모슬린이 시장으로 보내지는 과정에 사용된다"라고 비판하였다.

거의 형체가 없는 직물로 짜인 화사한 흰 천이 노예, 공장 노동자, 세탁부에게 가해진 고통의 얼룩을 가렸고, 이것으로 지은 옷을 입은 여성은 천상의 존재로 빛났다. 일군의 섬유 전문가들이 설계한, 은은하게 빛나는 은빛의, 왕비님을 위한 놀랍고도 가벼운, 요정이 입어야 할 것 같은 가는 실로 만든 이 우아하고 경이로운 원단은 바로 기계로 짠 망사였다.

이전의 수제 망사는 가격이 감당할 수 없을 만큼 비쌌다. 1809년 존 히스코트John Heathcoat는 이제껏 개발된 것 중 가장 복잡한 방직기 중 하나에 대한 특허를 획득했다. 히스코트의 기계는 최초의 기계 방

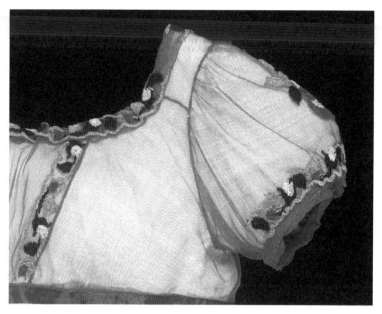

그림1 기계로 짠 실크 망사(보비넷) 드레스. 셔닐 실chenille로 자수를 놓고 손으로 꿰맨 실크 리본이 달려 있다. 1810년경. ⓒ빅토리아 앤드 앨버트 미술관, 런던.

직 실크와 지금은 튤tulle로 더 잘 알려진 실크와 면 소재로 된 베개용 레이스, 즉 보비넷bobbinet을 생산했다. 1810년 무렵, 영국에서는 드레스에 실크 셔닐이나, 프랑스의 조세핀 왕비가 입은 드레스처럼 은사 또는 금사를 쓴 보다 화려한 수를 놓은 것이 인기였다(그림 1).

하지만 벌집처럼 생긴 육각형 보비넷의 성긴 올은 아름답긴 하지만 순식간에 불이 붙을 수 있는 위험을 내포하고 있었다. 불의 문화사를 연구한 스티븐 J. 파인Stephen J. Pyne은 산업혁명을 인간이 불의 힘을 내연 엔진의 형태로 통제할 수 있게 된 200년의 기간을 뜻하는, 제3의 불의 시대라고 불렀다. 불에 대한 통제력을 얻게 된 시대이지만 동시에 통제되지 않은 불길에 대한 인내심은 갈수록 떨어졌고, 화재와 화상을 막아야 한다는 강박적인 집착은 의학, 과학, 산업 관련 기록에 뚜렷이 남겨졌다.

당시 의사들은 19세기 초 드레스의 위험에 대해 다음과 같이 경고했다. "스타일 때문에 위험에 노출돼 있던 한 젊은 여성이 자신을 둘러싼 위험을 인지하지 못하고 무심코 난로 근처에 갔다가 대환란을 겪었다." 1799년 런던의 철사 세공사 J. 카토J. Cato는 자신의 보호대와 난로 망이 화재 사고를 예방한다며 홍보하였다. 그는 자신이 만든 제품이 불꽃이 방에 떠다니는 것을 완벽하게 막아준다고 주장하였다. 이보다 뒤에 나온 기록에는 "면은 형태와 관계없이 불쏘시개가 될 수 있는데, 모슬린 드레스의 경우 마치 거미줄처럼 정교하고 가볍게 짜여 있고 매우 얇아서 불에 더 잘 붙는다. 최근 유행하는 여성복은 그 옷을 입은 사람들이 화상으로 사망할 가능성을 높인다"라고 나온다. 반면 당시 남자들은 불이 남은 파이프로 인한 사고가 다수 보고되었을 뿐, 의복은 여성복과 같은 구조적 또는 재료적 위험에 노출되어 있지 않았다.

여러 위험에도 불구하고 보비넷은 실크와 면 거즈, 그리고 탈라탄tarlatan이라고 불리는 얇은 모슬린으로 직조한 좀 더 뻣뻣한 원단 등과 함께 이브닝 가운에 널리 사용되었다. 풍성함을 더하면서 덜 비치도록 만들기 위해 초기의 보비넷 드레스와 탈라탄은 층을 내어 전분으로 뻣뻣하게 만들었다. 한편 전분은 내재한 탄수화물 성분으로 인하여 인화성이 높아 많이 쓰면 좋지 않았는데, 그럼에도 불구하고 옷을 세탁할 때마다 탈라탄이 헐렁해졌기 때문에 계속 풀을 먹여야 했다.

1860년 잡지 〈레이디스 트레저리Ladies' Treasury〉의 기사에 따르면, "젊은 층에게 무도회 의상으로 수많은 주름 장식이 달린 흰 탈라탄보

그림2 프란츠 사버 빈터할터, 거즈gauze(가볍고 투명한 천 - 역주)와 튤 이브닝 가운을 입은 파울린 메테르니히 공주, 1860년. 사진 제공: 예술재생센터(Art Renewal Center: www.artrenewal.org).

다 우아한 건 없다. 이 옷의 우아함이 진정으로 빛을 발하려면 튤을 보는 듯한 착각을 일으키는 루시ruche(여성복의 칼라나 앞단, 소매 끝에 장식하는 주름 장식 끈 - 역주)로 손질해야만 한다."

프란츠 빈터할터가 1860년에 옷 잘 입는 것으로 유명했던 메테르니히 공주Princesse de Metternich를 그린 초상화는 튤의 극치를 보여준다 (그림 2). 어깨 너머로 유혹적인 시선을 보내면서 크림 같은 피부의 등과 어깨와 가슴을 드러낸 그녀는 진주와 분홍빛 장미로 멋을 부리고 있는데, 이 그림의 신성한 핵심은 그녀의 천사 같은 후광이다. 그녀는 튤이 만들어낸 신성한 후광에 휩싸여 있다.

이 장에서는 우선 튀튀가 어떻게 로맨틱 발레리나의 직업적 드레스, 즉 작업복으로 자리매김했는지에 초점을 맞출 것이다. 귀부인들은 무도회장에서 위험에 노출됐지만 주역 발레리나들은 일상적으로 화재 위험을 감수해야 했다. 그다음에는 1850년대와 1860년대에 철사로 만든 거대한 스커트 지지대, 즉 크리놀린의 대량 생산을 살필 것이다. 폭이 넓은 이 속치마는 오랫동안 도덕적 분노를 촉발했을 뿐만 아니라, 도시의 생활환경에서 각종 사고를 야기하여 골칫거리였다. 물론 일부분 공공장소에 가는 여성이 늘어난 데 따른 여성 혐오적 언론 보도 탓에 과장된 측면도 없지 않아 있다.

언뜻 보기에도 극단적이고 과장된 이 스타일이 어떻게 그처럼 모든 사회계층에서 10년 동안이나 널리 퍼질 수 있었는지 이해하기는 참으로 어렵지만, 어찌되었든 당시에 크리놀린을 입지 않은 여성들은 극도로 자유분방한 것을 뜻하거나 아니면 가난하다는 징표였다. 크리놀린에 대한 역사적 평가를 내리기 전에, 오늘날에도 얼마나 많은 여성들이 철사 등으로 만든 언더와이어가 든 브래지어를 착용하지 않고 외출할 용기가 있는지 자문해 볼 필요가 있다. 어린 소녀는 여전히 튤 스타일의 발레리나 복장과 공주 복장을 입으라는 소리를 듣고, 다른 쪽에서는 여전히 수많은 모던한 신부가 무도회 드레스의 직계 후손인 하얗고 풍성한 머랭meringue 드레스를 입고 결혼식장에 들어선다. 유니섹스 시대에 이런 옷들은 일상복은 아니지만, 여성적인 것에 대한 이상형이 지금까지 얼마나 큰 영향력을 끼치는지 짐작할 수 있다. 이 같은

그림3 위: 포킨의 발레 〈레 실피드Les Sylphides〉의 실프를 위한 로맨틱 튀튀, 디아길레프 발레단, 1909년. 회고 몸에 꼭 맞는 보디스는 망사가 덧씌워져 있고 헐링한 망사 소재 캡 슬리브가 달려 있으며, 길고 흰색의 망사가 겹겹이 겹쳐진 스커트, 그리고 등 쪽에 달린 작은 날개가 보인다. ⓒ빅토리아 앤드 앨버트 미술관, 런던..

판타지는 튈을 입은 로맨틱 발레리나라는 미신 명에서 기원한 것이다.

옷이야말로 진짜 위험 요소이긴 했지만, 극장 화재는 19세기에 많은 생명을 앗아갔다. 어느 기록에 따르면 1797년과 1897년 사이에 전 세계에서 극장 화재로 사망한 사람이 1만 명에 달하였고, 또 다른 기록에 따르면 1877년 이전에 극장 516개가 불탔다. 불길은 대부분 무대에서 시작돼 연기와 독성 가스와 함께 관객을 덮쳤다. 이 때문에 당시 언론은 이런 공연들을 '무덤으로 가는 티켓'이라고도 풍자하였다.

관객과 무대 담당자가 항상 위험에 처해 있는데도 불구하고, 무용수들은 계속 불에 잘 타는 성질의 옷을 입었다. 옷에 불이 붙어 희생된 무용수의 비극 중 하나는 그녀들이 사회적으로 낮은 계급에 속해 있었기 때문에 그처럼 위험한 노동 조건에 대해 불평할 수 없었다는 사실이다. 실제로 이들 '밑바닥 요정들' 중 다수는 위험수당을 벌기 위해 지상에서 몇 미터나 위에 떠 있는 와이어를 타고 연기하겠다고 조르기까지 했다. 19세기 발레리나는 엄격한 훈련과 고통을 견디는 거의 초인적인 능력으로 잘 알려진 육체 노동자였다. 선택받은 극소수의 여성 스타는 국제적인 유명인사가 됐지만, 발레단의 일반 단원들은 극도로 가난한 노동 계급 출신이었다. 발레의 공공연한 비밀 중 하나는 파리

오페라Paris Opéra처럼 위엄 있는 기관에 서조차 젊은 발레리나들이 가계 수입을 올리려는 제 엄마들의 손에 팔려 온, 못 먹고 과로하기 일쑤인 매춘부였다는 사실이다. 샤를 가르니에의 유명한 파리 오페라 극장에는 무용수 대기실foyer de la danse이라 불리는 특별한 공간이 있었는데, 이곳은 부유한 남성 후원자 또는 발레 단골손님abonnés들이 10대 무용수들에게 추파를 던지고 돈으로 성적 호의를 사는 장소로 사용되었다.

그림4 아래: 알프레드 에드워드 살롱Alfred Edward Chalon, 〈라 실피드La Sylphide〉로 분한 마리 태글리오니Marie Taglioni, 석판화에 손으로 채색, 약 1840년경. ⓒ빅토리아 앤드 앨버트 미술관, 런던.

로맨틱 발레리나들이 대부분 보잘것 없는 출신에 성적 노리개이긴 했어도, 그녀들의 드레스, 특히 튀튀는 그녀들을 초현실적인 존재로 격상시켜 주었다. 19세기 초반 무용수의 기교적 완성도가 새로운 수준에 도달해 더 높이 도약하고 발끝으로en pointe 춤을 추게 되면서 그녀들에게는 물리적으로 더 가벼운 옷이 필요해졌다(그림 3). 튀튀는 무용수의 근육질 다리에 자유로운 움직임을 허용했다.

필멸의 존재인 한 여성이 여러 겹의 흰색 천에 둘러싸여, 날개 달린 정령이나 요정 또는 나비로 변해 뾰족한 신발 끝으로 바닥에 거의 닿지 않고 지나간다. 1832년 마리 탈리오니Marie Taglioni의 〈라 실피드La Sylphide〉 공연은 이른바 발레 블랑ballet blanc의 미학을 견고히 하고 '흰색 거즈, 튈, 그리고 탈라탄의 위대한 남용'(그림 4)으로 이어졌다. 불행히도 무대와 의상에서의 시각적 요구가 실제적인 필요를 압

그림5 1861년 9월 14일 컨티넨탈 극장 화재 당시 발레리나들의 상세도. "발레 화재", 프랭크 레슬리의 일러스트 신문, 1861년 9월 28일 자 312-313. 미국 디킨슨 칼리지 하우스 디바이디드 프로젝트House Divided Project 제공.

도하자 무용수의 다리는 관객의 시선, 그리고 고티에가 '가스 풋램프 footlamp(발을 비추는 조명 - 역주)의 날름거리는 혀'라고 표현한 것에 노출되었다. 극장의 무대 조명은 특별히 다리를 비추도록 설계되었다. 남성의 시선을 의식한 극장 매니저와 무대 의상 담당자는 후원을 통해 발레리나의 보잘것없는 수입을 벌충해 주는 부유한 남성 관객을 끌어들이기 위해 그녀들에게 기꺼이 위험한 옷을 입혔다.

그 결과 많은 이들이 목숨을 잃었다. 그중 한 치명적인 사고에서만 게일Gale 집안의 재능 있고 예쁜 자매 네 명을 포함해 적어도 6명의 발레리나가 사망했다(그림 5). 1861년 9월 14일 필라델피아 컨티넨탈 극장Continental Theatre에서 관람객 1,500명이 객석을 꽉 채운 상태에서 셰익스피어의 〈템페스트Tempest〉가 상연되었다. 체칠리아Cecilia 혹은 젤리아Zelia 게일은 무대 뒤 탈의실에서 의상을 집기 위해 소파 위

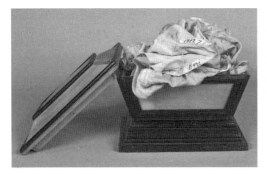

에 서 있다가 불이 붙었다. 사랑하는 동생들과 다른 동료 무용수 몇 명이 그녀를 구하기 위해 달려왔지만 그들에게도 불이 붙었다.

겁에 질린 몇몇은 이층 유리창에서 뛰어내리는 바람에 자갈이 깔린 길바닥에 부딪혔는데, 머리와 등을 심하게 다친 한나 게일도 그중 한 명이었다. 1868년 영국 의학지 〈랜싯〉에는 '발레하는 소녀들의 홀로코스트'라는 제목의 기사가 실렸다. 제목에 사용된 홀로코스트Holocaust라는 표현은 요즘은 유대인 대학살을 가리키는 데 주로 사용하지만 원래는 화재로 인한 죽음을 표현하는 데 쓰이던 것이었다. 이 단어의 그리스어 어원은 홀로-코스토스holo-caustos인데, 전부 타버린다는 뜻이다.

〈랜싯〉은 "모든 직업에는 병폐라고까지 할 수는 없어도 나름의 특수한 위험이 있게 마련이다. 광부의 허파, 하녀의 무릎, 화가의 연독산통, 인쇄업자의 (납 중독으로 인한) 손목하수에 발레하는 소녀들의 천벌을 추가해야 한다"라고 주장했다. 그녀들의 얇은 의상을 지칭한 것이었다. 〈랜싯〉은 무대의 특수 효과에는 많은 돈을 쓰면서 무용수를 보호하는 데는 돈을 쓰지 않는 극장 경영자의 탐욕을 개탄했다.

19세기의 가장 유명한 무대 홀로코스트의 원인은 언뜻 보기에는 위험해 보이지 않는, 바로 파리 오페라 도서 박물관Musée-Bibliothèque de l'Opéra의 미니 석귀에 보관돼 있는 찢어진 발레 의상이었다(그림 6). 유물처럼 귀한 대접을 받고 있는 이 그을린 조각들은 1862년 11월 15일 옷에 불이 붙어 끔찍한 화상을 입은 프리마 발레리나 엠마 리브리Emma Livry가 사고 당시 입었던 것이다.

그녀는 본명이 엠마 리바로Emma Livarot로, 한 프랑스 남작의 사생아로 태어난 파리 오페라의 노동 계급 무용수였다(그림 7). 그녀의 귀족 아버지는 정부가 엠마를 낳자, 정부와 갓 태어난 딸을 비정하게 버렸다. 그래도 어린 그녀에게서 타고난 재능이 보였고, 리브리는 어머니의 연인이자 영향력 있는 인물이었던 비콩트 페르디낭 드 몽귀용Vicomte Ferdinand de Montguyon의 후원으로 유명인이 되어, 탈리오니가 구현한 로맨틱 발레의 이상을 이어받은 후계자로 떠받들어졌다. 그녀는 프랑스의 황제와 황후마저 경의를 표하는 존재가 되었고 시와 조각으로 불멸의 형상을 얻었다. 16세가 되던 1858년에 펠릭스 나다르Félix Nadar의 사진에 찍힌 모습은 〈라 실피드〉의 주연으로 파리 오페라에 데뷔한 장면이다. 자크 오펜바흐Jacques Offenbach가 작곡하고 마리 탈리오니가 직접 안무를 짠 발레 〈르 파피용Le Papillon〉의 플롯은 마치 몇 년 뒤에 있을 그녀의 죽음을 암시하는 듯한 느낌이 든다. 그때 그녀는 나비로 변한 주인공 파르팔라Farfalla 역을 맡았다. 횃불 든 사람의 불꽃에 미혹된 그녀는 불에 뛰어드는 나방처럼 불길을 향해 달려들어 연약한 날개를 태워버린다. 그런 뒤에는 왕자의 품에 쓰러지고, 왕자의 키스를 받고는 다시 사람으로 돌아온다.

널리 알려진 위험성에도 불구하고, 무용수들은 장 아돌프 카르테론Jean-Adolphe Carteron 이 개발한 방화 기술을 모든 극장 무대와 의상

그림7 마리 알렉상드르 알로프Marie-Alexandre Alophe, 헤르쿨라눔Herculanum에 출연한 엠마 리브리의 석판화. 손으로 채색. 오귀스트 브리Auguste Bry 인쇄. 1860년경 파리. 마리 랑베르 부인Dame Marie Rambert 제공. ⓒ빅토리아 앤드 앨버트 미술관, 런던.

에 사용하도록 규정한 1859년 11월 27일 제국 칙령이 선포된 뒤에도 불에 약한 스커트를 고집했다. 카르테론의 기술은 섬유를 명반이나 붕사와 붕산 용액으로 적시는 화학적 방화 기술 가운데 하나였다. 카르테론의 기술에는 여러 가지 단점이 있었다. 이를 사용하면 섬유가 딱딱해지고 누렇게 변색되어 우중충해졌다. 리브리는 보기 흉한 카르테론식 의상을 거부했다.

한편 자신의 직업상의 위험을 남성 노동자가 처한 현실과 비슷하다고 본 그녀는 1860년 파리 오페라 감독에게 편지를 한 통 보냈다. 편지에는 "모든 첫 번째 발레 공연에서 제 평상시 발레 스커트를 입기를 청합니다. 그로 인해 발생하는 모든 일에 대한 책임은 전적으로 제가 지겠습니다"라고 썼다. 그녀는 자신의 유언장에도 서명했다. 리브리가 죽은 후에도 카르테론식 의상은 무용수들에게 혐오감을 불러일으켰다. 한 무용수는 리브리가 죽은 후 이렇게 말했다고 한다. "흥, 불에 타는 건 한 번뿐이지만, 저 흉측한 스커트는 날마다 입어야 한다고!" 또 다른 프리마 발레리나인 아말리아 페라리Amalia Ferraris도 방화 의상 착용을 거부하면서 이렇게 선언했다. "싫어! 차라리 엠마 리브리처럼 타 죽는 편이 낫지!"

리브리는 정말로 불에 타버렸다. 나폴리의 농촌 소녀 페넬라 역을 맡은 발레 오페라 〈포르티시의 말 못 하는 소녀La Muette de Portici〉의 드레스 리허설에서 그녀의 튀튀에 불이 붙은 것이다. 그녀는 벤치에 앉을 때 풀 먹인 스커트를 구기고 싶지 않았다. 풍성한 스커트를 머리 위로 올리자 이 과정에서 생긴 공기의 흐름이 무대의 가스 조명을 부채질했다. 튀튀의 가벼운 거즈에는 순식간에 불이 붙었고 불길은 그녀의 키보다 세 배 이상 높이 치솟았다. 겁에 질린 그녀가 비명을 지르며 무대 위를 뛰어가는 바람에 불기둥은 더욱 거세졌다.

〈르몽드 일뤼스트레〉에 실린 이미지 한 장은 그야말로 스펙터클한 이 사고의 본질을 포착하고 있다(그림 8). 무대 담당자가 그녀를 붙들었으나 공포에 질린 그녀는 뿌리쳤다. 부끄러움에서 그랬을 수

THEATRE DE L'OPÉRA. — Accident arrivé à Mlle Emma Livry pendant la répétition de *la Muette de Portici*.

그림8 엠마 리브리의 사고. 1862년 11월 29일 〈르몽드 일뤼스트레Le Monde Illustré〉 강판 조각. 테오도르 리스Théodore Lix와 E. 뢰벤Roevens, 파리.

도 있다. 당시 생리 중이었던 것으로도 보인다. 소방수 한 명이 담요를 들고 불을 끄기 위해 달려왔을 때는 이미 적어도 신체의 40퍼센트가 화상을 입은 뒤였다. 그녀는 그 뒤 여덟 달 동안 끔찍한 고통에 시달렸으나 의학은 그녀에게 거의 아무런 도움도 주지 못했다. 그녀는 1863년 불과 21세의 나이로 세상을 떠났다.

시커멓게 타버린 리브리 의상의 잔해는 그녀의 연약한 육신이 무너진 뒤에도 살아남아 그녀의 고통스러운 죽음에 대한 증인 구실을 하고 있다(그림 6). 의상은 테두리에 검은 페인트를 칠해 관처럼 보이는 작은 나무 상자에 보존돼 있다. 리브리를 11세 때부터 가르쳐온 카롤린 도미니크 베네토자Caroline Dominique Venetozza 부인은 그녀의 죽음을 기억하기 위해 이 애처로운 잔해를 모았다. 1885년 베네토자 부

그림9 새까맣게 타고 누렇게 변해버린 리브리의 의상 잔해. 파리 오페라 도서 박물관. 프랑스 국립 도서관.

인이 사망하자 그녀의 남편은 이를 오페라 박물관에 기증했고, 그곳에서 적어도 1887년부터 20세기 초까지 전시됐던 것으로 보인다.

의상의 허리띠에 사슬뜨기 방식으로 'livri'(y를 i로 잘못 쓴 것)라는 이름이 붉은색으로 적혀 있고, '17927'로 보이는 다섯 자리 숫자가 새겨져 있다. 이 숫자와 오페라 도서관 박물관의 자료를 상호 대조해 본 결과 이 의상은 엠마 리브리의 것이라는 사실이 자명하였다. 두 번째 이미지는 상자 안에 있는 내용물 일부를 갈가리 찢긴 형태로 보여준다(그림 9). 개개의 사물을 알아보기는 힘들지만 속옷인 것으로 보인다. 누렇게 변색된 면 거즈는 여러 겹의 스커트를 지지하는 속옷인 바스크basque로, 스커트에 풍성함을 더해주고 형태를 잡아준다.

리브리는 발레 공연을 한 번 할 때마다 면 모슬린 속치마, 즉 쥐퐁 jupons 10벌을 받았는데, 전부 다 바스크에 꿰매져 있었다고 한다. 의상 기록을 보면, 주인공인 말 못 하는 나폴리 소녀 페넬라를 연기할 때 그녀는 실크 리본이 달린 금색, 푸른색, 노란색 태피터taffeta(광택이 있는 얇은 평직 견직물 - 역주) 스커트로 장식한 붉은색 벨벳 보디스bodice를 입었다. 밝은 색조의 깃털은 모두 소실되었다. 사진에는 안 보이지만 타이츠는 무릎부터 그슬린 구멍이 있고 실크 튀튀에는 검댕이 남아 있다. 스타킹은 다리 쪽부터 절개돼 있는데 아마 의상을 몸에서 분리하기 위해서였을 것이다. 코르셋의 뼈대는 살에 들러붙어 버려서 일일 공들여서 떼어내야 했다.

사고 직후 그녀를 진료했던 라보리 박사Dr. Laborie는 분장실로 옮겨진 리브리의 몸에 남아 있는 의상을 얼마나 힘들게 제거해야 했는지 적어두었다. 그녀의 의상 가운데 남은 것이라고는 벨트 조각, 그리고 열 손가락 안에 잡히는 천 조각들이 전부였다. 타이츠의 색과 들쭉날쭉하고 찢어진 모서리는 타버린 연약한 살, 의사들이 레몬즙으로 끊임없이 소독하고 이음매나 상처 자국이 생기지 않도록 반복적으로 잘라낸 피부를 떠올리게 한다. 그녀는 재생 중인 연약한 조직이 파괴되지 않도록 우는 것도 금지되었다. 그녀를 태운 거즈처럼 가느다란 조직은 여덟 달 동안 그녀를 생사의 기로에 서게 했고, 이후 그녀는 요양을 위해 황제의 시골 별장으로 옮겨졌다. 이때 상처가 벌어져 감염에 노출되었고, 결국 그녀는 패혈증으로 사망하였다.

리브리의 죽음은 화재 안전 분야에서 여러 가지 혁신을 촉발했다. 한 발명가는 불꽃 방향이 역전된 가스등을 발명했고, 파리 오페라는 커다란 수조를 설치하고 무대에 화재가 발생할 경우에 대비해 무대 끝에 젖은 담요를 걸어두었다. 유명한 화학자 외젠 슈브뢸Eugene Chevreul은 1863년 염색업계 소식을 전하는 자신의 잡지 〈르텡튀리에 위니베르셀Le Teinturier Universel〉에 불연성 거즈 견본을 싣고, 섬유 프린팅업

그림10 불연성 거즈 견본이 소개된 1861년 2월 1일 〈르텡튀리에 위니베르셀Le Teinturier Unive rsel〉. 고블랭 태피스트리 작품Gobelins Tapestry Works의 외젠 슈브뢸Eugène Chevreul 제공.

자에게 카르테론과 달리 색상의 아름다움을 해치지 않으면서도 가벼운 섬유를 방화 처리할 수 있는 새로운 방법을 소개했다(그림 10).

엠마 리브리의 죽음은 얇게 비치는 여성 스커트와 관련하여 더욱 큰 도덕적, 물리적 위험의 일부일 뿐이었다. 리브리는 부도덕한 경영 자와 발레리나라는 직업적 위험에 의해 본의 아니게 희생된 사람으로 추모 받았지만, 당시 유행했던 크리놀린 스커트를 입었던 여성들도 비슷한 옷을 입었던 여성 자매를 위험에 빠뜨린 패션 사기의 적극적인 참여자로 지목되어 비난받았다.

그러나 크리놀린이 선택이라는 건 허구였다. 발레리나들은 무용에 필요한 특정 의상을 입어야 했지만, 여성들은 발레니라들 못지않게 적합한 옷에 대한 사회적 압력을 받고 있었다. 선택은 환상에 불과하였다. 모두가 크리놀린을 입었고, 의학지 〈랜싯〉이 역설했듯 "조소와 비난, 화상에 대한 두려움 가운데 그 무엇도 이 위험한 패션을 사라지게 하지 못했다."

가연성 크리놀린

"왕궁의 황후부터 부엌데기 노예에 이르기까지 모든 여자들이 크리놀린을 입는다. 심지어 세 살짜리 아이도. 크리놀린은 거대한 상업적 이익이 되었다. 이는 런던의 몇몇 직업여성에게만 영향을 미치는 문제가 아니다. 크리놀린은 제련소, 공장, 탄광에까지 영향을 미친다. 그리고 지금 이 순간, 남자들은 불과 용광로, 증기의 힘을 이용한 복잡한 공정을 거쳐 페티코트용 강철로 변환되는 철광석을 캐내기 위해 땅속 깊숙한 곳에서 고된 노동을 하고 있다."

– 헨리 메이휴Henry Mayhew, 《런던의 상점과 회사들, 그리고 영국의 상업과 공장들》, 1865년

미국에서 후프 스커트로 알려진 강철 케이지 크리놀린은 1856년부터 1860년대 유럽과 미국에서 대량 생산되었다. 케이지 크리놀린은 외제니 황후와 나폴레옹 3세(1852-1870)의 궁정에서 채택되었고, 넓은 파니에를 입던 프랑스 혁명 이전의 앙시엥레짐(구체제) 드레스의 귀환처럼 느껴지는 이미지와 달리, 귀족만 독식하던 앙시엥레짐 드레스와 달리 모든 사회 계층에서 유행하여 차별화되었다.

크리놀린은 기술적 진보의 상징, 철과 강철의 시대의 제품이었다. "우리는 깨어나 철의 시대 영국을 짜릿하게 바라보고, 영국의 가장 고귀한 딸들의 드레스에서도 철의 시대의 존재를 떠올린다." 훗날 자동차 제조로 명성을 얻게 되는 푸조는 강철 케이지만을 생산하는 공장을 재빨리 열었다. 푸조 공장과 영국의 톰슨 공장이 1858년과 1864년 사이에 생산한 크리놀린만 연간 2,400톤에 달했다. 이는 연간 480만 개에 해당하는 놀라운 규모다.

크리놀린은 섬유를 덮은 강선을 테이프로 고정한 뒤 황동 리벳을 박아서 만들었다(《들어가며》의 그림 10 참고). 한 밝은 적색 크리놀린은 '황후가 가장 아끼는 크리놀린'으로 광고되었다. 여기서 황후란 프랑스의 외제니 황후를 가리킨다. 이 크리놀린은 원주가 약 2.4미터에 달하는 크기를 자랑한다.

18세기의 후프 페티코트처럼 크리놀린은 가차 없이 비판받았다. 그러나 크리놀린을 입었던 실제 여성들의 말에 따르면, 말갈기와 린넨crino-lino으로 만든 무겁고 부피가 큰 이전의 페티코트보다 개선된 측면도 있었다. 찰스 다윈의 손녀로 미술가인 그웬 라베라Gwen Raverat는 고모 에티Etty에게 크리놀린을 입었을 때의 느낌에 대해 물어본 적이 있다. 에티는 "좋았지"라고 대답하며, "그렇게 편안한 옷을 입어본 적이 없어. 페티코트를 다리에서 떨어뜨려 놓기 때문에 걸음을 가볍고 편하게 해주거든."

크리놀린은 임신 사실을 가려주는 데도 유용하게 쓰였다. 무엇보다 가장 중요한 사실은, 그리고 19세기 남성에게 위협을 주었던 사실은 크리놀린이 남성과 거리를 두게 만들어서 여성에게 뚜렷한 공적 존재감을 부여하고 남성의 치근대는 손길로부터 보호해 줬다는 점이다. 크리놀린을 입은 여성은 받침대 위의 동상처럼 상당한 공간을 차지했던 것이다.

크리놀린을 비판하는 사람들은 주로 여성들의 안전 문제를 겨냥했다. 보수적인 중산층 남성의 관점을 지닌 영국 언론지 〈펀치〉가 이런 접근을 취했다. 〈펀치〉는 전형적인 가부장주의자와 식민주의자의 용어를 사용해 이렇게 썼다. "우리는 난롯가에 있는 여성을 볼 때마다 그녀가 화형auto da fé에 처해질 수 있다는 두려움을 느낀다. 우리는 인도에서 순사殉死(인도에서 아내가 남편의 시체와 함께 산 채로 화장되던 풍습 - 역주)를 중단시켰지만 영국에서는 과부뿐만 아니라 아내와 딸들도 타 죽는다. 화재 사고가 일어날 수 있는 경우가 너무 많아서 만약 크리놀린 보험사가 설립된다면 끊임없는 보험금 청구 요구를 견디지 못할 것이다." 〈펀치〉는 심지어 여성들이 초기 크리놀린 기술을 사용해야 한다고 주장하기도 했다. 초기 크리놀린 가운데 일부는 크리놀린에 붙은 불을 끌 수 있도록 공기 주입식 고무관으로 만들어져 있었다.

"불이 붙었을 때 화상을 입기 전에 구조할 수 있도록 모든 거실에 비상구를 설치해야 한다. 그리고 만약의 사태에 대비해 페티코트의 고무관에 물을 채우고 필요한 경우에 분사할 수 있는 장치를 설치해야 한다. 이를 통해 모든 여성은 그 자신을 위한 소방자가 되고 드레스에 불이 붙었을 때 출동할 수 있다."

〈펀치〉의 논조가 모욕적이기는 했지만 실제로 죽는 사고가 빈번해 많은 이들이 경계심을 갖고 있었다. 후대의 한 작가는 크리놀린을 '다이너마이트를 대할 때처럼 주의해서 피해야 하는 지옥의 기계'라고 불렀다. 통계, 뉴스, 의학 전문지가 모두 크리놀린이 매우 위험하다는 사실을 확인시켜 주었다. 불에 잘 타는 기다란 섬유로 둘러싸인 종처럼 생긴 형태는 스커트에 불이 붙었을 때 연통 역할을 했다.

정기 간행물들은 크리놀린이 "블로워blower(공기를 불어넣는 장치)와 드래프트draft(공기 흐름)를 갖춘 굴뚝과 똑같이" 작동한다고 썼고, 집시 스커트의 사고를 묘사하는 현대의 의사들은 보다 전문적인 용어를 사용해 이 같은 의견을 지지한다. "일단 불이 붙으면 느슨한 옷감 주위로 엄청난 공기가 들어와 불길의 확산 속도를 지탱하고 가속한다."

뉴스는 불이 붙은 크리놀린에 대한 기사로 날마다 도배되었다. 1860년 〈랜싯〉은 이렇게 보도했다. "화재 사망 사건은 여성들과 아이들이 거의 날마다 겪는 참사에 익숙한 현대 독자들이 일상적으로 마주하는 제목이다. 여성들과 아이들은 불에 잘 타는 드레스와 폭이 넓은 크리놀린의 피해자들이다." 〈랜싯〉은 이어 "피해자들은 모든 계층에서 빠짐없이 나왔다. 피해자들의 목록은 공주, 백작 부인, 궁정의 귀족 부인, 발레리나, 노인과 젊은이, 부자와 빈자를 가리지 않는다"라고 썼다. 기자에 따르면, 호적 관리 기구는 해마다 3,000명 이상이 옷에 불이 붙어 사망했다고 기록했다.

크리놀린에 의한 사망자에 대해서는 정확한 통계가 존재하지 않

그림11 〈불 : 크리놀린의 공포와 인간 생명의 파괴〉, 손으로 채색한 석판 인쇄. 웰컴 도서관We llcome Libaray, 런던.

지만 신문과 만화가들은 끔찍한 사건을 자세히 알고 싶어 하는 대중의 욕구를 채워주기 위해 사건을 글로 쓰고 그림으로 그렸다. '크리놀린의 공포와 인간 생명의 파괴'라는 부제가 붙은 싸구려 석판화 〈불 Fire〉이 그중 하나이다(그림 11). 한 젊은 여성이 그림 왼쪽에 있는 벽난로에 너무 가까이 갔다. 치맛자락에 불이 붙어 화염에 휩싸인 와중에 그녀의 발목과 레이스가 달린 속바지가 감질나게 드러난다. 그녀는 겁에 질려서 꽃다발을 땅에 던져버리고 간청하는 자세로 두 팔을

하늘을 향해 쳐들고 있다. 다행히 도움의 손길은 가까이에 있다. 그녀
의 시▪ ▪▪▪ 두▪에 그녀를 붙♢ ♢토로 덮어주고 소방관이 도착해
불이 난 곳에 물을 뿌려주고 있기 때문이다. 이는 〈레이디스 매거진
The Lady's Magazine〉이 불길을 끄기 위해 영국의 모든 응접실과 거실에
있어야 한다고 제안한 두꺼운 모직으로 된 소화용 망토, 즉 공기가 안
통하는 옷이었을 것이다. 여기에서 섬유의 두 가지 성질이 나타난다.
얇은 섬유는 화재 사고를 일으키고, 두꺼운 섬유는 불을 끈다.

　프랑스 제2제정 시기(1852-1871)에 출판된 불에 대한 어느 책은 한
장 전체를 '옷에 대한 불길의 침입'에 할애했다. 책에는 피츠제임스 공
작부인duchesse de Fitz-James, 뱅 백작부인Comtesse de Vaine, 오초아 양
Mademoiselle Ochoa, 무도회에서 다른 여성의 가운에 붙은 불을 꺼주려
다 화상을 입고 사망한 생마르소 백작부인Comtesse de Saint-Marsault 등
을 포함한, 유명한 크리놀린 화재 사고 피해자들의 이름이 나온다.

　미국의 시인 헨리 워즈워스 롱펠로Henry Wadsworth Longfellow는 아
내 패니Fanny의 고서머gossamer(가는 견사로 짠 얇고 가벼우면서도 투명한
견직물 - 역주) 소재 가운에 불이 붙는 바람에 아내를 잃었다. 절망한
시인은 죽을 때까지 아내의 죽음을 슬퍼하면서 아편으로 만든 약물과
에테르로 고통을 달랬다. 또 다른 비극적인 사건은 당시 18세였던 오
스트리아의 마틸드 대공비Archduchesse Mathilde의 죽음이었다. 그녀는
가벼운 여름 가운을 입고 10대 특유의 반항기로 담배를 피우고 있었
다. 그때 엄격한 아버지가 방에 들어왔고, 그녀는 숙녀답지 않은 모습
을 보이지 않기 위해 담배를 등 뒤로 숨겼는데 그 바람에 가족들이 보
는 앞에서 타 죽고 말았다.

　오스카 와일드Oscar Wilde의 이복누나들인 22세 메리 와일드Mary

Wilde와 24세 에밀리 와일드Emily Wilde는 1871년 11월 아일랜드 모나간 카운티County Monaghan의 드러머코너 하우스Drummaconor House에서 열린 할로윈 무도회에서 사망했다. 자매는 오스카의 아버지 윌리엄 와일드William Wilde와 이름이 알려지지 않은 여성 사이에 태어난 사생아였다. 혼외 관계에서 태어난 자녀여서 그런지 그녀들에 대한 이야기는 당시에는 알려지지 않았고 지방 검시관은 이름을 일부러 와일드가 아닌 와일리Wylie로 기록하였다. 구전되는 이야기에 따르면, 손님을 초대한 집주인이 두 자매 중 한 사람에게 마지막 왈츠를 신청했고, 메리의 드레스가 벽난로를 스쳤다. 그리고 언니를 구하려던 동생도 불이 붙었다. 메리는 사고가 난 지 9일 뒤 사망했고, 동생 에밀리도 언니가 죽고 2주가 못 돼 사망했다.

또 다른 사고는 엄마의 크리놀린을 입고 있던 7세 소녀 엘런 라이트Ellen Wright의 죽음이다. 엘런은 벽난로에 석탄을 넣다가 스커트에 불이 붙었다. 아이는 계단을 뛰어 올라가면서 "불을 꺼줘요"라고 크게 외쳤지만 심하게 화상을 입고 결국 병원에서 사망했다. 사인은 '크리놀린을 입고 있다가 발생한 사고'로 기록되었다.

1860년대 후반 크리놀린은 화재 사고에 대한 대응 차원에서 크기가 작아졌다. 1865년 〈펀치〉는 숙녀들 사이에서 크리놀린이 종말을 맞았음을 축하하는 시를 실었는데, 하인 계층에서는 여전히 크리놀린을 입는다는 사실을 지적했다.

　　더는 숙녀가
　　강철 프레임 안에서 타서 재가 되는 일은 없으리
　　보호막 없는 난로 쇠살대에서 불이 옮겨붙는 일은

주방 하녀가 타는 일은 있을 수 있으리
한껏 차려입고, 부두의이 그녀들
하녀들은 여전히 크리놀린을 입네

주방 하녀를 포함한 하인은 1865년 이후의 사상자 가운데 다수를 차지하였다. 그들은 직업적으로 불과 가까이 있어야 하는 사람들이었다. 작가 찰스 디킨스Charles Dickens는 일기에 가정과 공장에서 일어나는 사고는 보호 장치를 필요로 한다고 적고 개선된 방화 대책을 촉구했다. "우리는 공장의 기계 주위에 울타리를 친다. 위험하기 때문이다. 그런데 왜 마찬가지로 위험한 난로 근처에는 울타리를 두르지 않는가?"

희생자 중에는 18세의 해리엇 윌리스Harriet Willis가 포함돼 있다. 그녀는 응접실 벽난로를 청소하던 중 우유 배달부가 문을 두드리는 소리에 돌아섰는데, 그때 드레스 뒷부분에 불이 붙었다. 1866년에는 또 다른 젊은 하녀의 충격적인 죽음이 발생했다. 이 하녀는 런던의 우아한 슬론가에 있는 집주인 버드 부인의 벽난로를 청소하고 있었다. 크리놀린을 입지 못하게 해야 한다는 의견이 줄을 이었음에도 멈추진 못한 여성을 겨냥하여 만화가들은 일련의 풍자화를 그렸다.

〈파리 그로테스크Paris Grotesque〉라는 제목으로 출간된 프랑스 만화 시리즈 중 하나는 무도회를 위해 드레스를 차려입은 한 여성을 보여준다(그림 12). 그녀의 스커트에 불이 붙어서 크리놀린의 강철 뼈대가 드러나 보인다. 그녀는 화가 난 라이벌의 스커트에도 불을 붙이고, 헬멧을 쓴 다섯 명의 소방관들이 호스로 두 사람에게 물을 뿌리지만 불길을 잡지 못한다. 이 그림에는 '마담 크리놀리스카Madame Crinoliska의 최후의 순간. 심장에 불을 지른 후 그 불꽃의 희생자가 되어 죽다'

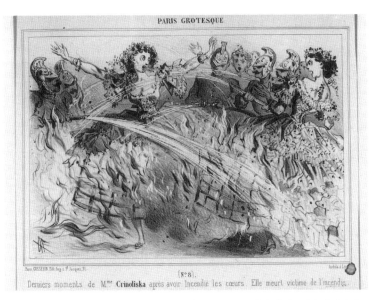

그림12 크리놀리스카 부인Madame Crinoliska의 최후. 1860-1865년경. ⓒ카르나발레 박물관Musée Carnavalet / 로제 비욜레Roger-Viollet.

라는 설명이 붙어 있다.

이 설명이 암시적으로 뜻하는 바는 크리놀리스카 부인의 성적으로 도발적인 드레스가 사고를 불러일으켰다는 것이다. 그녀는 남자들의 가슴에 불을 질렀고, 그녀 스스로 만든 불길에 희생되었다는 이야기다. 이 그림에서 드러나듯 리브리의 죽음에 대한 언론의 반응과 크리놀린에 대한 신랄하고 여성 혐오적인 만화와 기사에는 뚜렷한 차이가 있다. 크리놀린으로 인한 사망 사고는 스스로를 거대한 스펙터클로 만든 당사자의 무모한 허영심 때문이라는 비난을 받았다. 반면 직업적 유니폼으로서 튀튀의 위상과 공연 예술가로서 발레리나에 대한 사회적 인식은 화재 사고에 대한 모든 책임으로부터 발레리나를 면제해 주었다.

크리놀린을 입는 여성은 남성 중심적 언론으로부터 유행을 추종하는 생각 없는 사람 또는 사람 잡는 선동가로 비난받았지만, 유행에 민감한 맵시꾼이나 식입을 위해 희생한 영웅 같은 희생양으로 간주되었다. 문학 연구자 줄리아 토머스Julia Thomas는 "크리놀린을 입는 여성은 패션의 노예이거나 패션의 희생자가 아니었다"면서 "반대로 그렇게 부르는 것 자체가 상당히 다른 가능성을 시사한다. 다시 말해 크리놀린 케이지를 입는 것은 일종의 저항적 행위였다"고 주장한다.

선정적인 언론과 의학 전문가들이 문제를 과장했을 가능성이 높고 많은 여성이 크리놀린 안에서 쾌락과 보호, 나아가 남성 지배에 대한 일종의 저항을 발견한 게 분명하지만, 남자들이 설계하고 특허를 낸 19세기 직물과 스커트 지지대는 여성을 물리적 위험에 노출시켰다. 현대의 산업은 건강을 위협하는 수많은 물질을 만들어내지만 정부는 국익에 도움이 된다는 이유로 위험한 제품과 섬유의 판매를 금지하지 않았다. 정부는 시민의 생명을 구하기 위해 화학에 의지할 뿐이었다.

불사조처럼: 내화Fireproof 드레스

"현대 화학 덕분에 입고 있는 옷을 한순간에 데이아네이라 Deianeira의 가운보다 더 치명적인 것으로 바꿀 수 있는 불길을 막아주는 옷을 만들 수 있다. 화학 용액에 담긴 물질은 붕괴될지언정 가장 거센 불길 속에서도 불에 붙지 않는다. 이처럼 불사조의 깃털과 겨룰 만한 깃털로 치장한 아름다움은 불의 위험으로부터 안전하게 뛰어놀 수 있을 것이다."

– '옷의 인화성으로 인한 죽음', 〈랜싯〉, 1860년 9월 8일, 245p

황제가 주도하여 극장이 의무적으로 방화 기술을 갖춰야 할 것을 법적으로 규제한 프랑스처럼 영국에서도 비슷한 연구를 장려하였다. 빅토리아 여왕Queen Victoria은 조폐국 장관에게 지시해 F. 버스만F. Versmann과 알폰스 오펜하임Alphons Oppenheim 박사에게 화학 실험을 수행하도록 하였다. 그들은 내화 섬유를 연구하면서 '생각할 수 있는 모든 염salt을 다 실험했고, 그 누구도 실제로 사용하리라고는 꿈도 꿀 수 없었던 염까지 실험했다'고 한다.

여왕은 왕실 세탁소Royal Laundry에 책임을 맡겼다. 왕실 세탁소는 탄산수의 텅스텐산염과 암모니아의 황산염 용액이 인화성 드레스를 안전하게 해주는 효과가 있다는 사실을 발견했다. 〈랜싯〉 기사에 따르면, "드레스는 더 이상 불이 붙지 않을 것이다. 그저 낡을 것이다. 최악의 경우에도 옷을 입은 사람은 마치 불사조처럼 불길 속에서 아무런 상처도 입지 않고 껍데기가 다 타고 남은 재 속에서 되살아날 것이다."

불사조 신화의 이미지, 불길 속에서 소멸했다가 잿더미 속에서 되살아나는 새의 이미지는 특히 잘 어울리는 것이다. 하지만 이 신화는 세탁하는 날의 지저분한 현실과 맞닥뜨리면 곤경에 처한다. 이 용액의 가장 큰 문제점은 전부 다 물에 녹는 성질이기 때문에 세탁을 한 뒤에는 훈련받은 세탁부들이 다시 힘들게 발라야 한다는 것이다. 하지만 1844년 발레리나 클라라 웹스터의 사망 사고 이후 〈타임스〉가 나서 찰스 웨터스테트Charles Wetterstedt 남작이 발명한 여러 종의 전분을 테스트한 결과, 그 덕분에 1860년대 소비자들은 세탁할 때 사용할 수 있는 '여성 생명 구조 장치' 꾸러미를 구매할 수 있게 되었다. 1870년대가 되면 정치인이자 사업가 도널드 니콜Donald Nicoll이 사우스 켄싱턴의 만국 박람회에서 '니콜의 방화 전분Mr. Nicoll's Fireproof Starch'을 소개하기도 했다. 이 전분들은 위험해 보이지 않았다. 그러나 길게 보면 모든 방화 기술이 다 안전한 셈은 아니었다.

그중 가장 희한했던 건 실처럼 자를 수 있는 유일한 자연 발생적 광물인 석면으로 만든 제품이었다. 재거가 선보인 건강에 좋은 무염색 양말처럼 존 벨John Bell은 그가 만든 소방관 유니폼처럼 보이던 석면 드레스를 1884년 국제 보건 박람회에서 기적의 보건 장치라는 제목하에 전시하였다. 런던의 서더크Southwark 지구를 비롯하여 여러 나라에 공장을 소유하고 있던 존 벨은 석면 실을 뽑아낼 수 있었다. 석면은 촘촘한 쇠 그물과 함께 1830년대 이후 이탈리아 소방관들의 실험적 보호복으로 사용되었으나, 벨의 제품은 주로 배와 엔진실에서 사용되었다. 그는 일반 가정과 극장을 위한 위생용 석면 페인트를 팔기도 하였다.

언론은 벨이 '불이나 물에 의해 파괴되지 않고 산에도 녹지 않으며, 수천 년을 견딜 수 있는 직물'인 순수 석면 원단을 최초로 제조했다는 점을 호평하였다. 그러나 석면은 방화에 있어선 완벽한 성능을 자랑했으나 1960년대까지 일반인에게 알려지지 않았던 폐 반흔의 일종인 석면침착증을 유발하는 치명적인 단점을 내포하고 있었다. '세상에서 가장 멋진 광물을 칭송'하는 1919년에 작성된 한 문서에 따르면 석면은 커튼, 스크린, 다리미 손잡이, 뜨개실, 앞치마, 장갑, 손전등, 난로 불쏘시개, 스토브 청소도구, 심지어 베이킹파우더에 이르기까지 가정 내에서 광범위하게 사용되었다. 오늘날의 독자라면 석면 실이나 석면 베이킹소다 같은 단어에 깜짝 놀라겠지만, 석면이 들어간 제품은 날개 돋친 듯 판매되었다. 석면은 페인트나 섬유를 만드는 재료를 넘어서 그 자체로 건축 재료이기도 했다. 극장 같은 상업용 건축물과 사무실이나 학교 같은 공공건물을 화재로부터 보호하는 데 사

용되어 사람들의 목숨을 구한 것은 부정할 수 없는 사실이다,

이렇듯 석면이 대거 사용되기에 이르렀지만 19세기 의복 중 실제로 방화복으로 기능한 것은 거의 없었다. 수용성 전분과 용액은 소비자의 비용 부담과 세탁부의 일거리를 늘렸고 섬유를 얼룩지게 하거나 변색시킬 수 있었다. 한 논평가는 1884년 국제 보건 박람회에 출품된 '화학적으로 내화 처리된 무도회 의상'에 대해 '이들 섬유는 다소 따분한 외관'을 하고 있다고 일갈하였다.

반짝이는 새틴과 부츠를 사랑하고 모든 윤기 있는 것과 사랑에 빠졌던 19세기 소비자에게 따분한 섬유는 별 매력이 없었을 것이다. 1880년대가 되자 또다시 위험한 신제품 하나가 노동자 사이에서 인기를 끌었다. 더욱 위험한 사실은 새로 등장한 이 섬유가 성인보다 무구한 어린이를 죽이고 있었던 사실이다.

가난한 아이들의 수의: 사악한 플란넬렛

'사악한 플란넬렛flannelette evil'이라는 모순적으로 들리는 이 표현은 1911년 뉴질랜드의 한 신문 기사 제목에서 온 것이다. 현대의 독자들에게 기모 가공을 한 면직물인 플란넬렛flannelette이라는 단어는 차가운 겨울밤 부드러운 파자마 속으로 파고들어 가는 기분 좋은 기억을 떠올리게 할지 모른다. 그러나 모직인 플란넬flannel의 모조품으로 20세기 초반에 발명된 플란넬렛의 실체를 알면 공포와 도덕적 분노가 치밀지 않을 수 없을 것이다, 결국 영국에서는 새로운 보호 입법으로 이어졌을 정도였으니 말이다.

자연산 모직물의 주요 제조국이자 수출국인 뉴질랜드 입장에서 플란넬렛은 두 가지 측면에서 사익히 졌이었다, 사람과 무역 거래 모두에 해를 끼쳤던 것이다. 영국에서는 언론이 보다 직접적으로 그 위험성을 경고했다. 잡지 〈스펙테이터Spectator〉는 크리스마스 바로 직전에 '불타는 플란넬렛'이라는 제목의 소식지를 발간했다.

당시에도 중상류층 사람들이라면 크리스마스에 의례히 옷을 기부하면서 넉넉한 마음을 나누었다. 그러나 선한 의도에서 건넨 선물이 사람을 죽이는 선물이 되지 않도록, 기자는 독자에게 화학적으로 내화 처리된 '퍼킨 박사의 내화복Dr. Perkin's Non-Flam'이라는 특정 브랜드의 옷을 구입하라고 당부했다. '포근해 보이는 평범한 외양과 달리 종이처럼 활활 타는 싸구려 재질의 플란넬렛을 입혔을 때 어린이에게 어떤 치명적인 위험'이 따르는지에 대한 언급과 함께였다.

내화복은 일반 옷보다 약간 더 비쌌기 때문에 고작 몇 펜스의 이익을 위해 겨울만 다가오면 작지만 포근해야 할 옷이 너무나 많은 경우에 가난한 아이들의 수의가 되어 홀로코스트를 일으키고 있었다. 일 년이 지나 리버풀시의 한 검시관은 플란넬렛이 일반 옷과 달리 살에 들러붙어서 쉽게 떨어지지 않기 때문에 충격이 더 크고 화상 범위가 넓어진다고 경고했다. 이 사례 연구는 사람을 추위로부터 보호하기 위한 섬유가 어떻게 화재 위험을 야기하는지, 그리고 어떤 법적 논란을 낳는지 살폈다. 그리고 이는 국가가 가장 취약한 시민을 보호하기 위한 과학적 혁신과 표준화된 테스트 방법의 출현을 자극했다.

모직 플란넬은 비싼 원단이었기 때문에 가격이 절반인 모조품이 나올 수밖에 없었다. 플란넬의 멋진 축소품인 플란넬렛이 바로 그것이다. 좋은 품질의 플란넬은 두껍고 따뜻하며 내구성 또한 좋았지만

그림13 우드워드Woodward 이후의 아이작 크뤽섕크Isaac Cruiksha nk, 〈숙녀에게 주는 힌트 - 또는 플란넬 박사의 방문A Hint to Ladies - or Visit from Dr. Flannel〉, 컬러 에칭, 1807년. 웰컴 도서관, 런던.

높은 가격 때문에 노동 계급 소비자에게는 그림의 떡이었다. 플란넬의 한쪽 또는 양쪽에 기모起毛 작업을 하면 펠트 같은 느낌을 주면서 보온 효과가 한층 좋아졌다. 중앙난방 시스템이라는 것이 없던 시절에, 플란넬은 몸을 추위로부터 막아주는 동시에 잡다한 병을 낫게 해주는 것으로 여겨졌다. 플란넬 건강 조끼health vests(프랑스어로는 질레드 상테gilets de santé)와 페티코트는 특히 아이, 노인, 병약자 사이에서 인기 있는 속옷이었다.

1871년 〈영국 의학 저널〉에 '듀란드 박사의 건강 플란넬Dr. Durand's Health Flannel'에 대한 광고가 실렸다. 광고에는 한 벨기에 의사의 추천사가 실려 있는데, "류머티즘, 두통, 흉막통, 요통 등 다양한 병증에 대한 효능을 검사해 본 결과 이에 대한 예방책이자 치유책으로서 추천한다"고 적혀 있었다. 아이작 크뤽섕크Isaac Cruickshank라는 영국 만화가는 플란넬이 지닌, 건강에는 좋지만 인기는 없을 것 같은 특징을 1807년경의 한 만화에서 풍자했다(그림 13).

'숙녀에게 주는 힌트 또는 플란넬 박사Dr. Flannel의 방문!'이라는 제목이 붙은 이 만화는 뚱뚱하고 코가 삐죽 튀어나온 멋진 핑크 드레스와 화려한 터번 모자를 쓴 여성에게 노란색 속옷을 권하는 장면을 보여 준다. 분명 하녀 제니가 그에게 "주인마님이 둔부가 시리다고 불평했다"고 말해주었을 것이다. 그녀는 자신보다 지위가 낮을 게 분명한 플란넬 박사에게 "이봐요, 난 둔부가 없어요"라고 소리친다. 그녀는 둔부를 따뜻하게 해주겠다는 의사의 성적인 암시뿐만 아니라 자신을 괴물처럼 보이게 만들 옷도 단호히 거부한 것이다. 하늘하늘한 엠파이어 가운 안에 건강에 좋다는 이유로 모직 페티코트를 입는 순간 몸이 두 배로 부풀어 보일 테니 말이다.

하지만 당시에는 난방이 제대로 되지 않아 사람들은 오한을 달고 살았고, 찬 공기는 질병을 초래하는 대표적인 원인이었다. 의사 크레스피Crespi는 "체질이 민감한 사람은 옷을 따뜻하게 입어야 하고 추위로부터 몸을 보호해야 질병, 나아가 죽음을 예방할 수 있다"라고 지적하면서 "체질이 허약한 사람은 몸에 플란넬을 두르면 이질이나 영국 콜레라의 공격을 막아낼 수 있다"고 덧붙였다.

건강에 좋고 병을 치료해 주는 섬유라는 플란넬의 명성 덕분에 값싼 대체품도 덩달아 인기를 누렸다. 이 새로운 섬유에 대한 첫 번째 언급은 1877년 〈미라의 드레스와 패션 저널Myra's Journal of Dress and Fashion〉에서 처음으로 발견된다. 1875년 창간된 이 잡지는 '새로운 대도시 소비자'를 겨냥한 것이었다. 〈미라〉의 여성 독자들은 플란넬렛처럼 새로운 섬유를 구입하는 데 마음이 열려 있었을 것이다. C. 윌리엄슨C. Williamson의 회사는 플란넬렛이 백조 깃털처럼 부드럽고 입기 편하다며 광고하기도 했다.

그림14-1 삼각형 기모 플란넬렛 견본이 있는 킹코트Kingcot 플란넬렛 샘플북, 샘플 30개 더하기 작은 치수 1개, 1915-1920년경, 번호 F270, 920.95.23.

그림14-2 킹코트 샘플북에 나오는 플란넬렛 기모 디테일, 20.95.23, 로열 온타리오 박물관Royal Ontario Museum의 허락을 받아 수록 ⓒROM.

플란넬렛은 장점이 많았다. 모직 플란넬처럼 세탁 후 줄어들지 않았고 무엇보다 저렴했다. 모직 플란넬은 자주 세탁할 수 없었기 때문에 냄새가 날 때도 있었다. 1897년의 한 기사는 플란넬렛의 급속한 도입에 관하여 다음과 같이 기록했다. "현대 상업의 역사에서 그 어떤 섬유 제품도 플란넬렛처럼 짧은 시간 안에 알려지고 사용된 적은 없을 것이다. 15년 전만 해도 거의 아무도 몰랐던 플란넬렛은 이제 누구나 아는 단어가 되었다."

1910년대에 이르자 플란넬렛은 모직 플란넬을 거의 대체했고, 〈랜싯〉은 이 쾌적한 모조품을 모든 계층이 입고 즐기고 있다고 썼다. 그러나 사실상 방화 기능이 있었던, 촘촘하게 짜인 동물성 단백질 섬유인 모직 플란넬과 달리 플란넬렛의 원료인 식물성 면 섬유는 불쏘시개나 다름없었다. 플란넬렛은 평직으로 짠 면직물인 캘리코calico의 표면을 찢어서 긁거나, 보풀이 일도록 처리한 기모가 있는 옷감이다. (그림 14)

부드럽고 따뜻한 플란넬렛은 그러나 불씨가 닿으면 불꽃이 '솜털
고 게없인 명시 프는 선세에 딮지 무시♪ 속도로 번기는' 치명적이 다
점이 있었다. 플란넬렛 공장에 대한 어느 묘사에 따르면 플란넬렛은
옷을 사는 소비자보다 노동자가 더 잘 보호받는 드문 제품 가운데 하
나였다. 기모 작업을 하는 방은 방화 처리가 돼 있을 뿐만 아니라 모
든 기계 옆에는 물 호스가 마련되어 있었기 때문이다.

〈랜싯〉에 실린 한 화재 기사는 문제를 젠더의 관점에서 파악하기
도 했다. 기사는 통계 분석을 토대로 소녀들의 옷을 비판했다. 3세 때
까지는 소년의 사망률이 가파르게 상승했다. 빅토리아 시대와 에드워
드 시대 영국에서는 남자 아기와 여자 아기, 걸음마를 뗸 아이나 할 것
없이 똑같은 옷을 입혔는데도 말이다. 소년 사망률은 네 살 무렵부터
남자 옷을 입거나 반바지를 입기 시작하면 떨어졌고 그 이후에는 거
의 제로가 되었다.

반면 좀 더 느슨한 옷을 입는 소녀들은 4세와 5세 사이에 소년
보다 두 배 더 높은 사망률을 보였고, 15세와 20세 사이에는 사망률
이 8배나 더 높았다. 매우 충격적인 차이가 아닐 수 없다. 원인은 옷
과 연관된 화재 사고 때문이었다. 예를 들어 1906년과 1911년 사이
에 5-10세 소년은 389명이 화상으로 사망한 반면, 같은 기간 소녀는
1,427명이 사망하였다. 브렌드Brend 박사는 노동 계급 소녀가 얇은
옷을 여러 개 겹쳐 입는 양상에 대해 다음과 같이 기록했다.

소녀들의 경우는 최악이다. 그들은 우선 두꺼운 조끼와 불룩
한 팔란넬렛 슈미즈를 입는다. 그다음에는 보통 뼈대가 있
는 지지대의 위 또는 아래에 플란넬렛 속바지를 입는다. 그

런 뒤 페티코트 두세 개를 모으거나 묶어서 주름을 잡는다. 그 위에 대개 킬트kilt가 붙은 불룩한 프록frock(가슴 부분과 스커트가 붙은 드레스 - 역주)과 긴 앞치마pinafore를 입었다. 이는 사이사이에 공기가 들어간 여러 겹의 얇은 재료로 구성된 것으로, 이보다 더 인화성이 강한 조합을 고안하기란 어려울 것이다. 점퍼스커트 끝단에 불꽃이 튀기만 해도 어린 희생자는 순식간에 불길에 휩싸일 것이다. 반면 천으로 된 속바지인 니커knickers, 저지jersey, 코트를 입는 남자아이는 불에 붙을 확률이 훨씬 낮아진다.

플란넬렛의 폐해를 둘러싼 의학적 토론은 노동 계급 가정의 위험성을 둘러싼 더 큰 논쟁의 일부였다. 엄마들이 바빠서 방치할 수밖에 없는 노동 계급 아이들이 불에 타 죽는 문제가 매우 심각해지자 정부가 나서 보호법을 마련하였다. 이 법은 영국 정부가 징병제를 실시하고 보어 전쟁에서 패배한 이후 국가의 전반적인 보건 상태를 우려하기 시작했을 무렵에 나온 것이다.

노동 계급의 어머니들이 건강한 아이를 기르는 것은 국가의 관심사가 되었고, 가정환경은 점점 더 공공기관과 자선기관의 통제와 감시를 받게 되었다. 이는 1860년대에 일어난 사회적 변화의 일부였다. 한때 비극적 사고로만 여겨졌던 죽음은 어머니의 부주의함 탓으로 돌려졌고, 관련 통계가 수집되었다. 가정교사나 유모의 돌봄을 받은 중산층 가정 아이들은 이런 사고를 당할 확률이 훨씬 낮았다. 반면 노동 계급의 어머니는 종종 아이를 혼자 두거나 좀 더 나이가 많은 자녀에게 맡기는 형편이었다.

또 다른 요소는 요리를 할 때 쓰는 가정용 철망의 사용 유무였다. 빌붙이는 불씨 위에 그대로 요리를 하는 것은 상상할 수 있듯이 매우 위험한 일이었다. 노동 계급만 해도 주방은 매우 좁았지만 그나마 가정용 철망을 써서 아이들이 불에 너무 가까이 가지 않도록 할 수 있었다. 그러나 빈곤선 근방의 가정에는 이조차 너무 비싼 것이었다. 1901년 정부 내 회람 문건에는 다음과 같이 기록돼 있다. "1899년과 1901년 사이에 화상으로 죽은 어린이 1,684명의 시신에 대한 사인 조사가 진행됐고 그 가운데 1,425건은 철망이 없어서 생긴 사고였다."

1908년 철망을 갖추지 않아 어린이가 화상으로 죽은 가정에 벌금을 부과하는 내용의 아동법Children's Bill 제15조가 통과되었다. 그렇다고 해서 배심원과 판사가 아이를 잃고 슬픔에 빠진 불쌍한 어머니에게 벌금을 부과하는 일은 거의 없었다. 인화성 옷과 개방된 불의 조합은 여전히 치명적인 것이었고, 일련의 특별위원회와 검시관 위원회는 '옷감으로 사용된 플란넬렛으로부터 발생하는 위험'에 대한 보고서를 발표했다. 특별위원회는 검시관, 제조업자, 의학 전문가에게 질문을 던졌다.

그러나 1910년 보고서를 보면 "스커트나 드레싱 가운이 불에 닿으면 여성이나 아이가 화상으로 죽을 가능성이 높다"는 진술에도 불구하고 위원회는 입법을 권고하지 않았다. 시간이 지나면 점차 개선될 것으로 안일하게 생각했기 때문이다. 1911년 영국 호적 관리 기구의 연차 보고서에 실린 한 칼럼은 플란넬렛 사망 사고를 집중적으로 다뤘다. 다만 거기에는 언론이 문제를 과장한다고 주장한 회의주의자의 글이 실렸다. '발화의 위험'이라는 제목의 〈타임스〉기사는, 오늘날의 독자라면 끔찍하다고 여기겠지만, 1912년과 1913년에 플란넬렛 화재로 사망한 아이들이 각각 73명과 67명에 '불과'하다고 지적했다. 정부 관료, 대부분의 의류 제조업자, 소매상의 느슨한 태도는 불행히도 그보다 50년 전 모자 산업의 수은이나 비소 중독에 의한 마틸다 슈어러Matilda Scheurer의 죽음 등을 바라보던 시선과 하나도 달라지지 않았다.

검시관의 강력한 추천

윌리엄 헨리 퍼킨 주니어William Henry Perkin, Jr. (1860-1929)는 1856년 아닐린 모브aniline mauve(아닐린 염료에 속하는 최초의 합성염료 - 역주)를 발명한 유명한 화학자의 장남이었다. 아버지처럼 유기 화학자였던 그는 1900년, 맨체스터 최대 면직물 제조업체 중 하나였던 메서스 윕 브로스 앤드 토드Messrs Whipp Bros & Tod사에 고용되었는데, 당시 회사는 대표 상품에 대해 판매 금지 조치가 내려질까 봐 두려워하던 상황이었다.

1898년 맨체스터의 검시관 시드니 스멜트Sidney Smelt는 '불에 닿으면 화약이나 다를 바 없이 위험한' 플란넬렛을 아이들이 결코 입지 못하게 부모가 책임져야 한다고 목소리를 높였다. 곧 대중의 격렬한 항의가 시작되었다. 이제 막 고용된 퍼킨에게는 엄청나게 힘든 과제가 놓여 있었다. 그는 연금술사라도 된 것처럼 면cotton을 모wool와 같은 품질과 안전성을 지닌 섬유로 변화시켜야 했다. 화학 처리를 안 할 수는 없었지만 포근한 느낌과 내구성을 유지하면서도 옷의 디자인과 고유의 색을 해쳐서는 안 되었다. 여기에 비소, 안티몬, 납 같은 독소는 당연히 없어야 했다. 더불어 화학 처리는 영구적이어야 했고 가성 비누로 50회 이상 세탁하거나 최신형 기계를 사용해 가공하더라도 제

거되지 않아야 했으며, 마지막으로 노동 계급 소비자가 살 수 있을 만

큼 서렴해야 했나

그의 연구 조수는 이 난제를 해결하기 위해 1만 번 이상의 화상 테스트를 해야 했다고 기록했다. 비록 독성이 있긴 했지만 페로시안 화합물, 비산염, 안티몬산염, 납산염 등 거의 모든 종류의 염을 실험한 끝에, 염화주석이 섬유에 내화성을 부여하면서도 물에 녹지 않는다는 사실을 발견했다. 마지막 과정은 재료에 주석산나트륨 용액 처리를 하고 가열한 다음 황산 암모니아 처리를 하는 것이었다. 이 과정을 거치면 재료는 더 부드럽고 강해지기까지 했다. 마치 기적과도 같았다.

이 방법은 얇은 면 모슬린과 가정에서 발생하는 화재의 주된 원인 중 하나였던 레이스 커튼 등 다른 섬유에도 적용할 수 있었다. 문제는 주석 가격이 비싸다는 것이었는데, 몇 년 안에 메서스 웝 브로스 앤드 토드는 '퍼킨 박사의 내화복'이라는 이름으로 시장에 신제품을 내놓을 수 있었다. 퍼킨 박사는 제8회 국제응용화학대회에 자신의 발명품을 가져갔다. 그의 뉴욕대 강의의 하이라이트는 페티코트 불꽃놀이였다.

이 극적인 장면은 다음과 같은 기록으로 남아 있다. "그가 핸드백에서 오래되고 빛바랜 헝겊을 꺼냈다. 한 맨체스터 세탁부의 딸이 4년 동안 입었던 노란색 페티코트의 초라한 일부였다. 그 페티코트는 손으로 25회, 세탁 기계로 35회로 빨았던 것으로, 알칼리성 및 산성 비누에 노출돼 있었지만 퍼킨이 발명한 비인화성은 그대로 보유하고 있었다. 페티코드에 불을 갖다 댔다. 청중은 숨을 죽였다. 그러나 불안해할 이유는 없었다. 페티코트는 다음 강의 때까지도 무사할 것이다. 실 한 오라기도 타지 않을 것이기 때문이다." 이어서 견본을 받은 대표단은 "바람이 덜 불어 성냥을 켜기 좋은 곳을 찾아 캠퍼스 구석구석에서

실험을 계속했다. 강연자의 명성은 허물어지지 않았다"라고 한다.

1910년 영국 화재예방위원회British Fire Prevention Committee가 발간한 책자인《섬유 화재 테스트Fire Tests with Textiles》에 퍼킨 박사가 발명한 내화복의 내화 특성이 기록되어 있다(그림 15). 책자에는 3종의 서로 다른 섬유, 즉 내화복, 일반 플란넬렛, 유니온사의 모직 플란넬에 대한 점화와 연소 속도에 대한 실험의 결과가 시각 자료로 실려 있다. 이 실험을 통해 위원회는 연소 속도, 즉 섬유에 불이 붙어 소각되는 속도를 측정할 수 있는 표준화된 테스트 개발에 성공한 것으로 보인다. 이 테스트는 '남성이건 여성이건 평범한 지능을 가진 사람이라면 누구나 큰 수고나 비용을 들이지 않고도' 사용할 수 있도록 고안됐으며, 이를 통해 모든 공공 조사관은 내화성 여부에 따라 섬유를 분류할 수 있게 되었다.

시험관들은 쥘 마레이Jules Marey나 에드워드 마이브리지Eadweard Muybridge 같은 연속 촬영 사진가가 발명한 것과 매우 흡사한 순차 촬영 카메라를 사용해 섬유를 집어삼키는 불길의 진행이나 정지 순간을 기록했다. 테스트 샘플과 옷을 비누와 물로 씻고 10번 다림질을 한 뒤, 끈에 매달린 마네킹에 헐렁한 잠옷 가운을 입혀 마치 여성이 서 있는 것처럼 만든 뒤 옷단에 불을 붙였다. 차이는 놀라웠다. 2분 후 내화 플란넬렛 가운은 옷 오른쪽 아랫부분에 작은 구멍이 난 게 전부였던 반면, 일반적인 플란넬렛은 불길이 마네킹의 머리가 있어 할 자리까지 치솟아 마네킹은 순식간에 불길에 다 타버리고 말았다.

메서스 웹 브로스 앤드 토드의 한 제품 광고용 엽서에는 보다 감상적인 접근이 나와 있다. 엽서에는 인형과 얼룩무늬 고양이를 손에 들고 계단에 서 있는 볼이 빨간 작은 소녀가 등장한다(그림 16). 촛불이

Before Test.　　　　At 30 seconds.　　　　At **120** seconds.

FLANNELETTE (NON-FLAM COMMERCIAL).

VIEWS TAKE

촛대로부터 플란넬렛 잠옷에 떨어지고 소녀는 허리를 굽혀 촛불을 집
어 든다. 그림 아래에는 다음과 같은 구절이 적혀 있다. "왜 소녀는 불
에 탈 걱정을 하지 않는 걸까요? 왜냐하면 내화복을 입었기 때문입니
다. 불에 타지 않고 포근하며 살균 처리된 이 옷을 검시관들이 강력
추천합니다." 옷이 불에 안 탄다며 검시관의 추천까지 붙어 있는 어린
이용 제품 광고라니, 요즘 소비자는 이해할 수 없겠지만 당시 검시관

Before Test.	At 30 seconds.	At 60 seconds.

FLANNELETTE (ORDINARY)

ING TESTS.

(Folder opposite p. 45.)

그림15 왼쪽에 있는 퍼킨의 내화 플란넬렛은 2분 동안 옷단의 극히 일부만 탄 반면 일반적인 플란넬렛은 그보다 절반에 해당하는 시간(60초) 동안 거의 전부 타버렸다. 영국 화재예방위원회British Fire Prevention Committee, 〈섬유 화재 테스트: 위원회 보고서〉의 접어서 넣은 페이지. 웰컴 도서관Wellcome Library, 런던.

들은 잿더미가 된 어린아이의 시신을 얼마나 많이 봤던 것인지 충분히 상상이 된다.

그러나 이후로도 모든 제조업체가 메서스 윕 브로스 앤드 토드처

그림16 "검시관들이 강력 추천하는" 퍼킨의 내화 플란넬렛 광고
용 엽서. 1910년경. 저자 소장품.

럼 검증을 거친 안전한 원단을 쓴 것은 아니었다. 퍼킨의 제품이 나온
직후 저렴한 모조품이 시장에 쏟아져 나왔다. 방화 기능이 있다고 주
장한 이런 옷은 처음 구입했을 때만 불을 견딜 수 있었을 뿐 한 번만
빨아도 대다수는 일반적인 플란넬렛과 똑같이 불이 잘 붙었다.

 랜싯 연구소는 1911년에 상세한 연소 테스트를 진행했다. 대중을
보호하기 위한 입법 장치가 없다는 점을 우려한 그들은, 내화 기능이

있다면서 판매 중이던 12종의 플란넬렛을 테스트했다. 그중 7종은 안전했고, 4종은 안전하지 않았으며, 나머지 1종은 몇 번 빨고 나니 불이 붙는 것으로 나타나 안전성이 의심스러웠다. 랜싯 연구소는 의심하지 않고 인화성 섬유를 구입하고 있는 대중을 위하여 즉각적인 입법을 촉구하고 나섰다. 그로부터 2년 뒤인 1913년이 되어서야 섬유에 대한 기술 미비 법Misdescription of Fabrics Bill이 통과되었다.

이 법의 유일한 목적은 '플란넬렛 제조업자가 실제로는 불을 견디지 못하는 섬유를 내화 섬유라고 선전하지 못하도록 하는 것'이었지만, 플란넬렛 제조업자는 프란넬렛만 법에 명시되는 상황을 원하지 않았다. 이 때문에 결국 법안은 모든 섬유에 동등하게 적용하는 것으로 바뀌었다. 이 법은 메서스 윕 브로스 앤드 토드사가 연구 개발에 막대한 돈을 쏟아부은 상황이 무색하게도, '너무나 행복하게도' 특허권을 국가에 선물로 기증하도록 했다. 〈에듀케이셔널 타임스The Educational Times〉의 광고를 보면 이 법이 이듬해부터 시행된 사실을 알 수 있다.

광고에는 한 섬유 소매상의 사과문이 실려 있는데, 이 소매상은 판매사원이 고객에게 일반 플란넬렛을 판매해 놓고 판매 증서에 내화복이라고 잘못 기재한 데 대해 벌금 3파운드와 비용을 지불했다고 되어 있다. 제인 오스틴Jane Austen(1775-1817) 시절의 모슬린이든 발레리나의 튀튀나 요리사의 크리놀린, 또는 아이들의 포근한 잠옷이든, 인화성 섬유가 유행한 지 한 세기가 지나서야 비로소 화학자와 기업, 정부는 대중을 위해 인화성 섬유를 안전하게 만들기 위한 노력을 시작한 것이다.

가짜가 폭발하다:
플라스틱 빗과 인조 실크

7장

가짜가 폭발하다:
플라스틱 빗과 인조 실크

그을음만 남은 붉은 벽돌 건물의 정면만 봐서는 그 안에서 어떤 죽음의 드라마가 펼쳐진 것인지 짐작하기 어렵다. 루이스 하인Lewis Hine이 찍은 건물은 2층 창문 너머로 알아보기 힘들 정도로 검댕으로 얼룩진 글자만 희미하게 남은 상태이다(그림 1). 뉴욕 브루클린에 있던 로버트 모리슨Robert Morison사의 이야기이다.

1909년 11월 8일, 셀룰로이드celluloid 소재 빗을 제조하는 공장을 방문한 한 노동자가 불붙은 담배를 개방된 엘리베이터 통로에 실수로 떨어뜨렸다. 쉭 하는 소리와 함께 이내 폭발이 일어나며 불길이 솟았다. 15분 후, 9명이 사망했다. 사망자 중 한 명은 15세 소녀 메리 케플Mary Kepple이었다. 그녀는 폭발 때문에 날려간 듯 거리에 떨어졌다. 그녀의 옷과 손, 그리고 얼굴에는 타는 듯한 셀룰로이드 조각들이 들러붙어 있었고 그녀는 얼마 지나지 않아 사망했다. 다른 사망자는 대

그림1 로버트 모리슨 빗 공장Robert Morrison Comb Factory 화재, 브루클린, 1909년 12월. 전국아동노동위원회National Child Labor Committee 소장품, 미 의회 도서관U.S. Libary of Congress (사진: 루이스 하인Lewis Hine).

부분 이탈리아 이민자였는데, 그중 다섯 명은 적당한 비상구가 없어서 사망했다.

이 건물의 안전 기준 위반 사항 중 최악은 쇠창살을 질러놓은 이층 창문이었다. 소방관들은 빌딩 뒤편에 있는, 뜨겁게 달아올라 접근이 불가능한 창살 앞에서 무기력하게 서서 다섯 명의 희생자 중 한 명이 창문에서 뛰어내려 '덫에 걸린 개처럼 추락하는' 모습을 지켜볼 수밖

에 없었다. 공장 소유주의 아들인 윌리엄 모리슨William Morrison의 새
사방에 밤 시신도 발견되었다. 그는 아버지를 구하기 위해 선물로 되
돌아갔다가 회사 금고 옆에서 쓰러졌다. 비극적인 이 화재 사건에는
끔찍한 후기가 이어졌다. 공장 소유주인 로버트 모리슨Robert Morrison
이 사고 몇 주 후 슬픔에 겨워 자신의 집에서 자살했다. 146명의 의류
노동자의 목숨을 앗아간 트라이앵글 셔츠웨이스트Triangle Shirtwaist 화
재보다 1년 반 전에 일어난 이 폭발의 근본적인 원인을 놓고 사람들
은 값싼 패션과 안전하지 않은 노동 조건을 들었다.

유명한 다큐멘터리 사진작가이자 아동노동 철폐 운동가인 루이
스 하인Lewis Hine은 전국아동노동위원회National Child Labour Commission
를 위해 그 장면을 기록하였다. 아마도 어린 메리의 끔찍한 죽음 때문
이었을 것이다. 그는 사진을 찍기 위해 만전의 노력을 가했다. 공장에
접근하기 위해 화재 조사관으로 위장했고, 아동 노동을 옹호하는 사
람들이 자신의 논란을 부를 사진을 불태울까 봐 사진 원판을 의도적
으로 방화 처리했다.

19세기와 20세기 초의 사진과 영화, 모리슨의 빗에 사용된 필름은
거의 동일한, 불에 매우 잘 타는 재료로 만들어졌다. 하인의 삭막한
사진은 화재를 일으킨 빗의 장식적 아름다움이 허위라는 사실을 여실
히 드러낸다. 이 장에서는 값비싼 제품을 모방한 플라스틱과 인조 섬
유가 수없이 많은 동물의 목숨을 구한 측면은 있지만, 제품을 만들고,
팔고, 입은 사람들에게는 해를 끼친 사실을 증언할 것이다.

셀룰로이드는 자연 재료에서 인공 재료로 넘어가던 19세기의 커
다란 움직임의 일부였다. 퍼킨이 아닐린 모브aniline mauve를 발견함으
로써 유럽은 화학 염료의 최대 수출지가 되었고 값비싼 수입 자연 염

료와 색소에 대한 의존도를 줄였다.

한편 동물에서 얻는 부산물을 대체하기 위한 것도 있었다. 동물은 음식, 가죽 또는 털을 얻기 위해 사육되거나 장식용 사냥감으로 소모되고 있었다. 패션에 대한 수요는 명금류나 물새처럼 박제해서 모자 장식으로 사용된 희귀종을 심각하게 위협하곤 했다. 가장 값비싼 동물 제품은 대부분 다른 나라에 의존하던 상황이었다. 빗, 브러시, 부채, 보석상자, 당구공, 피아노 건반 등 미용, 장식, 레저용 사치품은 수입한 코끼리 상아와 바다거북의 껍질을 깎아서 만들어졌다. 앞선 세기에 북미의 비버 털이 그랬던 것처럼 식민지 탐험과 정복은 가공되지 않은 새로운 동물 재료를 구할 수 있는 길을 열어주었지만, 탐욕은 문자 그대로 게걸스러웠고 수요에 끝이 없었다. 여기에 고치 상태로 죽여서 빛나는 실을 뽑아내는 유럽산 누에가 1850년대에 전염병으로 거의 전멸하는 사고도 발생하였다. 이 같은 문제를 해결하기 위해 화학이 소환된 것이다.

19세기 중반 과학자와 사업가는 식물 재료와 화학 약품의 새로운 조합을 실험하기 시작해 혁신적인 플라스틱과 면과 목재 펄프가 들어간 인조 섬유를 개발했다. 이 장에서는 우선 빗과 셔츠 칼라 같은 플라스틱 액세서리를 살피고, 이어서 인조 실크를 살펴볼 것이다.

플라스틱은 저렴하면서도 사이즈, 모양, 색깔이 무한히 다양한 제품에 대한 당대의 욕구를 충족시키기에 완벽한 재료였다. 계절의 요구에 따라 달라진 모피 펠트 모자처럼 플라스틱은 그 정의상 펴서 늘일 수 있었다. 플라스틱이라는 말은 만들어진 것 혹은 주조된 것이라는 뜻의 그리스어 플라스토스plastos에서 나온 것으로 '압력과 열기에 의해 다른 모양으로 주조하거나 변형할 수 있는 재료'로 정의되었다.

이런 특징에 의해 호박, 고무, 뿔 등 자연산 플라스틱을 포함한 플라스틱과 돌처럼 사르고 깎아야 하는 비플라스틱을 구분할 수 있다. 이들 재료에는 파크신parkesine, 아이보린Ivorine, 자일로나이트Xylonite, 셀룰로이드, 그리고 지금 가장 널리 알려진 레이온Rayon 등 인공적으로 만들어진 것이라는 사실을 강조하는 상표명이 붙었다. 셀룰로이드에는 원본과 비슷하지만 미완성이거나 불완전한 어떤 것이란 뜻을 지닌 접미사 '-oid'가 붙어 있다. 예를 들어 휴머노이드humanoid는 인간human보다 불완전한 어떤 것을 뜻한다.

셀룰로이드는 셀룰로스cellulose(섬유소)라는 유기 화학물을 모방한 것으로, 셀룰로이드 제조에 사용하는 면이나 목재 펄프처럼 인화성이 높은 문제가 있었다. 화학자들은 셀룰로이드를 질산염 처리해 장뇌camphor(지방고리 모양 케톤의 일종 - 역주)와 섞은 다음, 최종 제품을 만들기 위해 다른 화학 물질과 결합하는데 이때 거의 화약과 비슷한 수준의 폭발력이 생겼다. 질산염 처리가 가장 강하게 된 제품을 면화약guncotton이라고 부를 정도였다. 하지만 자일로나이트(식물xylos에서 나왔음을 뜻함) 또는 피록실린pyroxyline(불pyro과 나무xyline를 뜻함) 등 다른 상표명은 원재료를 유추할 수 있는 수준의 이름이었다. 여기에 셀룰로이드 자체가 인화성이 높다는 소식이 퍼지자, 불을 연상하게 하는 표현은 빠르게 사라졌다.

1845년 독일계 스위스 화학자 크리스티안 쇤바인Christian Schönbein은 아내가 없는 사이에 주방에서 실험을 하고 있었다. 그는 질산과 황산을 쏟았고, 아내의 면 앞치마로 닦아낸 다음 앞치마를 난로 앞에 걸어서 말렸다. 그런데 앞치마가 열을 받자 저절로 불이 붙어 연기도 없이 사라졌다. 쇤바인은 이 발견이 지닌 군사적 잠재력을 재빨리 깨달았고, 자신의 발명품에 면화약guncotton이라는 이름을 붙였다. 그는 영국의 저명한 동료 과학자 마이클 패러데이Michael Faraday에게 다음과 같은 편지를 썼다. "(이 과정을 통해) 나는 화약 다음으로 가장 가연성이 높은 물질을 얼마든지 만들 수 있습니다. 내 생각으로는 강력한 공격 내지는 방어 수단으로 활용할 수 있을 것 같습니다. 영국 정부에 거래를 제안해도 되겠습니까?"

다음 세기에는 강력한 질산염 처리가 된 면이 여러 가지 형태로 상업화되었다. 1884년 프랑스인 폴 비에이유Paul Vieille가 완성한 무연 셀룰로스인 질산염 화약은 대량살상무기의 발전을 가져와 현대전을 등장하게 한 물질 중 하나로 비난받는다. 다만, 이 화학 물질은 위험하긴 하지만 살인을 의도하지는 않는 플라스틱 생산에 가장 널리 이용되었다.

1862년 영국의 화학자 알렉산더 파크스Alexander Parkes는 자신의 이름을 딴 초기 플라스틱인 '파크신'을 상업화하려고 했으나 제품이 휘고 구부러지는 바람에 회사가 망했다. 보다 성공적인 제품은 1870년 미국인 존 웨슬리 하이엇John Wesley Hyatt이 상아 당구공을 대체하기 위해 만든 발명품으로, 하이엇은 이 제품에 '셀룰로이드'라는 상표명을 붙였다.

인조 상아의 발명은 너무 늦었다. 코끼리가 대량으로 학살되면서 상아는 갈수록 귀해졌지만 수요는 계속 증가했다. 1800년과 1850년 사이에 영국의 상아 수입량은 연간 119톤에서 458톤으로 늘었다. 19세기 후반에는 전 세계의 상아 소비량이 1,000톤에 달했는데, 이는 해마다 6만 5,000마리라는 믿기 어려운 숫자의 코끼리를 살육해야만 얻을 수 있는 수량이었다. 경보가 울렸다. 1882년 〈뉴욕 타임스〉

는 "한때 '아이보리코스트'로 알려졌던 기니에서 전에는 많았던 코끼리들이 희귀해지는 진 ㅇ ㅁ 진해진다"라고 보도했다. 1878년 코끼리에게 닥친 위협보다 소비자의 위험을 더 걱정한 한 영국 만화 잡지는 '아이보리의 소멸'이란 제목으로 유머러스한 경고를 날렸다. 한 남성의 스카프 핀이 그의 얼굴 앞에서 폭발하고, 당구공이 폭발하고, 여성들이 의치를 토해내는 장면이 익살스럽게 그려져 있는 것이다.

사실 이런 것들은 생각만큼 그렇게 불안정한 것은 아니었다. 하지만 다른 많은 패션 액세서리와 마찬가지로 소비자보다는 제품을 만드는 노동자가 처한 위험이 훨씬 큰 것이었다. 한편 야간 경비원의 죽음을 부른 1875년의 셀룰로이드 공장 폭발 사고로 소비자가 동요하자, 〈뉴욕 타임스〉는 친절하게도 "남성들은 한밤중에 자신의 치아가 폭발할 것이라는 걱정을 전혀 하지 않고 편안한 마음으로 잠자리에 들어도 된다"라며 독자를 안심시켰다.

셀룰로이드는 양면성을 지닌 소재였다. 셀룰로이드는 코끼리의 생명을 구하고 사랑스러운 패션 소품과 귀여운 플라스틱 인형을 만드는 데 사용할 수 있었지만, 우연히 또는 의도적으로 죽음을 초래할 수도 있었다. 셀룰로이드는 불이 그렇게 쉽게 붙지는 않지만, 일단 불이 붙으면 섭씨 815도라는 믿기 어려운 온도까지 올라가고, 시안화수소산이나 공기에 닿으면 폭발하는 성질의 질소산화물을 포함한, 검은 연기의 유독 가스를 뿜어낸다. 런던의 셀룰로이드 연하장 카드 공장에서 불이나자 10대 소녀 8명을 포함해 많은 노동자는 불길로부터 안전할 것으로 여긴 옥상으로 대피했지만 그들은 불이 아니라 일산화탄소 중독으로 사망하고 말았다.

이 같은 잠재적 위험에도 불구하고 발명된 지 수십 년 안에 셀룰로

그림2 셀룰로이드로 만들어진 다양한 물건들. 대다수 모조품, 프렌치 아이보리French Ivory, 즉 아이보린Ivorine. 드레스, 미용, 장식용. 1920-1930년대경. 과학박물관Museum of Science, 런던.

이드는 의류, 사무실, 스포츠 경기장, 병원으로 파고들었다. 제조업자들은 50년 이상 방수 서츠 칼라, 단추, 장신구 상자, 칼과 우산 손잡이, 안경테, 심지어 틀니와 의수·의족 등을 포함해 드레스, 미용, 레저용 셀룰로이드 도구와 액세서리를 만들었다(그림 2). 이 제품들은 판타지fantasy 또는 프랑스어로 환상적 물건objets de fantaisie이란 말에서 유래한 '팬시' 상품으로 불리며 판매되었고, 머리빗, 귀고리, 반지, 스카프핀, 브로치, 팔찌 등의 소품들이 대표적이다. 1944년에는 화장품류제품의 90%가 셀룰로이드로 제조되기에 이르렀다.

　1870년대를 시작으로 셀룰로이드는 탈착 가능한 남성용 방수 칼라, 커프스, 서츠 가슴 부분 장식shirt bosom의 코팅 등에 사용되었다. 이 새로운 아이템은 수백만 개가 팔렸다. 남성적 이미지와 사회적 지

위를 드러내는 데 핵심적이었던 모피 펠트 모자와 마찬가지로 깨끗하
기 빳빳하게 풀을 먹인 흰색 칼라는 블루칼라 농부나 육체노동자의
데님 칼라와 대조를 이루며 중산층 남성의 지위를 상징했다.

그러나 세탁 전문가의 도움 없이 흰색 린넨을 깨끗하고 빳빳하고
완벽한 형태로 유지하는 것은 여간 어려운 일이 아니었다. 흰색 칼라
를 입은 남성은 겉으로는 모두 상류층 신사처럼 우아해 보였지만, 평
범한 가게 점원이나 사무직 노동자에 불과했던 이들은 완벽한 모습을
유지하기 위해서 옷 칼라에 얇은 베니어판 같은 바르는 액체 셀룰로이
드가 코팅된 신제품의 도움을 받아야 했다. 그렇게 만들어진 소품들은
비누와 빳빳한 브러시만 있으면 간단하게 세탁할 수 있었던 것이다.

1890년경의 한 카드 형태 광고는 이처럼 '스타일이 좋으면서도 실
용적인 소비자'라는 아이디어에 착안한 것이었다(그림 3). 광고는 '노인
의 취향과는 별로 맞지 않는 슈트를 입은 한 남성이' 정원용 호스에서
나오는 물줄기를 맞는 모습을 그리고 있다. 물줄기는 마치 오리의 등
에서 물이 흘러내리듯 그의 소매를 타고 흘러내리고 그의 애인이 손수
건을 쥐고 눈물을 흘리고 있지만, 흰색 린넨 셔츠와 몸에 딱 붙는 비즈
니스 정장sack suit, 굽 있는 신발, 렌즈가 하나뿐인 모노클monocle 안경
에 모자를 쓰고 담배까지 갖춘 이 신사는 여전히 말쑥한 차림이다.

엘리트 계층은 격이 떨어진다고 눈살을 찌푸렸겠지만 많은 남성
들, 그리고 나중에는 노동 계급 여성들도 이 같은 방수용품을 즐겁게
착용하게 되었다. 셀룰로이드로 만든 물건은 방수 기능이 있었고 그
것을 사용하는 사람의 격을 블루칼라 노동자보다 높여주기는 했으나,
이러한 드레스 액세서리는 또 다른 위험을 제기했다. 담배와 성냥에
의해 불이 붙을 수 있었던 것이다.

그림3 셀룰로이드 방수 칼라, 커프스, 셔츠 장식 광고용 카드, 다색 석판 인쇄, 1890년경, 저자 소장품.

1897년 한 열 살짜리 소년이 셔츠 단추를 잃어버려 줄로 셔츠를 묶었다. 자러 가야 하는데 매듭을 풀지 못한 소년은 불로 태워서 줄을 풀려고 했다. 그러다 셀룰로이드 칼라에 불이 옮겨 붙게 되었고, 불쌍한 소년의 목 주위로 불길이 치솟아 얼굴과 머리를 태우고 불이 붙은 셀룰로이드가 방울처럼 옷에 녹아내려 소년은 목에 심한 화상을 입고 말았다. 남성복 칼라에 불이 붙는 화재 사고는 촛불, 성냥, 심지어 돈

그림4 이집트에서 영감을 받은 칼로 쇠르Callot Soeurs의 이브닝 가운, 1909년 여름. 실크 망사로 된 실크 새틴, 셀룰로이드 시퀸 오버레이, 금속 줄이 달린 면 그물눈 레이스 보디스, 페이스트 라인스톤, 유리구슬 디테일. 그레그 예술디자인 박물관Gregg Museum of Art &Design, 노스캐롤라이나주립대학교, 2003.014.208. 수잔 빅스Susan Biggs와 미르타 스펜스Myrta Spence 기증 (사진: 더그 반 드 잰드Doug Van de Zande).

보기에 의해서도 발생했지만, 더 큰 위험은 면 드레스의 경우처럼 여성의 셀룰로이드 빗과 장신구에 있었다.

23세의 플로렌스 T. 엘리스Florence T. Ellis 부인은 1909년 12월 31

일 송년 파티를 위해 셀룰로이드로 된 스팽글spangle 장식이 달린 드레스를 입었다. 파티는 사교계 인사들이 많이 드나드는 뉴욕의 고급 프렌치 레스토랑 '카페 마르탱'에서 열릴 예정이었다. 파티에서 누군가가 부주의하게 던진 성냥이 그녀의 드레스 옷단을 스쳤고 얇은 시폰 드레스가 불길에 휩싸였다. 불길에 싸인 그녀가 창문으로 달려가자 커튼에도 불이 붙었다. 사고가 난 지 3일도 안 돼 엘리스 부인은 사망하고 말았다. 슬프게도 그녀에게는 16개월 된 아이도 있었다.

미국에서 특히 인기를 끈 파리의 패션 하우스 칼로 쇠르Callot Soeurs 의 디자인에서 볼 수 있듯, 당시에는 이브닝 가운에 스팽글과 시퀸 등의 장식을 다는 게 유행이었다(그림 4). 이집트의 구슬 공예에서 영감을 받아 만들어진 이 반짝이는 푸른 드레스는 커다란 페이스트 보석과 여러 줄의 사각 시퀸으로 장식되었다.

엘리스 부인의 죽음 이후 셀룰로이드 스팽글은 라인스톤rhinestone(인조 다이아몬드), 은선이 들어간 막대 모양 구슬, 강한 열을 받으면 녹긴 하지만 타지는 않는 접착 시퀸 등 보다 안전한 대체품으로 바뀌었다. 그러나 드레스와 달리 셀룰로이드 머리빗은 장식이 화려하고 실용적이어서 유행을 선도하는 상속녀들부터 최빈곤층에 이르기까지 계속 널리 사용되었고, 셀룰로이드 머리빗으로 인하여 초창기 플라스틱 산업은 발전할 수 있었다.

모조품 숙녀

오늘날에는 매일 복잡한 헤어스타일을 하거나 하녀에게 긴 머리를 매만지도록 하는 여성이 거의 없지만, 역사적으로 상류층의 여성다움이란 길게 늘어뜨린 머리와 동의어였다. 여성들은 긴 머리를 최고의 영광으로 여겼다. 긴 머리는 아름다움의 이상이었고, 빗은 실용적이면서도 심미적인 기능을 갖게 되었다. 불과 한 세기 전만 해도 많은 여성은 머리에 셀룰로이드로 만든 장식 빗을 다수 꽂은 채로 거리를 활보했다.

빗은 여성의 사회적 지위와 결혼 여부를 가시적으로 드러냄으로써 일종의 통과의례 구실도 했다. 결혼 전인 소녀는 머리를 내려서 늘어뜨린 반면 결혼한 여성은 머리를 올려서 핀으로 고정했다. 이 때문에 빗은 결혼 선물로 인기를 끌게 되었다. 이번 장에서는 빗의 인기와 더불어, 빗이 바다거북에게 끼친 위험, 그리고 거북이 등딱지를 대체할 모조품이 야기한 위험을 탐색할 것이다. 프랑스 오요나Oyonnax의 빗과 플라스틱 박물관Musée du Peigne et de la Plasturgie의 전시품에서 드러나듯, 머리를 빗거나 꾸미고 때로는 이를 잡기 위해 사용한 빗은 선사 시대 이래로 모든 문화권에서 사용된 것이다.

빗 제조업자들은 나무, 뼈, 상아, 금속, 동물 뿔 등 많은 재료를 사용했다. 그러나 가장 사치스러운 빗은 갈색과 금색이 얼룩덜룩 섞여 있고 반투명하면서도 자연스러운 광택이 빛나는, 천연 플라스틱인 거북딱지로 만든 것이었다. 1700년대에는 다채롭게 틀어 올린 머리 모양을 뜻하는 시뇽chignon 스타일을 완성하기 위해서나, 베일이나 만티야mantilla(머리부터 어깨까지 덮는 베일)를 두를 때 고정하기 위해 빗을 많이 사용했다(그림 5). 스페인 안달루 시아 지방에서 만든 만티야와 페이 네타peineta(빗)는 그 정교한 디자인으 로 특히 명성을 떨쳤는데, 무어인의 장식 무늬와 목공예의 영향을 받은 것이라고 한다.

한편 그 사랑스러운 외형과 달리 거북딱지는 예쁜 것과는 거리가 먼 제조 과정을 거쳐야 했다. 거북딱지 빗에 사용되는 재료는 멸종 위기에 처한 대모 거북의 등딱지에서 주로 얻었는데, 어느 언론이 '거북의 피부' 라고 표현한 등딱지를 채취하는 과정

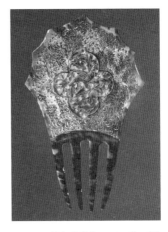

그림5 스페인 만틸라mantilla 빗, 거북 딱지, 19세기. 로베르 볼레Robrt Bollé 개인 소장품, 빗과 플라스틱 박물관Mu sée du Peigne et de la Plasturgie 위탁. (사 진: 플로렌스 도데Florence Daudé - 오요나).

은 잔인하기가 이를 데 없다. 낚시 등으로 잡은 거북이를 해변에 배가 보이게 뒤집어 놓아 자연스레 죽인 다음 뜨거운 물이나 기름에 끓여 딱지를 분리했던 것이다.

유럽에서 거북딱지는 로마 시대부터 보석이나 겉치장에 사용된 유 서 깊은 재료이지만, 대모 거북은 열대 바다에 서식하는 종이었기 때 문에 전 세계로부터 수입되었다. 1878년 영국이 연간 30톤을 수입하 고 1876년 프랑스가 4만 2,306킬로그램(거북이 1만 7,000마리에 해당)을 수입하면서 19세기 중반 거북딱지는 매우 비싼 재료가 되었다. 1870 년에서 1900년까지 30년 동안 가격이 세 배나 뛰었다. 대규모 동물 학 살의 관점에서 볼 때 셀룰로이드 제조업체들은 그들이 동물의 생명을 구하는 데 앞장서고 있다고 자랑할 만하였다. 일례로 영국의 자일로

그림6-1 E. 로랑Laurent, 거북딱지 빗을 꽂은 젊은 여성의 미니 초상화, 1820-1830년경. 사진 제공: 수잔 딘Susan Dean. 소유주: 앤티크&희귀 보물Antiques&Uncommon Treasure.

그림6-2 장인이 진짜 거북딱지로 만든 가리비 모양 만티야 빗. 1820-1840년경. 스페인 빗 The Spanish Comb의 노르마 람몬트Norma Lammont 제공.

나이트 회사의 상표 이미지는 다분히 의도적으로 행복한 표정의 코끼리와 거북이가 서로 팔짱을 끼고 걷는 모습을 형상화한 것이었다.

거북딱지의 가격 때문에 18세기 초반에는 소뿔을 사용한 모조품이 많아졌다. 옅은 노란색 뿔을 생석회와 일산화납, 또는 독성이 있는 황화납을 섞은 검은 반죽을 사용해 얼룩덜룩하게 색칠한 것이었다. 뿔과 거북딱지 빗은 1820년대와 1830년대에 특히 인기를 끌었는데, 처음에는 옆머리 위로 슬쩍 꽂던 것에서 나중에는 기린 머리coiffures à la giraffe 혹은 아폴로 상투Apollo topknots라고 불린 낭만적인 올림머리 위쪽에 꽂는 것이 유행하였다(그림 6).

전통적인 천연 재료와 비교할 때 셀룰로이드는 잘라서 모양을 만들고 광택을 내기가 훨씬 더 쉬웠고, 여러 가지 색을 입힐 수도 있었다. 발명된 지 몇 년 만에 셀룰로이드로 만든 값싼 장신구가 시장에 쏟

그림7 존 톰슨John Thomson, '팬시 상품 상인(행상)Dealer in Fancy Ware(Swag Selling)', 《런던 거리의 삶》, 1877. "여성들이 추구하는 것은 모조 보석이 아니라 모조품 숙녀를 만드는 보석의 수준이다." ⓒ런던박물관Museum of London.

아졌고, 빈곤층과 중산층 할 것 없이 열정적으로 구매에 나섰다. 사진가 존 톰슨John Thomson은 1877년 《런던 거리의 삶Street Life in London》이라는 책에 '팬시 상품 상인(행상)Dealer in Fancy Ware(Swag Selling)'이라는 제목의 노점상 사진을 실었다(그림 7). 이 기록 사진과 사진에 딸린 구술 증언에 따르면, 셀룰로이드 빗은 세상에 나온 지 불과 10년 만인 1870년대 후반 대중에게 인기 있는 물건으로 자리매김했다.

한편 톰슨은 구두닦이, 마부, 중고 의류 판매상을 포함한 빅토리아 시대의 노동 계급 상인과 여성, 어린이에 대한 시각적이고 언어적 묘사를 다수 기록하였다. 한 사진은 수염을 기른 두 남자가 머리빗이 가득 담긴 나무 카트 옆에 서 있는 모습을 보여준다. 진심 어린 존경심으로 톰슨은 "거리에서 팔리는 현대의 '유사' 보석은 그 다양성과 예술적 아름다움에서 진짜 보석과 장신구를 넘어선 놀라운 수준을 보여주고, 특히 디자인의 측면에서 탁월하다"라고 말했다.

셀룰로이드 모조품은 사진에 나오는 것처럼 팔에 아이를 안고 더러운 앞치마를 두른 여성까지 매혹시켰음이 분명하다. 그녀는 자신의 딸인 듯한 긴 앞치마를 입은 어린 소녀와 함께 상품을 뚫어져라 바라보고 있다. 톰슨이 기록한 이 무명 노점상의 말에 따르면 이 물건들의 인기가 너무 좋아서 어떤 고객은 신발이나 스타킹도 신지 않고 어린아이와 함께 와서 귀고리나 예쁜 빗을 사가곤 했다고 한다. 그러나 역시 최고의 고객은 젊은 여성들이었다. 그중 일부는 매춘부였는데, 그들은 대부분 알몸으로 지내지만 최신 헤어스타일을 하고 빗을 꽂고 있기만 하면 편안함을 느꼈다고 한다. 상인은 발가락이 부츠 밖으로 나온 여자들이 속옷과 빗을 바꾸기도 한다고 말했다. 다른 사람은 볼 수 없는 속옷을 눈에 잘 띄는 장식용 빗과 바꾸는 것은 얼굴을 팔아 장사를 하는 그녀들에게는 합리적인 선택이었을 것이다.

1880년 무렵에 찍힌 사진 한 장은 옷과 빗의 장식 미학이 주고받는 시각적 대화를 포착하고 있다(그림 8). 절반쯤 미소를 띠고 의자에 앉아 있는 이 여성은 실크 새틴, 매듭 리본, 카메오 브로치, 조화, 소매에 달린 대조적인 검정 레이스 드레이프, 가슴 부분 장식, 스커트 등 온갖 종류의 여성스러운 장식품으로 아낌없이 치장하고 있다. 그녀는 새의 볏을 닮은, 상대적으로 소박해 보이지만 여전히 장식적인 빗으로 자신의 옷차림을 마무리했다. 1880년대에 생산된 빗을 보면 플라스틱을 통해 섬세한 곡선과 아름다운 거북딱지 효과를 완성한 것을 알 수 있다.

그림8-1 장식적인 셀룰로이드 머리빗을 한 여성. 캐비닛 카드cabinet card(사진이 인쇄된 카드 - 역주) 사진. 1880년경. 스페인 빗The Spanish Comb의 노르마 람몬트Norma Lammont 제공.

그림8-2 모조 '거북딱지' 머리빗. 1880년대. 저자 소장품(사진: 수잰 맥클레인Suzanne McLean).

머리에 가해진 치명적 위험

대중은 이 기적의 신재료를 환영했지만 1890년대의 의사와 언론은 '머리에 생길 수 있는 치명적 위험'에 관해 심각하게 경고하였다. 〈랜싯〉은 머리빗을 꽂는 야만적 관습 때문에 발생한 희한한 사고를 보도했다. 한 여성이 아래층으로 떨어졌는데 머리빗의 빗살에 두개골을 찔려 결국 두개골이 부서져버렸다는 것이다.

그러나 이는 매우 드물게 발생하는 사고였고, 빗의 진짜 위험성은 플란넬렛과 똑같은 화재 발생에 대한 우려였다. 1888년 화약이나 폭발력을 지닌 질산칼륨을 다루는 엔지니어였던 프랑스인 레온 포쉐Léon Faucher는 마드모아젤 TMademoiselle T라고 명명된 한 젊은 여성의 사례를 연구하고 있었다. 이 여성은 몸을 녹이기 위해 어머니가 다림질을 위해 피워둔 뜨거운 석탄 난로 위에 한 시간 동안 몸을 숙이고 있다가 빗에 불이 붙으나 그나마 다행히 목숨만은 건졌지만 여성이 두피에는 꽤 커다란 흰색 흉터가 영구적으로 남았다. 포쉐는 대중에게 이 '파리의 제품articles de Paris'이 지닌 위험성을 경고하고 싶었지만, 신문사는 셀룰로이드 빗이 보도할 만큼 위험하지는 않다는 결론을 내렸다.

한편 영국의 랜싯 연구소는 1892년에 체계적인 테스트를 실시하여, 모조 상아로 만든 주사위 상자와 모조 거북딱지 머리핀, 장난감 바운스볼 등이 인화성이 매우 강한 물질로 만들어졌다는 결론을 내렸다. 셀룰로이드는 섭씨 80-90도가 되면 부드러워지고 가변성이 생긴다. 장인들이 작업하기에 편리한 성질이다. 그러나 끓는점인 섭씨 100도에서는 불에서 약 15센티미터 떨어진 헤어핀이 불과 4분 만에 급속도로 전소하는 현상이 발생하였다. 연구소는 일반적인 용도로 쓰기에 그리 안전한 물질이 아니라고 지적했다.

1898년 10대를 상대로 하던 인기 잡지 〈걸스 오운 페이퍼Girl's Own Paper〉는 소녀 독자에게 집에 있는 사용하지 않는 쇠살대에 빗을 넣고 불을 붙이는 실험을 해보라고 권고했다. 기자는 아쉽다는 투로 말했다. "이 빗들은 애석할 정도로 정말 예쁘다. 그래서 유혹에 넘어가 빗을 샀겠지만 말이다."

셀룰로이드의 인기가 높아지면서 더욱 저렴하지만 화학적 안정성은 떨어지는 제품들이 시장에 쏟아져 나왔으며, 더 많은 화재 사고로 이어졌다. 1902년 애버딘 대학의 흠정(황제가 임명함) 외과 교수 알렉산더 옥스덴Alexander Ogsden은 한 기사에서 "셀룰로이드로 인한 화상은 매우 흔한 일이다"라고 주장했다. 직접적인 불꽃이나 불길도 필요 없었다. 그저 불 앞에 무릎을 굽히고 앉는 것만으로 빗이나 머리에 불이 붙을 수 있었다.

옥스텐은 심각한 3도 화상을 입은 한 스코틀랜드 여성을 담당했던 의사로부터 물적 증거를 수집했다. 이 사고는 치료에만 몇 달이 걸렸고 두피에서 5센티미터 정도 위부터 머리칼이 영구적으로 파괴되었다. 그는 그녀가 쓰던 빗의 샘플과 가족 중 여성 구성원들이 쓰던 그와 비슷한 빗에 대한 화학적 분석을 의뢰했다. 그중 한 조각은 난로에서 1.8미터 정도 떨어진 곳의 온도에 해당하는 섭씨 128도에서 불이 붙었다. 옥스텐이 보기에 싸구려 셀룰로이드는 낮은 온도에서 보다 쉽게 불이 붙었다. 희생자의 빗 일부를 사고 당시 그녀가 썼던 철로 된 모자 고정 핀에 갖다 대자 금속이 열을 증폭시켜 불과 섭씨 93도에서 셀룰로이드에 불이 붙었다. 다른 빗을 성인 여성의 머리로 싸서 실제로 빗을 꽂고 있을 때와 같은 조건을 재현했더니 불과 섭씨 82도에서 불이 붙었고, 어린아이의 머리를 사용하자 발화점이 섭씨 75도까지 내려가기도 했다. 같은 온도에서 고품질 셀룰로이드는 물렁해지기만 했을 뿐 불이 붙지는 않았다.

옥스텐은 이렇게 강한 폭발력을 지닌 셀룰로이드 제품이 시내 어디서나 팔리고 소비자는 경각심 없이 사용하고 있다는 현실을 개탄하였다. 그는 셀룰로이드에 가연성ignitible이라는 단어를 눈에 잘 보이게 표시해야 한다고 생각했고, 법률로 제정해 불연성 셀룰로이드 소재가 개발되기를 희망했다. 옥스텐의 기사가 나온 후 몇 달 뒤에 영국 상원에서 이 문제가 제기됐지만 관련 부처의 장관은 셀룰로이드 판매에 타격을 주는 법의 제정을 원하지 않았다. 구세군 같은 자선단체가 기관지 〈구세공보War Cry〉에 대중을 상대로 위험을 알리는 경고문을 싣는 조치 정도만 취해졌을 뿐이다. 해당 경고문에는 여성의 빗이 촛불에 타는 모습이 나온다(그림 9).

셀룰로이드는 1920년대 초까지 별다른 규제를 받지 않았고, 1920년대에도 대량으로 비축하는 행위를 금지하는 게 고작이었다. 그래도 소비자의 두려움을 가라앉히기 위해 뿔 빗 제조업자는 제품에 '진짜 뿔'이라는 스탬프를 찍어 셀룰로이드와 구분했고 플란넬렛과 마찬가지로 '방화 셀룰로이드'가 개발돼 출시되었다. 그러나 훗날 진행된 테스트에 따르면 이 작고 귀여운 물건 역시 무해한 것이 아니었다. 1920년대 한 화학자는 셀룰로이드 5그램, 달리 말해 평균적인 빗에서 발

Dangers of the dressing-room
It is at all times a dangerous practice to use an unprotected light on the dressing-table, but more so if your brush and comb have any celluloid about them. In an instant, before you are aware of it, they may catch alight

그림9 불붙은 머리빗, 구세군 구세공보 War Cry, 1912. 구세군 인터내셔널 헤리티지 센터The Salvation Army International Heritage Centre, 런던.

견되는 만큼의 셀룰로이드는 연소하면 성인 한 사람을 죽이기에 충분한 독가스를 생성한다는 점을 입증했다.

수많은 화상과 화재 사건 중에서도, 원재료나 완제품 상태의 셀룰로이드가 대량으로 쌓여 있는 판매 상점과 셀룰로이드 작업장 또는 공장에서 발생한 대형 화재는 훨씬 더 치명적이었다. 유럽과 북미에 위치한 여러 셀룰로이드와 자일로나이트 공장의 노동자가 사망했는데도 영국 정부는 셀룰로이드를 폭발물로 공식 지정하지 않았다. 개별 공장별로 일부 보호 조치가 취해졌을 뿐이다.

영국 자일로나이트 회사에서 일한 해리 그린스톡Harry Greenstock

은 공장에서 흡연은 범죄였다고 회상했다. "파이프나 성냥을 소지한 사람은 즉시 해고되었다. 코트 구석구석을 주기적으로 조사했다. 심지어 코트 안감도 조사했다." 이는 다소 극단적인 조치로 보일지 모르겠지만, 모리슨 빗 공장의 폭발 사고 등 치명적인 셀룰로이드 사고의 다수는 성냥과 담배를 부주의하게 다루다가 발생한 것이었다.

미용실, 이발소, 귀금속 상점도 위험하기는 마찬가지였다. 빗을 한여름에 대형 판유리(일부는 햇빛을 모으는 거울까지 갖췄음) 안에 전시했다가 빗이 자연 발화하는 것과 같은 종류의 사고가 잇달았던 것이다. 공장의 화재는 셀 수 없을 만큼 많았다. 그중에서 미국의 모리슨 공장에서 화재가 나고 한 달 뒤에 발생한, 영국 최대의 백화점 사고를 살펴보자.

런던의 크리스마스 쇼핑 기간에, 입점 상점이 50개에 달하고 600명 이상의 노동자가 근무하던 아딩 앤드 홉스Arding & Hobbs 백화점에서 화재가 발생했다(그림 10). 그러자 백화점에서 판매 중이던 무수히 많은 셀룰로이드 제품들로 인해 건물이 완전히 불탔고, 40개의 상점과 주택이 전소되었다. 최초의 불길은 한 어시스턴트가 셀룰로이드나 양모로 만든 인공 눈이 채워진 크리스마스 진열창에 놓인 빗을 향해 팔을 뻗다가 우산을 건드리는 바람에 우산이 전기 램프 위로 쓰러지면서 일어났다. 램프가 부서지며 퓨즈가 나갔고, 진열대에 불이 붙었다. 아딩 앤드 홉스는 어둠 속에 잠겼고, 어머니와 어린이 손님이 비명을 지르며 건물에서 빠져나갔다. 그리고 10분 만에 백화점 안은 거대한 용광로가 되었다.

영웅적인 어시스턴트들이 손님을 이끌고 건물을 빠져나오기도 했지만, 많은 점원이 그 자리에서 사망하고야 말았다. 그중 한 명은 여

그림10 전기 램프 파손으로 셀룰로이드 빗에 불이 붙는 화재 사고가 발생한 후의 런던 아딩 앤드 홉스Arding & Hobbs 백화점 잔해.

성 동료를 구하고 자신은 불의 소용돌이 속으로 떨어진 요리사였다. 공포에 질린 사람들이 창문에서 뛰어내리기 시작했고, 일부는 소방관들이 쳐놓은 그물 바깥으로 떨어졌다. 불길이 너무나 맹렬했던 탓에 한 점원은 너무 심하게 타버린 나머지 셔츠 조각 하나와 특이한 모양의 칼라 단추 말고는 신원을 확인할 길이 없었다.

오요나Oyonnax 마을의 사례

치명적인 셀룰로이드 화재는 인화성이 낮은 재료로 대체되기 전인 1920년대와 1930년대까지 계속됐지만, 프랑스의 어느 빗 제조 마을의 이야기는 안전에 대한 위험과 노동자에 대한 사회적 착취와 관련해 다른 나라와 반대되는 신선한 사례를 제공한다. 제네바에서 약 80킬로미터 떨어진 오요나 마을은 수 세기 동안 빗을 만들어왔다. 이 지역의 토양은 농사를 짓기에 적합하지 않아 주민들은 주로 프랑크족 병사와 순례자를 위한 회양목 빗을 만들어 생계를 이어가고 있었다.

1820년대가 되자 마을은 뿔 빗 제조로 방향을 틀었고, 시장이 1878년 파리 만국 박람회에 출품된 셀룰로이드 제품에 감명을 받은 후에는 셀룰로이드 제품을 대량으로 취급하게 되었다. 숙련된 장인과 혁신적인 디자인 덕분에 오요나는 작지만 대부분 가족이 운영하기에 결속력이 강한 공방에서 예술적인 셀룰로이드 빗을 생산하는 곳으로 세계적인 명성을 떨치게 되었다. 1880년에는 전기를 공급하기 위해 근처에 대형 발전기가 세워지면서 프랑스에서 전기 조명을 사용한 최초의 마을 중 하나가 되기도 하였다.

1902년 오요나는 시 경계 바깥의 안전한 곳에 자체적인 셀룰로이드 공장을 세웠다. 1910년에 찍힌 한 사진을 보면, 파리의 오트 쿠튀르 매장에 빗을 공급했던 유명 디자이너 오귀스트 보나즈Auguste Bonaz의 배송 부서가 나온다(그림 11). 질서정연하게 자리 잡은 여성과 몇몇 남성 직원이 많은 양의 머리핀을 우편으로 보내기 위해 포장하고 있다. 여성 직원들은 단정하게 올린 머리에 특이한 모양의 빗을 적어도 하나는 꽂고 있고 몇몇은 여러 개를 꽂았다.

그림11-1 오귀스트 보나즈Auguste Bonaz 빗 공장의 배송 부서, 오요나, 프랑스, 1910년경, 소시에테 오귀스트 보나즈Société Auguste Bonaz. 빗과 플라스틱 박물관Musée du Peigne et de la Plasturgie, 오요나.

그림11-2 공작새 셀룰로이드 만틸라 빗, 1910년경, 소시에테 앙드뤼에탕Société Andruétan 작품, 오요나(사진: 플로랑스 도데Florence Daudé - 오요나)

　　저렴해서 누구나 소유할 수 있는 셀룰로이드는 이 지역의 사회적 구조를 반영한 것이기도 했다. 이곳에는 지역 귀족이 없었고 심지어 부르주아 계급도 없었다. 마을은 14명의 사회주의자를 대표로 선출했는데 이들은 1919년에 공산주의자가 되었다. 제2차 세계대전 중 오요나는 독일에 저항하는 프랑스 레지스탕스 운동의 주요 거점이었다. 대량생산을 지향하는 자본주의에 대한 저항과 화재의 위험성과 싸우려는 성향은 이 마을의 성격 및 역사와 관련이 있는데, 이는 오요나에서 가장 혁신적인 건물인 라 그랑드 바피어La Grande Vapeur에 건축의 형태로도 구현되어 있다(그림 12).

　　가공하지 않은 노출 콘크리트를 사용한 이 지역의 첫 공장은 1904년 건축가 오귀스트 샤나르Auguste Chanard가 설계한 것이다. 공장은

그림12-1 건축가가 그린 라 그랑드 바퀴어La Grande Vapeur 건물 내 장인의 빗 작업장 모습. 작업대 아래 물 홈통과 빌트인 스프링클러가 있다. 오요나, 프랑스, 1904년. 빗과 플라스틱 박물관Musée du Peigne et de la Plasturgie 아카이브, 오요나

그림12-2 라그랑드 옥상의 물 저장고. 불이 날 경우 물이 곧바로 흐르도록 했다. 1904년. 빗과 플라스틱 박물관Musée du Peigne et de la Plasturgie 아카이브, 오요나.

중심부가 원형 구조로 되어 있고 좌우로 두 개의 버터플라이 윙이 받쳐주는 빗 세척용 콘크리트 싱크가 있었다. 공장 내부에는 100대의 발전기를 조종하는 공간이 있었고, 한 번에 직원 300명을 수용할 수 있는 규모로 1960년대까지 사용되었다.

　설계에서 중점을 둔 것 중 하나는 지붕에 물 저장소를 설치하는 등 빌트인 형태의 방화 기능이었다. 샤나르는 중력을 이용해 물을 보내는 독창적인 스프링클러 시스템을 고안했다. 홈통, 즉 수로가 있는 관계 시스템은 흐르는 물을 약간 경사진 바닥과 각 작업대 아래, 그리고 외벽의 홈을 통해 흘려보냈다. 또한 작업자의 발아래에는 화재 발생 시 신속하게 불을 끄도록 물통이 비치되어 있었다. 이 시스템은 매우 잘 작동해서 심각한 화상 사고는 한 건도 발생하지 않았다. 환기를 위

FÉVRIER
1924

LA COIFFURE
et les Modes

그림13 오귀스트 보나즈의 단발 스타일을 위한 방도 빗, 헤어스타일과 패션La Coiffure et les mo des 광고, 1924, 빗과 플라스틱 박물관Musée du Peigne et de la Plasturgie 아카이브, 오요나.

해서는 곳곳의 창문을 열어두었고, 당시로서는 드물게 중앙난방 장치
도 있었다.

　물론 문제점이 없던 것은 아니다. 공장의 정규 작업자는 보호를
받았지만, 개별 사업자인 삯일꾼들은 보험도 없고 그들의 머리 부근

에서 작동하는 구동축과 벨트에 의해 참담한 부상을 입을 우려에 여전히 노출되어 있었다. 또한 아이러니하게도 그처럼 독창적인 보호 장치를 설계한 샤나르는 1919년 불에 대한 자신의 지식을 소이탄, 즉 불 폭탄용 케이싱과 퓨즈에 대한 특허를 얻는 데 사용하기도 했다. 사회적으로 진보적인 성향을 지녔음에도 불구하고 오요나는 패션의 강력한 순환을 피해 가지 못했다. 신여성, 즉 가르손느garçonne(소년 같은 소녀라는 뜻으로, 짧은 머리를 하거나 바지를 입은 여성 - 역주)의 짧은 헤어스타일이 길고 굽이치는 머리를 대체하자 마을 전체의 경제가 붕괴했다. 오귀스트 보나즈 같은 디자이너는 다채로운 마케팅과 방도bandeau(머리털이나 이마에 동여매는 가는 리본이나 헤어밴드 - 역주) 머리띠처럼 단발을 위한 디자인을 내놓는 것으로 대응했으나, 오요나 마을은 과거의 영광을 완전히 회복하지 못했다(그림 13). 오요나는 1930년대에도 인화성이 낮은 플라스틱 제품을 꾸준히 생산했으나, 셀룰로이드의 인기가 떨어지면서 사치스러운 재료에 대한 또 다른 저렴한 모조품의 등장을 바라보아야 했다.

인조 실크

"런던 이스트엔드의 소녀는 가짜 플러시plush와 타조 깃털이 달린 옷을 즐겨 입었다. 지금 그 아이들은 우아한 젊은 숙녀로 잘 성장했는데, 이스트엔드 소녀들이 이처럼 순해진 주된 이유는 인조견이라고 본다."

– 캔터베리 대주교, 1932년 10월 24일

실크는 역사적으로 '도전을 허용하지 않는 패션 섬유의 여왕'이었
다. 그랬던 섯에서 19세기 화학자의 손에 의해 목재 펄프를 활용한 값
싼 인조 실크가 개발되었다. 실크 직조업자들은 이 같은 값싼 대체품
에 반대했지만, 1930년대에는 고가 실크 제조업의 중심지인 프랑스
리옹 시장이 '실크는 여전히 여왕이지만 레이온은 여왕의 시녀'라고
마지못해 인정할 정도로 모조 실크 시장은 성장하였다.

1950년대에는 오트 쿠튀르 브랜드조차 레이온을 사용하기 시작
했는데, 디오르Dior의 슈가 아몬드 블루sugared almond blue와 1952-
1953년의 셀룰로스 새틴 팔미라Palmyre 드레스 같은 우아한 무도회
가운이 대표적이다(그림 14). 이 가운은 영국의 에드워드 8세가 왕위
를 버리게 만든 윈저 공작부인이 입은 것으로, 그녀 자신도 레이온처
럼 여왕이 되진 못했다.

17세기 이후 저명한 과학자들은 누에고치에서 뽑아내는 화려하
고 값비싼 자연산 섬유를 모방하는 것이 가능할 것이라고 상상했다.
1850년대 프랑스 실크 산업은 누에고치를 대량으로 폐사시킨 박테리
아성 질병인 진알이병Pébrine에 의해 궤멸되었다. 유럽은 일본과 중국
으로부터 값비싼 알과 방적하지 않은 실크unspun silk를 수입해야 했
다. 생산량은 1853년 2,600만 톤에서 1865년 400만 톤으로 쪼그라
들었다.

한편 누에를 본 적도 없던 화학자 루이 파스퇴르Lous Pasteur는 프
랑스 과학아카데미로부터 이 수수께끼 같은 전염병을 퇴치할 방법을
찾아달라는 요청을 받았다. 몇 년간의 체계적 연구 후 파스퇴르는 진
알이병의 원인을 발견해 양잠업자들이 병든 누에를 건강한 누에로부
터 격리할 수 있도록 했다. 그러나 이 자연스럽고 건강한 실크 산업도

그림14 인조 실크로 된 디오르 "팔미라Palmyre" 드레스 스케치. 카이에 블뢰Cahiers Bleus, 〈계간 색, 섬유, 패션 산업Complément Trimestriel de L'Officiel de la couleur, des textiles et des industries de la Mode〉, 1952년 5호, 25p 도판, 팔레 갈리에라Palais Galliera. 파리 시립 패션 박물관 Musée de la Mode de la Ville de Paris. ⓒ갈리에라/로제 비욜레Galliera/Roger-Viollet.

소비자의 수요를 다 충족할 수는 없었다. 19세기 말 화학 기술 혁신의 속도가 빨라지면서 실크를 화학적으로 합성하는 여러 가지 성공적인 방법이 잇따라 완성되었다.

프랑스 동부 브장송 출신 과학자 콩트 일레어 드 샤르도네Comte Hilaire de Chardonnet는 파스퇴르의 연구를 이었다. 1883년 그는 친구가

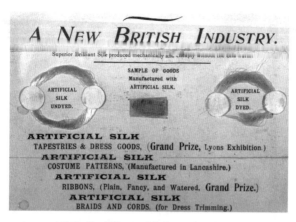

그림15-1 가연성 있는 셀룰로스 질산염으로 만든 샤르도네Chardonnet
인조 실크, 1896년경.

운영하던 사진 연구소에서 콜로디온collodion 용액으로 작업을 하고 있
었는데 끈끈한 액체가 손가락에 묻었다. 들러붙는다는 뜻의 그리스어
에서 기원한 콜로디온은 질산염 처리한 셀룰로스를 에테르에 녹인 끈
적거리는 액체로, 유리 음화에 바르는 용도로 사용되었다. 샤르도네
가 콜로디온을 떼어내자 실크를 연상하게 하는 실이 만들어졌다. 가
족들을 즐겁게 해주기 위해 그는 자신의 발명품을 보여주었는데, 누에
로 변장해서 입에서 콜로디온 실을 뽑아내는 흉내를 냈다고 한다. 가
족들은 박장대소를 하며 그에게 누에ver à soie라는 별명을 붙여주었다.

1889년 파리 만국 박람회 때 그는 소형 인조 실크 방적기 모델을
선보였다. 작은 유리관, 즉 방적돌기spinnerets(거미나 누에가 실을 뽑아내
는 돌기 - 역주)에서 인조 실크가 뽑혀 나왔다. 한 여성 직원은 프랑스
어로 유리verre와 벌레ver가 동음이의어라는 점에 착안해 유리 실크
verres à soie라는 재치 있는 이름을 붙였다. 1890년대 초반 샤르도네는

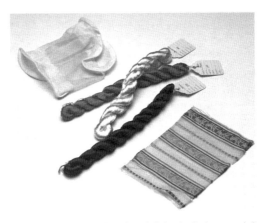

그림15-2 오른쪽 하단에 불사조 패턴이 수놓인 비스코스 레이온 스턴Stearn 인조 실크 섬유, 1903년. 과학박물관Museum of Science, 런던.

펄프 종이 제조업자의 도움을 받아 공장 생산 준비를 마쳤다.

'샤르도네의 실크soie de Chardonnet'라는 이름이 붙은 이 혁신적인 제품이 처음부터 성공한 것은 아니었다(그림 15). 셀룰로이드처럼 인조 실크는 또 다른 셀룰로스, 즉 식물성 섬유 재료인 질산염 처리된 목재 펄프를 원재료로 만든 것이다. 질산을 썼기 때문에 가연성이 높았고, 1893년에는 여러 차례 폭발과 화재가 일어나 샤르도네의 작업장과 연구실을 파괴하기도 했으나 다행히 직원 중 치명상을 입은 사람은 없었다. 저렴한 제품과의 경쟁을 우려한 리옹의 실크 업계는 언론을 통해 샤르도네의 발명품에 대해 "시어머니에게 샤르도네 실크로 만든 드레스를 주면 불이 나서 시어머니를 제거할 수 있다"는 유언비어를 퍼뜨리고, 폭풍우에 노출되면 드레스가 녹거나 여러 갈래로 갈라져서 몸에서 흘러내릴 것이라고도 떠벌였다.

이런 난관에도 불구하고 인조 실크는 전구 필라멘트에 사용됐고

French Visitor (inspecting artificial silk stockings). "SOIR?"
Shopman (formerly of the B.E.F., resourcefully). "WELL, SCARCELY, MADAM; SHALL WE SAY 'SOI-DISANT'?"

그림16 영국 판매사원 F.H. 타운센드Townsend가 한 프랑스 손님에게 '자칭' 실크soi-disant 스타킹을 팔고 있다. 〈펀치〉, 1920년. 토론토 공공 도서관Toronto Public Library 제공.

인조 실크를 아트 실크art silk라고 부른 영국을 포함한 여러 나라에 생산 공장이 설립되었다. 1890년대 중반 영국 언론은 유럽의 숲에서 만드는 실크에 대해 "어떤 종류의 나무를 쓰더라도 중국산 누에를 대체할 수 있다"고 경탄했다. 다만 언론은 사기를 치는 일부 소매업자가 고객에게 가짜를 진짜라고 속여서 팔 수 있다는 점을 우려했다.

　한편 자연산 실크도 불순물을 섞거나 금속염으로 무게를 늘린 경우가 있었기 때문에 진짜 실크도 의심스럽기는 마찬가지였다. 1920년 〈펀치〉의 한 만화는 세련된 프랑스 여성이 판매 중인 스타킹이 진짜 실크인지 묻는 장면을 실었다(그림 16). 판매사원은 진짜 실크라고 하기는 어렵지만, 자칭 실크soie-disant라고 대답한다. 프랑스어로 자칭soidisant이란 말과 발음이 비슷하다는 점을 이용한 재치 있는 답변이었다.

인조 실크에는 또 다른 문제도 있었다. 광이 너무 나서 금속이 연상될 만큼 번쩍거려 싸구려처럼 보이고, 천연 실크보다 무겁고 딱딱하며, 덜 탄력적이었던 것이다. 습기에 민감하여 세탁하기 어려웠으며 보온성이 부족하고 염색하기도 까다로웠다. 마지막으로 원재료가 너무 비싸고 인화성이 매우 강했다. 샤르도네는 보통의 면직물처럼 안전하다고 주장했으나, 앞에서 이야기했듯 매우 의심스러운 발언이었다. 1900년에 등장한 또 다른 화학제품은 러스트로 실크Lustro silk(광이 나는 실크)라고 광고하며 폭발 위험은 전혀 없다고 주장했다.

인조 실크는 초기에 옷보다는 장식 용도로 많이 사용됐기 때문에 착용한 사람의 화재 사고를 부르지는 않았다. 다만 1926년의 한 의학 기사에 한 프랑스 소년과 남성이 값싼 질산염이 처리된 실크 넥 워머를 두르고 있다가 불이 나는 바람에 치명적인 화상을 입었다는 기록이 있을 뿐이다. 1900년대 이르러 샤르도네의 공정은 우리가 현재 비스코스Viscose라고 부르는 비인화성 물질로 대부분 대체되었다. 스턴 실크Stern silk라고도 불리는 비스코스는 찰스 크로스Charles Cross와 에드워드 베번Edward Bevan 등 두 영국인이 특허를 낸 것으로, 1903년 찰스 탑햄Charles Topham과 찰스 스턴Charles Stearn에 의해 상업적으로 생산되었다(그림 15-2).

약간 조롱조로 보이기도 하지만, 1903년에 등장한 샘플은 녹색 불사조 머리를 패턴으로 삼아 직조되었다. 제조업자는 신화 속 불새처럼 이 새로운 실크가 잿더미 속에서 아무 상처도 입지 않고 날아오를 것이라고 주장하였다. 실제로 비스코스는 불이 붙지는 않았는데, 문제는 그보다 훨씬 더 치명적인 화학적 위험 요소가 생산 과정에 포함되어 있는 것이었다. 마치 앞서 소개한 모피 펠트 모자 같은 값싼 모순이 야기한 문제가 떠오르지 않을 수 없다.

비스코스 제조를 위한 복잡한 화학적 절차는 매우 독성이 강한 이황화탄소carbon bisulphide의 사용에 전적으로 의존했다. 이황화탄소는 19세기 고무 제조에도 사용돼 노동자의 건강을 크게 해친 것으로 악명 높은 물질이다. 이들 공장에서는 끔찍한 악취가 흘러나왔고 매연이 중추 신경계를 손상시켜 노동자에게 급속도로 어지러움, 도취, 망상 증세를 일으켰다. 동시대 의사들은 이를 '급성 조증'이라 부르면서, 중독된 이들이 불규칙적인 발광 증세를 보였다고 기록했다. 피해자는 술에 취한 사람처럼 행동했는데, 중독자였음이 틀림없는 벨기에 레이온 공장의 직원들이 보인 방종한 행동 때문에 다른 승객에게 피해를 주지 않도록 직원용 특별 열차를 편성했다는 기록이 있다. 한 영국 공장주는 이황화탄소에 노출된 노동자가 정신을 잃고 뛰어내리지 않도록 공장에 창살을 설치하기도 했다. 이황화탄소 중독은 심하면 우울증과 발기부전으로도 이어졌고, 나중에는 동맥경화, 뇌혈관 질환, 심장마비, 파킨슨병 등을 야기하는 것으로 알려졌다.

의사들이 신속하게 건강을 위협하는 물질을 파악해 냈지만, 엄청난 이익을 내고 있던 인조 실크 산업계는 화려한 광고 캠페인으로 모든 문제를 덮어버렸다. 업계에서 가장 규모가 큰 제조업체는 영국의 코톨즈Courtauld's와 미국의 듀폰DuPont으로, 이 회사는 새로운 원단으로 제조한 양말과 란제리를 판매하기 위해 특별히 훈련된 판매사원을 고용했고, 1910년 듀폰의 최첨단 홍보 부서는 연간 예산으로 25만 달러를 썼다.

인조 실크에는 멋진 새 이름이 필요했다. 1898년 라듐 원소가 발견되면서 라듐 실크라는 이름의 유난히 반짝이는 섬유가 개발되었다. 미국에서는 전미 소매직물협회National Retail Dry Goods Association가 실크라는 단어가 포함되지 않은 비스코스의 새 이름을 공모했다. 섬유 제조업자인 케네스 로드Kenneth Lord는 라듐의 흔적이 남아 있지만 반짝인다는 뜻의 프랑스 단어에서 영감을 받은 게 분명한 레이온rayon 이라는 이름을 고안했다. 레이온은 글리스트라glistra나 실크silk를 거꾸로 쓴 킬스kils와 같은 경쟁자를 누르고 당선되었다. 한 출판물은 새 이름을 두고, 달빛의 잔물결이 만들어내는 미광으로 부드러워진 햇빛의 광채라는 의미가 전달된다고 높게 평가하였다.

다른 나라도 재빨리 레이온을 받아들였고, 심지어 프랑스 리옹의 유서 깊은 실크 제조업자가 이 대열에 뛰어들어 가볍고 매끈한 레이온 의류를 대량 생산하기에 이르렀다. 리옹의 실크 제조업자들은 1931년에는 인조 실크 그랑프리 델레강스Grand Prix D'Élégance 대회를 열었고, 천연 재료로 만든 수입품을 능가하는 유럽의 기술 혁신을 보여주기 위한 행사로 기획된 파리 식민지 박람회에 관련 제품을 내놓았다. 대상을 차지한 옷은 초기 프랑스 영화 스타였던 수지 베르농Suzy Vernon이 입은 것으로, 그야말로 호화로운 모피 칼라와 커프스 장식을 갖춘 광이 나는 새틴직satin-weave 인조 실크로 지은 옷이었다(그림 17). 이들은 원단의 도덕적 순수성을 돋보이기 위해 포 당주Peau d'Ange, 즉 천사의 살결이라는 근사한 이름을 붙였고, 노동자를 위해 어린이집, 병원, 카페테리아를 갖춘 건강한 노동자의 도시를 건설했다고 강조하였다.

파리 식민지 박람회에서 갤러리 라파예트Galeries Lafayette와 프랭탕Printemps 같은 인기 있는 백화점은 중산층 고객을 위해 보다 저렴하고

TISSU « PEAU D'ANGE »

Cliché Officiel de la Couture
de la Mode de Paris
GRAND PRIX
D'ÉLÉGANCE
1931

Photo d'Ora

그림17 프랑스 식민지 박람회에 출품된 '천사의 살결' 인조 실크 드레스. 〈파리 식민지 박람회의 인조 실크〉. 레디시옹 잘루Les Editions Jalou, 로피시엘L'Officiel, 1931년.

가벼운 레이온을 입은 마네킹 수십 개를 전시했다. 제품은 현대적이면서 그 자체로 매력적으로 보였고, 당시의 마케팅 캠페인이 얼마나 성공적이었는지 오늘날 우리가 입는 부드러운 비스코스 상의가 천연 실크의 모조품에 불과하다는 사실을 아는 이는 거의 없다. 1920년 레이온 소비는 미국 시장의 0.3퍼센트에 불과했으나 1936년에는 미국에서 판매되는 드레스의 85퍼센트가 레이온으로 만들어졌고, 그 뒤로는 천연 실크 판매량을 앞질렀다.

한편 셀룰로이드 빗과 인조 실크는 동물의 생명을 구했지만 환경에는 해를 끼쳤다. 그리고 이 폭발력 강하고 유독한 화학 물질을 만들고 사용한 사람에게도 해를 입혔다. 지금도 비스코스 레이온은 울창한 숲에서 채취하는 목재 펄프를 사용하여 제조하는데 다량의 화학 물질을 포함하고 있다. 이 책의 사례 연구가 보여주듯 고가 제품의 민주화는 과학과 산업의 승리로 간주되지만, 그 승리는 인간, 동물, 환경의 건강에 대한 치명적 손실이라는 대가를 치르고 획득된 것이었다.

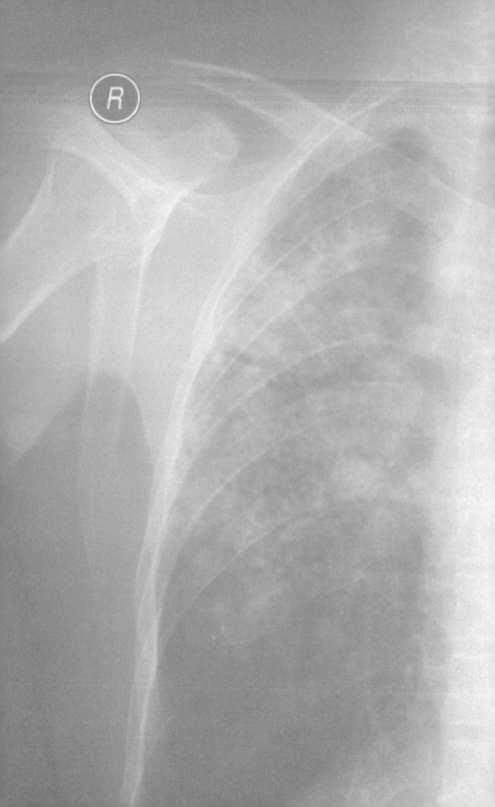

나오며

패션에 희생된 이들,
그 이후

나오며

패션에 희생된 이들, 그 이후

현대 의학과 과학이 패션과 관련된 모든 문제를 해결했다는 유익한 동화 같은 이야기로 이 책을 끝마칠 수 있었다면 얼마나 좋았을까. 하지만 실상을 보면 우리는 지금까지 보아온 문제의 대부분이 여기저기로 전파되었을 뿐 아니라 완전히 새로운 문제를 만들기까지 한 것을 알 수 있다. 그러나 대부분의 경우 이러한 위험은 보이지 않으면 잊히기 마련이며, 우리를 홀리듯 충격적인 옛 방식으로 돌아온다.

2009년, 디자이너 알렉산더 맥퀸alexander McQueen은 펑크 문화에서 영감을 받은 스터드 장식이 박힌 액세서리 라인을 출시했다. 그 후 3년이 지난 후에도 스터드는 여전히 유행하였다. 여성용 신발, 가방 및 벨트는 작은 금속 스파이크들로 뒤덮여 공격적이면서도 장식적인 느낌을 주었다. 스터드로 가득한, 반항적이면서도 패셔너블한 옷은 절묘하게 폭력적인 협박을 더했는데 사실 그런 걸로 정당화될 수 없는 잔혹한 현실이 우리를 기다리고 있다.

김은색 가죽 소재 페플럼peplum(보통 허리 아래쪽에 부착되는, 짧고 너풀거리는 스커트 같은 주름 장식 - 역주) 벨트 하나에만 801개의 스터드가 붙어 있었는데, 이는 착용자의 내장 및 생식 기관에 해를 입힐 수 있었다. 한편 인도에서 생산되어 영국의 인터넷 패션 소매 사이트인 아소스ASOS를 통해 14개국으로 팔려나간 벨트에는 코발트-60cobalt-60이라고 불리는 금속이 포함되어 있었는데, 이 금속은 500시간 이상 착용할 경우 인체에 위험을 초래하는 방사성 물질이다. 2012년 12월 미국 출입국 관리국에서는 이 벨트를 회수하여 방사성 물질 저장소에 집어넣었고, 제품을 만든 인도 회사의 대표는 대테러 방지국에 의해 보안상의 위협을 이유로 체포되었다. 그가 고용했던 노동자는 직장을 잃어야 했다.

역설적이게도 코발트-60은 치료 및 보호 목적으로 사용되는 금속이었다. 이 금속은 텔레파시 헤드셋 등 항암을 위한 방사능 치료에 활용되는 의료 기구에 사용되며, 저온 살균된 향료나 일부 식품의 박테리아를 제거하는 데 이용되기도 한다.

이 금속은 가끔 중국에서 제작된 시계의 금속 핀이나 다른 소비재에서 발견되기도 한다. 저개발국에서는 의학적 또는 산업적 방사선원이 분실되거나 도난당하는 사례가 가끔 발생하는데, 이후 원료가 조각조각 분해되거나 용해되어 버리기도 한다. 그 이유는 이를 발견한 현지인들이 위험을 상징하는 삼각형의 마크를 알아보지 못하기 때문이다.

국제 무역 연합에서 인도를 대표하는 조직인 인더스트리올IndustriALL은 해외로 보내지는 다른 의류나 액세서리도 방사능을 띨 수 있다고 경고했는데, 그 이유는 인도가 서구의 위험한 폐기물을 받아들이는 쓰레기장이 되었기 때문이라고 밝혔다. 이러한 문제의 근본 원인을 서구 사회가 제공하고 있지만, 책임을 느껴야 할 선진국이 반응은 생산자를 비난하거나 그를 테러 용의자로 간주하는 것뿐이다.

우리가 구입한 벨트에 방사능 성분이 있어 우리를 위협한다면, 알 수 없는 이유로 쇠약해지고 메스꺼운 느낌이 나며 구토와 탈모가 시작되고 끔찍한 방사능 화상이 손가락과 뼈에 번지는 고철 수집 노동자에게는 그 얼마나 공포로 다가왔겠는가? 부유한 서양인과 달리, 그들은 우리를 치료해 주지만 수명이 끝나는 동시에 다른 이에게는 독이 되는 의료기계의 도움을 받기 힘들다. 우리는 세계 경제의 불평등이 마치 거울처럼, 어떻게 우리에게 돌아와 해를 끼칠지에 대해 의문을 던지는 작업을 시작해야 한다.

방사능 벨트는 역사상 비슷한 전례를 찾을 수 있다. 방사능의 위험이 온전히 이해되기 전인 20세기의 첫 20년간, 라듐은 선풍적으로 유행하였다. 신비롭고 은은하게 빛나는 이 물질은 폴란드의 과학자 마리 퀴리Marie Curie가 발견한 것으로, 활력과 힘, 에너지를 준다고 여겨졌다. 기적과도 같은 이 건강한 물질은 플래티늄platinum(백금)보다도 비쌌지만 많은 생산자가 이 귀한 물질을 이용해 다양한 소비재를 출시하였다. 여기에는 치명적인 라듐 손목시계 끈, 활력 증진을 보장하는 물병, 빛나는radiant 피부를 위한 래디오르Radior 얼굴용 크림부터 전등 스위치와 장난감 인형, 반려동물 모형의 빛나는 눈동자는 물론 심지어 콘돔에도 사용된 변색되지 않는 페인트 등이 망라된다.

미국 연방 통상 위원회는 심지어 비효율적인 방사능 물품을 금지해 달라는 제조사의 요구를 받아주기까지 했다. 오라듐Oradium 울과 아이래디어Iradia 브랜드의 니트 소재 속옷은 '부드럽고 건강한 온기'

그림1 환자를 따뜻하게 유지하기 위한 라듐 울 소재의 병원용 담요, 1920년대. 라듐은 처음 발견되었을 때 건강한 물질로 여겨졌다. 다행스럽게도 담요에는 값비싸고 위험한 방사능 물질인 라듐이 전혀 함유되어 있지 않다. 저자 소장품.

를 내뿜기 때문에 아기를 위한 스웨터로 완벽하다고 광고되었다. 영국에서 제작되고 캐나다에서 판매된 울 소재 라듐Radium 브랜드의 담요는 1920년대에 생산된 것으로 보이는데, 아마도 병원이나 요양원에서 환자들을 덮는 데 사용되었을 것이다(그림 1). 라이어슨 대학교 물리학부에서 이 제품을 검사한 결과, 다행히도 방사능이나 라듐은 전혀 선출되지 않았다. 그렇다 해도 이렇게 따뜻하고 편안한 느낌을 주는 제품이 건강한 방사능을 띠고 있다는 식으로 마케팅한 것은 오늘날의 관점에서는 그저 놀라울 따름이다.

극도로 위험한 물건도 아주 소수 존재하지만, 상당수의 현대 의복 기술은 우리에게 편안함을 제공하고 건강을 지켜준다. 스포츠웨어는 피부가 숨 쉴 수 있도록 해주고, 운동 기능을 향상시켜 준다. 그러나 우리의 이러한 편안함은 이 옷을 만드는 노동자의 건강을 담보로 한 것이다. 예를 들어 육상용 신발의 경우, 신경 독 성분이 든 접착제를 사용한다. 신발 제작 노동자는 중추신경계 손상을 유발하는 접착제와 유기용매에 노출되어 있다.

코치이자 발명가인 빌 바우어만Bill Bowerman은 나이키Nike의 공동 창립자로 신발 제작자가 걸리는 말초신경병증의 가장 유명한 희생자이다. 그는 헥산이 들어간 접착제에 중독되었고, 이 때문에 자신이 디자인한 신발을 신고 달릴 수 없게 되었다. 또한 매년 끊임없이 200억 켤레씩 새로운 신발을 생산하는데 파기하는 엄청난 양의 쓰레기는 또 어떠한가?

기능보다는 겉모습에 중점을 두고 디자인된 의류, 비양심적이고 저렴한 패스트패션이 생산한 싸구려 의류는 지갑에 부담을 주지 않으면서 끊임없이 새로운 옷을 입고 싶어 하는 우리의 욕망을 충족시켜 준다. 게다가 실제로 상당히 매력적이지 않은가? 패스트패션의 단순한 디자인을 흥미롭게 만들기 위해 생산자들은 밝은 색깔, 메탈릭한 효과 및 다양한 표면 질감 가공을 선택하는데, 이는 노동자에게 상당히 유독하거나 치명적인 결과를 끼칠 수 있다. 우리의 옷이 의도적으로 일회용 옷들로 채워지던 동안, 자신도 모르는 사이에 개발도상국의 노동자에게 각종 고통과 괴로움, 심지어 죽음을 초래했을지도 모른다. 루시 시글Lucy Siegle의 저서《투 다이 포: 패션은 세계를 낡게 만드는가?To Die For: Is Fashion Wearing Out the World?》와 엘리자베스 L. 클라인Elizabeth L. Cline의 저서《오버-드레스드: 저가 패션의 충격적으로 높은 비용Over-Dressed: The Shockingly High Cost of Cheap Fashion》같은 책은 영국과 미국에서 위험 수준에 이른 노동 환경과 지난 수십 년간 이루어진 과소비를 냉정하게 드러낸다.

차와 향료에서부터 캐시미어 숄 등 패셔너블한 고가품 무역은 그 규모에 있어 오랫동안 세계적인 수준을 유지하였다. 1862년, 비소가 든 녹색 염료 때문에 손상된 끔찍한 손의 삽화를 그렸던 막심 베르누아 박사는 예쁜 캐시미어 숄과 같은 제품의 생산이 인도 노동자의 손과 몸에 미치는 영향을 궁금해했다. 여기서 중요한 점은 베르누아 박사와 같은 의사들이 묘사한 위험 중 상당수가 의학계와 언론의 주목을 받았다는 사실이다. 생산과 소비는 동시에 일어나는 일이기 때문이다.

이와는 대조적으로 국제무역기구가 주도하는 자유무역협정이 2005년에 각국에서 대거 체결되었는데, 여기에는 수입 캐시미어를 포함한 직물과 의류 쿼터제를 폐지하는 내용 등이 포함되어 있다. 시장에는 물건이 넘쳐나게 되었지만, 북미에 남아 있던 의류 산업은 전멸하다시피 하였다.

이제 우리는 지리적으로 멀리 떨어져 있으면 도덕적으로 관여하지 않게 되었다. 우리는 이러한 문제의 대부분을 볼 수도, 만질 수도, 냄새 맡을 수도, 경험할 수도 없고, 옷가게 앞을 지나가거나 새 신발 상자를 열 때 혹 풍기는 화학 약품 냄새를 잠깐 맡을 뿐이다. 저렴한 제품을 손쉽게 소비자가 구입하는 세상이 되었지만, 우리 대부분은 더 이상 우리가 입는 옷이 어디서 어떻게 만들어지는 견혀 상관이 없다.

이는 우리만의 잘못이 아니다. 우리가 입는 옷의 공급망은 눈에 보이지 않으니 헷갈리기 마련이다. 상당수 의류의 원산지와 지리적 여정은 대부분 추적하기 힘들다. 심플한 티셔츠 한 장도 원자재를 키우고, 직조하고, 염색하고, 디자인하고, 시장에 내놓고, 팔리고, 입는 과정이 수많은 나라에서 이루어진다. 의류업계는 효과적인 광고를 통해, 조잡하게 만든 H&M의 저렴한 티셔츠를 매력적인 옷장 속 '머스트 해브' 아이템으로 어떻게든 둔갑시킨다.

패션이 유발하는 건강상의 위협에 대해 19세기보다 오늘날 더 둔감한 것이 현실이다. 냉정하게 말하자면, 19세기에는 유해한 패션을 보다 명시적으로 알 수 있었고 시장에서 사용되는 화학 물질의 개수도 지금보다 훨씬 적었다. 오늘날 우리는 마음만 먹으면 방대한 양의 의학 보고서나, 글로벌 의류 산업이 미치는 환경 및 직업적 영향에 대한 정보도 쉽게 얻을 수 있다.

이제 세계 여러 지역을 배경으로 한 짧은 글들에서 지금까지 소개한 일부 역사적 위험 요소들이 어떻게 오늘날까지 이어지고 있는지 알아볼 것이다. 포괄적인 결론을 내리기는 쉽지 않지만, 세균과 얼룩 없는 옷에 대한 우리 욕망에 관한 후속편은 알릴 수 있다. 그러한 탐색은 다음과 같다. 왜 새로운 녹색 물질이 유독한지, 무엇이 모래를 사용해 가공한 푸른색 데님을 만드는지, 어떻게 의류가 여전히 질식 사고를 유발하는지, 그리고 왜 우리는 여전히 발암성 화학 난연제를 사용하며 스크린 프린트 의류에 내분비 분열 가소제를 사용하는지 등이다.

위생?

버튼 하나만 누르면 쉽게 기계로 세탁할 수 있는 시대를 살고 있는 우리는 더 이상 티푸스균이 들끓는 제복이나 패혈증을 유발하는 땅에 질질 끌리는 스커트를 걱정할 필요가 없다. 세균에 대한 공포는 일반화되었고, 우리는 얼룩 한 점 없이 좋은 냄새가 나는 위생적인 의류를 원하게 되었다. 한편 위생에 대한 집착은 신경 써서 주의해야 할 점과 새롭게 등장한 문제에 대한 적절한 대응도 야기하였다.

실크나 울과 같은 섬유는 물로 세탁해서는 안 되며, 화학 물질을 사용한 드라이클리닝을 해야 한다. 19세기에는 벨벳, 장갑 및 모피 펠트 소재 모자 등의 기름때를 녹이기 위해 테레빈유turpentine나 독성 벤젠benzene과 같은 용제를 문질러 발랐는데, 때는 벗겨졌지만 냄새가 너무 지독한 문제가 있었다. 20세기의 세탁 전문가는 드라이클리닝을 할 때 사염화탄소carbon tetrachloride라는 새롭게 합성된 화학 물질을 사용했는데, 이는 매우 유독한 유기 화학 물질로 간과 기타 장기에 손상을 입힐 수 있다. 좁고 환기가 잘 되지 않는 호텔방에서 가연성의 무대 의상을 직접 사염화탄소로 드라이클리닝하는 실수를 저지른 가수, 배우이자 피아니스트 리버라치Liberace는 거의 죽음 직전까지 몰리기도 했다. 그는 케네디 대통령이 암살당한 날 밤에 발생한 이 사고로 극심한 신장 손상을 입어 병원에 입원해 정말 죽을 뻔했다.

20세기 중반, 사염화탄소는 테트라클로로에틸렌tetrachloroethylene 혹은 퍼클로로에틸렌perchloroethylene(약칭 퍼클렌)이라는 물질로 대체되기 시작했다. 오늘날 대부분의 세탁소에서 사용하는 이 화학 약품은 그러나 미국 환경보호청이 지정한 '치명적인 만성 발암 물질을 생성하는 위험한 대기 오염 물질'이기도 하다. 프랑스의 드라이클리닝 세탁소 근처에서 실시한 검사 결과, 세탁소 위에 있는 아파트의 대기에서 퍼클렌 성분이 발견되었다. 일본과 뉴저지에서는 갓 드라이클리닝을 한 의류가 있는 집 안에서도 퍼클렌이 높은 농도로 검출되었고, 드라이클리닝 시설 근처에 있는 집과 슈퍼마켓의 지방이 많은 식품 내에서도 검출되었다. 드라이클리닝 공장에 다니는 남편을 둔 여성의 모유에도 상당한 농도로 검출되어 이들의 6주 된 신생아를 아프게 하기도 했다. 일부 세탁 체인점은 퍼클렌 성분을 사용하지 않는 기술을 도입했다고 광고하기도 하는데, 그럼에도 불구하고 모든 드라이클리닝한 의류는 실외에 20분에서 30분 정도를 걸어 두어 휘발성 유기 화합물이 집 안에 퍼지지 않도록 하는 것이 좋다.

냄새 나는 스포츠용 양말과 셔츠를 깨끗하게 만들고 악취를 방지하기 위해, 많은 브랜드에서 항균성 은이 함유된 소재로 제품을 만든다. 은은 그 자체로는 천연 살균제이지만, 옷에 사용된 말 그대로 눈에 보이지도 않는 나노실버 입자는 피부를 통해 침투할 수 있으며, 이는 생태계에 은 함량을 높여 특히 수중 생태계에 독으로 작용하게 된다. 빅토리아 시대 사람들이 밝은색의 줄무늬 양말을 조심해야 했던 것처럼, 우리는 항균 작용을 위해 사용한 성분을 환경을 위해 주의해야 한다.

잔류 중금속인 수은도 새로운 형태로 여전히 우리 곁에 있다. 현대의 펠트 모자에서는 수은이 발견되지 않았다. 그러나 상당량의 수은이 PVC, 즉 폴리염화비닐 생산에 사용되고 있다. 모자가 젊은 남성들 사이에서 유행이 끝난 직후인 1960년대, 우주복에 사용되었던 PVC가 유행하여 피에르 가르뎅Pierre Cardin과 같은 새로운 세대의 스트리트 웨어street wear 디자이너들은 발랄한 레인 코트나 드레스 및 장갑 등에 이 소재를 사용했다.

녹색?

선조들이 유독한 녹색 염료를 대량으로 소비한 것에 대해 혹독하게 비판만 할 수는 없는 것이, 우리도 지금까지 유독하지만 아름답다는 이유로 염색약 사용을 멈추지 않고 있기 때문이다. 19세기 소비자가 사랑했던 에메랄드그린 색은 최근 유행 색상 예측 산업에 의해 되살아났으며, 2013년에는 에메랄드가 팬톤Pantone사가 선정한 올해의 컬러로 선정되기도 했다. 오늘날 가장 인기 있는 녹색 중 하나는 1877년 화학 염료로 합성된, 풍부하고 강렬한 색인 말라카이트 그린, 아닐린 그린 혹은 베이직 그린 4Basic Green 4 등이다.

원래 광물인 말라카이트malachite는 구리가 함유되어 있어 강렬한 색을 띠는데, 19세기까지는 이 광물을 갈아서 물감으로 사용했다. 이 광물을 화학적으로 재현한 물질이 오늘날 면, 직물, 가죽, 식품, 종이 및 펄프, 인쇄, 화장품 및 제약 분야에 이르기까지 광범위한 소비재에 수백만 킬로그램씩 사용된다. 또한 생선 양식에 주로 사용되는 생물 독소biotoxin 역시 위험 물질인데, 개발도상국에서 수입되는 생선을 통해 선진국으로 유입될 수도 있기에 유의해야 한다. 생물 독소는 저렴한 가격과 기생충이나 박테리아 박멸에 효과적이란 이유로 여전히 개발도상국에서 많이 사용되고 있다.

베이징과 MIT 출신의 아시아 화학자들이 연구하여 학술지 〈환경 독성학과 환경 안전Ecotoxicology and Environmental Safety〉에 2012년에 발표한 결과를 보면, 말라카이트 그린이 어떻게 침과 점액 같은 체내 분비물에 녹아 있는 납백질과 결합하는지 알 수 있다. 이 연료가 몸속으로 들어오면 류코말라카이트 그린이라고 불리는 더욱 유독한 성분으로 바뀌어 인체 조직에 5개월간 잔류할 수 있다. 이 물질은 북미와 유럽연합에서 사용이 금지되었지만 여전히 식품 및 소비재에서 찾을 수 있으며, 이 중 상당수는 개발도상국에서 생산된 것이다. 인간에게 매우 유독한 물질로 여겨지는 2급 독성 물질(1급이 가장 독성이 높으며 4급은 실질적으로 무해하다)로 분류됨에도 불구하고 말이다. 이 물질은 주의라는 단어가 들어간 라벨을 부착해야 마땅할 것이다.

동물 및 인간에게 위험하다는 명백한 과학적 증거가 있음에도 불구하고, 지금 현재 말라카이트 그린을 직물과 벽지에 사용하는 것은 온전히 합법이다. 실제로 직물에서 얼마나 침출되는지는 정확히 알 수 없지만, 이 색이 2011년 디올의 가을 컬렉션 패션쇼에 등장한 드레스와 신발 굽에 들어간, 광물에서 영감을 받은 아르 데코 스타일의 말라카이트 그린 색깔 프린트를 비롯해 각종 패션쇼와 우리 옷장에서 자주 발견되는 것은 사실이다. 자연과 자연 보호 운동을 상징하는 녹색은 역설적이게도 예전에도 그랬고 지금도 가장 유독한 색으로 남아 있다.

고통을 가져오는 데님

"어떤 날이라도 세계 인구의 절반은 청바지를 입고 있다."

데님은 세계에서 가장 대중적인 직물이 되었다. 남성, 여성 및 아이들까지 모두 입는 이 직물은 21세기의 캐주얼 유니폼이다. 세계의 데님 생산 수도라 할 수 있는 중국 광저우의 신탕Xintang 지구에서는 매년 2억 벌의 데님을 생산하며 이 과정에서 나오는 오수는 이 지역에 흐르는 주강珠江을 어두운 파랑, 심지어 검은색으로 물들인다. 새 청바지를 만들 때마다 복잡한 화학 혼합물이 강물로 흘러가고 있는데, 새로 물들인 청바지의 상당수를 더욱 유독한 처리를 하여 일부러 오래된 것처럼 보이도록 하는 것도 문제이다. 제조사들은 청바지의 염색을 부분적 혹은 줄무늬 모양으로 제거하여 오래 입어서 생기는 독특한 패턴과 멋스러운 세월의 흔적을 만들어낸다. 이러한 기법 중에는 청바지를 사포로 문지르고 표백하는 방법도 있는데, 이는 천식의 원인이 된다.

1990년대 들어서는 데님의 워싱 기법으로 모래를 사용한 디스트레스distress 공정이 도입되었는데, 이 방식은 수백 명, 어쩌면 수천 명에 이르는 터키 남성을 특히 곤란하게 만들었다. 터키 노동자들은 청바지에 연마제인 이산화규소가 함유된 바닷모래를 강하게 뿌리는 일을 했는데, 이 연마제가 폐에 들어가 돌이킬 수 없는 손상을 주었다(그림 2). 터키의 의사들은 2004년 10대 노동자 두 명이 규폐증으로 사망했을 때 당혹감을 감추지 못했는데, 이 불치병은 광부나 채석공들에게는 잘 알려져 있었으나 의류 노동자에게서는 새롭게 나타난 병이었기 때문이다.

직업 건강 전문가들은 비좁고 환기가 제대로 되지 않은 이스탄불의 데님 디스트레스 작업장에서 하루에 10-12시간씩 주 6-7일을 일하는 남성들을 대상으로 검사 및 인터뷰를 실시했는데, 이들은 주로 같은 작업장 내 커튼으로 가려놓은 공간에서 잠을 자기도 했다. 보호

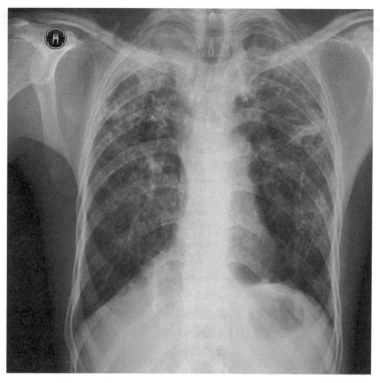

그림2 2000년부터 2003년까지 모래를 사용해 데님을 가공하는 일을 했던 젊은이들의 흉부 X 선 사진. 이들은 2011에 규폐증(복합성) 진단을 받았다. 하얗게 보이는 부분은 병의 심각성을 보여준다. 아타튀르크 대학교 메틴 아크건Metin Akgun 박사 제공 이미지.

마스크는 거의 지급되지 않았고, 한 번의 사례 연구에서 반 이상의 노동자들이 규폐증에 걸린 사실을 발견하였다.

그리고 거의 아무도 보상을 받지 못하였다. 변한 것도 없었다. 터키 정부는 2009년에 이 공정을 금지했으나, 덜 개발되고 규제가 없는 나라로 공장이 옮겨갔을 뿐이다. 이 책에 등장하는 다른 옷들처럼, 상당수의 청바지에는 여전히 그 옷을 연마한 노동 과정, 그리고 그 작업이 노동자의 폐에 남긴 상처와 같은 독특한 무늬가 남아 있다.

여전히 기계에 끼이는가?

1997년, 미국의 의류 제조사들은 놀이터의 기구나 통학 버스 문에 옷이 얽혀서 발생하는 아동 사망 사고를 줄이기 위해서 아동용 겉옷의 허리와 목에 사용되는 드로 스트링과 토글 단추를 보다 안전한 것으로 바꾸는 임의 표준을 지정했다. 2012년 미국 소비자 제품 위원회의 연구자가 진행한 연구 결과에 따르면 이러한 조치는 성공적이었으며 사망률을 90퍼센트 이상 낮추었고 약 50건의 사망 사고를 방지했다.

이와 마찬가지로 유럽연합의 라펙스RAPEX, Rapid Exchange of Information System(신속 정보 교환 시스템. 소비자 건강 및 안전을 위해 유럽연합 내 유통되는 비식품 위험 정보를 공개하는 사이트 - 역주) 데이터베이스는 후드 티, 코트 및 비키니 등을 포함한 1,500건 이상의 아동용 의류를 목록에 추가했다. 이 제품들은 지난 10년간 시장에서 질식 위험이 있는 것으로 판명되어 수거한 제품들로, 이 조치를 통해 많은 생명을 구할 수 있었다.

그러나 개발도상국에서는 급속한 산업화에 따른 부주의한 사망 사고가 여전히 빈번히 일어나고 있다. 그중 끔찍한 예로 한 53세 여성이 병원 세탁실에서 일하다가 머릿수건이 공업용 다림질 기계의 실린더에 끼어 사망한 사건이 있다. 인도 아대륙과 같은 지역에서는 여성들이 긴 스카프 형태의 두파타dupatta처럼 아래로 길게 늘어뜨리는 형태의 전통의상을 입으며, 남성들은 겨울에 숄을 두른다. 시골에서는 농업용 탈곡기가 치명적인 위험 요소가 되기도 하고, 도시에서는 오토바이 뒷좌석에 두 발을 한쪽으로 모은 자세로 탔다가 아무런 보호 장비 없이 스포크 휠에 옷이 끼어 이사도라 덩컨을 연상시키는 사고를 당하기도 한다. 한 연구에 따르면 2007년부터 2009년 사이의 3년 동안 파키스탄의 카라치Karachi에서 옷과 관련된 교통사고 부상은 986건에 이른다고 한다.

불타지 않는 불사조

불이 잘 붙어 문제였던 플란넬렛flannelette을 가공하여 안전한 제품으로 변모시킨 사례도 있지만, 의류는 여전히 여성과 어린이에게 화재 위험을 야기하는 요소이다. 그 이유로는 중앙난방 시스템이 도입된 이후 면과 인조 실크 같은 가벼운 셀룰로스 계열 소재가 인기를 끌게 된 까닭도 있다.

1957년 〈랜싯〉은 지난 50년간 잉글랜드와 웨일스 지방에서 의류 화재로 인하여 25,000여 건의 사망 사고가 발생했다고 주장했다. 정부에서는 잠옷과 관련한 새 법안을 실행에 옮겼고, 화학자들은 옷감을 불에 잘 타지 않게 만드는 새로운 화학 기법을 개발했다. 미국에서는 그레이트 레이크스 화학 회사Great Lakes Chemical Company가 합성한 브로민Bromine 복합체가 나왔는데, 이는 원래 유연 휘발유에 사용되던 물질이었다.

1960년대 들어 자동차 엔진에 납이 쌓이는 현상이 발생하여 유연 휘발유의 사용이 점차 줄었고, 브로민은 시장에 넘쳐나게 되었다. 유독 성분 때문에 농업용 살충제로도 사용할 수 없게 되자, 이 회사는 유전적 돌연변이를 일으키며 피부염을 일으킬 수 있는 발암 물질에 트리스-BPtris-BP라는 이름을 붙여 어린이용 폴리에스터 소재 파자마의 난연제로 팔았다.

1973년 미국 상무부가 어린이용 잠옷에 방염 처리를 의무로 규정하자 트리스-BP는 직물에 자유롭게 사용되었다. 그러나 1977년에 이르러서 브롬화bromination 처리된 난연제에 든 발암 물질이 담배 연기보다 100배가량 강력하다는 것이 밝혀졌다. 또한 영유아가 자기가 입은 잠옷을 입에 갖다 대면 피부를 통해 이 물질이 체내로 흡수될 수 있다는 사실이 명백해졌다. 이 발견은 많은 소비자에게 큰 공포를 안겼다. 명망 높은 저널 〈사이언스Science〉에서는 꼼꼼하게 세탁한 다음 파자마를 착용한 어린이의 체액에서도 이 성분을 발견했다.

이 성분은 사용이 금지되었고 가게의 선반에서 회수되었으며, 해외에 재판매되었다. 1970년대까지 다른 브롬화 난연제는 직물, 소파와 같은 발포 가구 및 전기 기구 등의 소비재에 관례대로 첨가되었다. 이 물질의 사용은 극적으로 증가했는데, 특히 1980년대 중반에 두드러지게 늘었다. 문제는 놀랍게도 시중에 175가지 이상의 각기 다른 종류의 난연제가 존재했으며 이들 대부분은 브롬화 처리된 것으로, 이 제품들이 건강에 끼칠 수 있는 위험에 대해서는 완전히 알려지지는 않았지만, 신경독성 환경호르몬이 될 수 있으며 해당 성분이 자연 상태에서 소멸되지 않고 지금까지 남아 있다는 점이다. 이 복합물 성분은 모유에서도 검출되었는데, 다른 산업화된 국가보다 미국과 캐나다에서 기준치의 10배 높은 수준으로 검출되어 충격을 안겼다. 다른 연구에 의하면 집의 먼지, 심지어 세탁기 속 보풀 찌꺼기에서도 검출되었다.

유독성 티셔츠

티셔츠는 청바지만큼이나 흔한 옷이다. 일부 디자인은 저항과 자유에 관한 정치적 메시지를 공공연히 담고 있기도 하지만, 우리의 가슴 위를 수놓는 이러한 구절과 상징은 상당수가 호르몬 분열을 초래하는 유독한 화학 물질을 사용해 티셔츠에 인쇄된다.

2012년 그린피스는 29개 국가에서 141개의 패스트패션 의류를 구입해 실험실에서 검사를 실시했다. 대상 의류 중 3분의 2는 노닐페놀 에소탈레이트nonylphenol exothalates 및 프탈레이트phthalate와 같이 스크린 인쇄를 위해 플라스틱을 부드럽게 만드는 성분이 들어 있었다. 제품을 세탁하면 해당 성분들이 스며 나와 사람과 동물에게 해를 줄 수 있는 수준이었다. 환경 오염원이 될 수 있는 제품은 현재 그린피스의 웹사이트에 상세히 기재되어 있으며 '주의 제품'이라고 표기된 라벨 및 '위험'이라는 도장이 디지털 형식으로 찍혀 있다.

이러한 제품들은 저렴한 가격의 일상복에서 찾을 수 있는데, 그중에는 빅토리아 시크릿Victoria's Secret 속옷부터 캘빈 클라인Calvin Klein, C&A 및 자라ZARA 등 주요 소매업체의 의류, 그리고 망고Mango와 엠포리오 아르마니Emporio Armani의 티셔츠 등도 포함되어 있다. 가장 눈에 띄는 것 중 하나는 갭Gap에서 나온 여자 어린이용 티셔츠로, 유독성의 핑크색 문구가 프린트되어 있다.

지금까지 역사적으로 유해한 패션에 대한 충격적인 이야기를 제시했으며, 그와 비등하게 괴로운 일이지만 이러한 종류의 위험이 오늘날까지 이어져 오고 있다는 점을 이 책에 담았다. 그럼에도 나는 미래에 대해 희망을 품는다. 패션을 연구하는 학자이자 교육자로서, 나는 학생들이 기술과 지식, 그리고 창의성을 통해 어떻게 우리 사회와 환경에 변화를 가져올지, 그래서 우리 모두에게 보다 유익하고 아름다운 세계를 어떻게 만들어갈 수 있을지 기대가 된다.

　과거는 우리에게 경제적 이윤이 안전과 건강보다 어떻게 우선시되었는지 보여준다. 더 나은 세상은 기계적 손상과 전염성 질병, 사고 및 화학적 독성에 우리를 노출시키는 것이 아니라 우리를 보호해 주는 옷을 디자인하여 생산할 때 가능할 것이다. 패션은 놀랍도록 강력한 사회적, 경제적 힘을 지녔다. 제대로 된 안전한 옷과 물리적, 그리고 감정적으로 접하면 건강과 복지를 증진할 수 있다. 이 책에서 증명했듯, 패션의 희생양은 줄이고 패션의 구세주는 늘릴 필요가 있다. 19세기 초의 이탈리아 염세적인 시인 지아코모 레오파르디Giacomo Leopardi의 '죽음에 다가서는 찬가'에서는 죽음이 패션을 자신의 자매로 인지한다. 이를 대체할 새로운 대화를 써보면 어떨까. 죽음 대신 삶이 패션과 손을 맞잡는 내용으로 말이다.

감사의 말

　　내가 이 책을 쓰기 위해 자료 조사를 하던 십여 년간은 개인적으로나 직업적으로 많은 변화가 있던 때였다. 책을 쓸 때 만난 친구와 동료, 그리고 가족들에게 깊이 감사할 따름이다. 특히 토론토의 바타 신발 박물관Bata Shoe Museum의 선임 큐레이터 엘리자베스 세멀해크 Elizabeth Semmelhack와 같이 작업을 한 것이 큰 영광이었다. 우리는 계속 아이디어를 교환하면서 바타 신발 박물관에서 열린 〈패션의 희생양들: 19세기에 옷을 입는 즐거움과 유해성Fashion Victims: The Pleasures and Perils of Dress in the 19th Century〉 전시회를 완성하였다. 앨리슨 사임 박사는 나를 아낌없이 배려해 주면서도 예리하게 편집의 방향을 잡아 주었다. 덕분에 원고의 내용이 더욱 풍성해졌고 값진 집필 경험을 얻었다. 또한 힐러리 데이비슨의 예민한 비평과 시적인 이해력, 그리고 감성적 자양이 없었다면 결코 지금과 같이 책이 완성될 수 없었을 것이다. 라이어슨Ryerson 대학교 물리학부의 에릭 다 실바 박사와 아나 페요빅-밀릭 교수는 전문가의 식견으로 조언해 주었고, 내가 조사한 역사적 사실에 새로운 접근 방식을 취할 수 있도록 도와주었다.

《메멘토 모리》에 도움을 준 박물관 및 기록 보관소의 동료들은 다음과 같다. 로열 온타리오 박물관Royal Ontario Museum의 알렉산드라 팔머 박사와 카를라 리빙스턴, 아서 스미스, 런던 박물관Museum of London의 팀 롱과 비어트리스 빌렌, 맨체스터 의상 박물관Gallery of Costume, Manchester의 마일스 램버트, 파리 팔레 갈리에라Palais Gallièra의 마리-로르 거통과 알렉상드라 보스, 모자 및 모자 제작 박물관 Musée du Chapeau et de la Chapellerie의 크리스텔 코미트와 엘리아네 볼로미어, 빗과 플라스틱 제품 박물관Musée du Peigne et de la Plasturgie의 테레자 르펠릭, 웰컴 컬렉션Wellcome Collection의 로스 맥퍼레인, 빅토리아 앤드 앨버트 미술관V&A의 레슬리 밀러, 바타 신발 박물관의 설립자이자 대표이사인 소냐 바타Sonja Bata 부인과 에마뉘엘 레프리, 에이다 홉킨스, 수전 피터슨 맥린, 그리고 니시 바시 외 바타 신발 박물관의 모든 멋진 스태프들에게 감사를 표하는 바이다.

리서치 어시스턴트, 특히 제니퍼 포레스트와 라이언 레두는 뛰어난 능력으로 패션을 창조하는 사람만이 지닌 날카로운 통찰력을 보여주었다. 또한 웬디 세포넨, 빅토리아 디 포체, 앨라나 맥나이트, 미리엄 쿠튀리에 등 작업에 참여한 학생들에게도 감사의 인사를 전한다.

지칠 줄 모르는 열정으로 이미지 작업을 도운 잔나 에지빈 박사에게도 감사를 표한다. 집필에 중대한 공헌을 해준 학계의 동료이자 친구인 밥 데이비슨 박사, 비키 홈스 박사, 줄리아 에이브럼슨 박사, 스테파니 소토-수알 박사, 딜런 레이드, 앨리슨 무어헤드, 알렉산드라

킴, 앨리스 올란, 아니타 쿠이 박사, 필립 사이카스 박사, 말리스, 슈바이치 박사, 엘리자베스 헤이넌 박사와, 믹업 로빈에 유리저, 실용적 측면에서 도움을 준 캐럴라인 에반스 교수에게도 감사를 드린다.

개인 수집가인 글리니스 머피, 노마 라몬트와 브라스 레어 북스 Brass Rare Books의 캐럴라인 브라스는 오브제 및 이미지 작업에 도움을 주었고, 아놀드 매슈스는 창의적으로 이미지 작업을 도와주어 특별히 언급하고 싶다.

리서치를 도와준 분들도 너무나 많다. 콜린과 앤-마리 매슈스 부부, 리즈 크리스토퍼슨, 프랑스의 데이비드 가족, 케이틀린 오더너반, 젠 영 박사, 아나 세라노, 프라이엄 지보드, 탈 헨더슨, 스테파니 헤롤드, 브루스 퍼킨스 박사, 엘리자베스 스티븐슨 박사, 팁티 바가 박사, 앨리다 드로우얼, 크리스틴 하인즈 박사, 로리 거버, 앨리사 로코, 그리고 내 책상 위에 느긋하게 앉아 나를 지켜보던 털북숭이 동료로, 슬프게도 이 책의 집필이 끝날 때쯤 이른 나이에 세상을 떠난 고양이 레오도 기억하고 싶다.

라이어슨 대학교 패션학부의 동료들, 찰스 데이비스 박사, 킴 윌 박사, 조셉 메다글리어, 벤 베리 박사, 아이린 개멀 박사, 캐서린 처치 박사, 마이클 핀 박사, 잉그리드 마이다, 캐럴라인 오브라이언, 고우리 시바파타선다람, 셜리 류척, 조르즈 로요 로잘레에게도 감사를 표한다.

여러 곳에서 재정적으로 지원해 주지 않았더라면 방대한 기록 자료가 필요했던 이 프로젝트가 성사되기 어려웠을 것이다. 캐나다 인문 사회과학 연구회Social Sciences and Humanities Research Council of Canada, SSHRC와 라이어슨 대학교의 노사관계 중재 센터Centre for Management Labour Relations, CLMR, 라이어슨 대학교 커뮤니케이션과 디자인학부, 디자인 역사 소사이어티 25주년 어워드Design History Society 25th Anniversary Award, 사우스햄턴 대학교 연간 보조금 등에서 지원받았음을 알리는 바이다.

블룸즈버리Bloomsbury 출판사의 멋진 편집자 애나 라이트는 처음부터 이 프로젝트를 믿고 지지해 주었다. 그리고 재능이 뛰어난 디자이너로 서체와 레이아웃 작업을 해준 해나 크럼프와 애리아드네 거드윈, 더불어 리뷰를 해준 여러 동료들의 노고와 소중한 조언이 있었기에 이 원고가 내가 꿈꾸던 책으로 빛을 볼 수 있었다.

Ballin, A., *Health and Beauty in Dress*, London: John Flank, 1892.

Bartrip, P. W. J., "How Green Was My Valance? Environmental Arsenic Poisoning and the Victorian Domestic Ideal", *English Historical Review* 109:433 (1994), pp. 891–13.

Beaugrand, E., *Des differentes sortes d'accidents causes par les verts arsenicaux employes dans l'industrie, et en particulier les ouvriers fleuristes*, Paris: Henri Plon, 1859.

Beaumont, C., *Three French Dancers of the Nineteenth Century: Duverny, Livry, Beaugrand*, London: C.W. Beaumont, 1935.

Blanc, P., *How Everyday Products Make People Sick: Toxins at Home and in the Workplace*, Oakland: University of California Press, 2009.

Bolomier, E., *Le chapeau: grand art et savoir-faire*, Paris: Somogy et Musee du Chapeau, 1996.

Bronstein, J., *Caught in the Machinery: Workplace Accidents and Injured Workers in Nineteenth-Century Britain*, Stanford: Stanford University Press, 2008.

Burnham, J. C., *Accident Prone: A History of Technology, Psychology and Misfits of the Machine Age*, Chicago: University of Chicago Press, 2009.

Byam, W., *Trench Fever: A Louse-Borne Disease*, London: Oxford University Press, 1919.

Carr, H., *Our Domestic Poisons or, the Poisonous Effects of Certain Dyes and Colours Used in Domestic Fabrics*, 3rd edition, London: William Ridgway, 1883.

Chevallier, A., *De L'intoxication par l'emploi du nitrate acide de mercure chez les chapeliers*, Paris: Rignoux, 1860.

Cline, E. L., *Over-Dressed: The Shockingly High Cost of Cheap Fashion*, New York: Portfolio/Penguin, 2012.

Crean, J. F., "Hats and the Fur Trade", *The Canadian Journal of Economics and Political Science* 28:3 (1962), pp. 373–86.

Desti, M., *Isadora Duncan's End*, London: V. Gollancz, 1929.

Desti, M., *The Untold Story: The Life of Isadora Duncan 1921–27*, New York: Horace Liveright, 1929.

Draper, F., "Evil Effects of the Use of Arsenic in Green Colours", *Chemical*

News (July 19, 1872), p. 31.

Garfield, S., *Mauve*, London: Faber and Faber, 2000.

Guest, I., *The Ballet of the Second Empire*, London: A. and C. Black, 1953.

Guest, I., *Victorian Ballet-Girl: The Tragic Story of Clara Webster*, London: A. and C. Black, 1957.

Guillerme, A., *La naissance de l'industrie a Paris: entre sueurs et vapeurs: 1780–1830*, Seyssel: Champ Vallon, 2007.

Guillerme, A., "Le mercure dans Paris. Usages et nuisances (1780–830)", *Histoire Urbaine* 18:1 (2007), pp. 77–5.

Hamilton, A. *Industrial Poisons in the United States*, New York: Macmillan, 1925.

Hamilton, A., *Industrial Toxicology*, 4th edition, New York: Harper & Brothers, 1934.

Hard, A. H., *The Romance of Rayon*, Manchester: Whittaker & Robinson, 1933.

Harrison, B., *Not Only the Dangerous Trades: Women's Work and Health in Britain, 1880–1914*, Milton Park: Taylor & Francis, 1996.

Heal, C., "Alcohol, Madness and a Gimmer of Anthrax: Disease among the Felt Hatters in the Nineteenth Century", Textile History 44:1 (2013), pp. 95–19.

Kaufman, M., *The First Century of Plastics: Celluloid and its Sequel*, London: Plastics Institute, 1963.

Kelly, D., *Ballerina: Sex, Scandal, and Suffering Behind the Symbol of Perfection*, Vancouver: Greystone Books, 2012.

Le Roux, T., "L'effacement du corps de l'ouvrier. La sante au travail lors de la premiere industrialization de Paris (1770–840)", *Le Mouvement Social* 234 (2011), pp. 103–19.

Le Roux, T., *Le laboratoire des pollutions industrielles: Paris 1770–.1830*, Paris: Albin Michel, 2011.

Le Roux, T., "Santes ouvrieres et developpement des arts et manufactures au XVIII siecle en France", in S. Cavaciocchi (ed.), *Economic and Biological Interactions in the Pre-industrial Europe from the 13th to the 18th Centuries*, Firenze: Firenze University Press, 2010, pp. 573–86.

Martin, G., and Kite, M., "Conservator Safety: Mercury in Felt Hats'(2003), reprinted in M. Brooks and D. Eastop (eds), *Changing Views of Textile Conservation*, Los Angeles: Getty Conservation Centre, 2011.

Martin, G., and Kite, M., "Potential for Human Exposure to Mercury and Mercury Compounds From Hat Collections", *Australian Institute for the Conservation of Cultural Materials Bulletin* 30 (2007, pp. 12–6).

Meharg, A., *Venomous Earth: How Arsenic Caused the World's Worst Mass Poisoning*, New York: Macmillan, 2005.

Mossman, S. (ed.), *Early Plastics: Perspectives, 1850–950*, London: Leicester University Press and Science Museum London, 1997.

Pastoureau, M., *Green: The History of a Color*, Princeton: Princeton University Press, 2014.

Quatrelles L'Epine, M., *Emma Livry*, Paris: Ollendorff, 1909.

Raoult, D. et al., "Evidence for Louse-Transmitted Diseases in Soldiers of Napoleon's Grand Army in Vilnius", *Journal of Infectious Diseases* 193:1(2006), pp. 112–0.

Siegle, L., *To Die For: Is Fashion Wearing Out the World?*, London: Fourth Estate, 2011.

Sirois, P. J., "The Analysis of Museum Objects for the Presence of Arsenic and Mercury: Non-Destructive Analysis and Sample Analysis", *Collection Forum* 16 (2001), pp. 65–5.

Sonenscher, M., *The Hatters of Eighteenth-Century France*, Berkeley: University of California Press, 1987.

Talty, S., *The Illustrious Dead: The Terrifying Story of How Typhus killed Napoleon's Greatest Army*, New York: Crown, 2009.

Tenon, J.-R., "Memoire sur les causes de quelques maladies qui affectent les chapeliers", *Memoires de l'Institut de France-Sciences physiques et mathematiques*, Paris: Baudouin, 1806.

Thomas, J., *Pictorial Victorians*, Athens: Ohio University Press, 2004.

Thompson, W., *The Occupational Diseases: Their Causation, Symptoms Treatment, and Prevention*, New York: D. Appleton, 1914.

Tomes, N., *The Gospel of Germs: Men, Women, and the Microbe in American Life*, Cambridge: Harvard University Press, 1998.

Tozer, J., and Levitt, S., Fabric of Society, Powys: Laura Ashley, 1983.

Tylecote, F. E., "Remarks on Industrial Mercurial Poisoning in Felt-Hat Makers", *The Lancet* (October 26, 1912), pp. 1138–140.

Valentin, M., "Jacques Tenon (1724–815) precur-seur de la Medecine Sociale," *Communication presentee a la seance du 25 janvier 1975 de la Societe Francaise d'Histoire de la Medecine*, pp. 65–3.

Vernois, M., *De la main des ouvriers et des artisans au point de vue de l'hygiene et de la medecine legale*, Paris: Balliere, 1862.

Vernois, M., "Memoire sur les accidents produits par l'emploi des verts arsenicaux chez les ouvriers fleuristes en general, et chez les appreteurs d'etoffes pour fleurs artificielles en particulier", *Annales d'hygiene publique et de medecine legale*, 2eme serie, Tome 12 (1859), pp. 319–49.

Viaud-Grand-Marais, A., "Des accidents produits par l'emploi sur la peau de chemises de laine aux couleurs d'aniline", *Gazette des hopitaux civils et militaires* 14 (1873), p. 108.

Vincent, S., *The Anatomy of Fashion*, Oxford: Berg, 2009.

Wald, P., *Contagious: Cultures, Carriers, and the Outbreak Narrative*, Durham: Duke University Press, 2008.

Whorton, J., *The Arsenic Century: How Victorian Britain was Poisoned at Home, Work and Play*, Oxford: Oxford University Press, 2010.

Wood, D.W., *Celluloid Dangers with Some Suggestions: Being Memoranda Compiled in Consultation with the Committee's Executive*, London: The British Fire Prevention Committee, 1913.

찾아보기

메멘토 모리

초판 1쇄 인쇄 2024년 9월 30일
초판 1쇄 발행 2024년 10월 7일

지은이 앨리슨 매슈스 데이비드
옮긴이 이상미

펴낸이 이효원
편집인 고준
마케팅 추미경
디자인 페이퍼컷 장상호(표지), 기린(본문)
펴낸곳 탐나는책
출판등록 2015년 10월 12일 제2021-000142
주소 경기도 고양시 덕양구 삼송로 222, 101동 305호(삼송동, 현대해리엇)
대표전화 070-8279-7311 **팩 스** 02-6008-0834
전자우편 tcbook@naver.com

ISBN 979-11-93130-95-7 03900

* 값은 뒤표지에 있습니다.
* 잘못된 책은 구입하신 서점에서 바꾸어 드립니다.
* 〈패션의 흑역사〉의 개정판입니다.